KINGS & QUEENS
OF ENGLAND

英国的
国王
和女王

［英］布伦达·拉尔夫·刘易斯 著

成嘉麒 译

目录
CONTENTS

引 言 ... 001

第一章 诺曼王朝
密谋者和征服者——一场肮脏交易 ... 005

第二章 金雀花王朝第一部分
罪恶的联姻 ... 021

第三章 金雀花王朝第二部分
坚定奋战的国王和惹是生非的男爵 ... 041

第四章 金雀花王朝第三部分
情人、土地和背叛 ... 061

第五章 金雀花王朝第四部分
疯狂、内战和谋杀儿童 ... 081

第六章 都铎王朝第一部分
阴谋和杀戮 ... 101

第七章　都铎王朝第二部分
斩首和离婚　　　　　　　　　　　　　　　　　　　　　*121*

第八章　都铎王朝第三部分
动乱、惊恐和致命疾病　　　　　　　　　　　　　　　　*139*

第九章　都铎王朝第四部分
荣耀之神血迹斑斑　　　　　　　　　　　　　　　　　　*159*

第十章　斯图亚特王朝第一部分
圆颅党和弑君者　　　　　　　　　　　　　　　　　　　*179*

第十一章　斯图亚特王朝第二部分
不怎么快乐的君主　　　　　　　　　　　　　　　　　　*199*

第十二章　汉诺威王朝第一部分
情人与疯狂——家族世仇　　　　　　　　　　　　　　　*221*

第十三章　汉诺威王朝第二部分
王室斗争　　　　　　　　　　　　　　　　　　　　　　*241*

第十四章　萨克森-科堡-哥达王朝
秘密绯闻　　　　　　　　　　　　　　　　　　　　　　*259*

第十五章　温莎王朝第一部分
难以控制的麻烦人物　　　　　　　　　　　　　　　　　*277*

第十六章　温莎王朝第二部分
现代君主制　　　　　　　　　　　　　　　　　　　　　*295*

引 言①

许多人认为英国王室是世界上最有声望的家族。

然而，英国王室具有轰动性且往往骇人听闻的历史中掩盖着非常邪恶残忍的行为，以至于数个世纪以来，这些行为一直被掩盖，不予公开。

在过去大约一千年间，英国发生的有关弑君、阴谋、暴行和叛乱的历史事件中都有国王和女王的身影。英国王位曾四次被篡夺。五人妄想夺取英国王位，其中两人是冒名顶替者。四位君主曾被强行废黜，后来被谋杀，其中一位还遭公开处决。

英国的国王和女王曾是数千起处决和死亡案例的幕后主使。都铎王朝的国王亨利八世消灭了上一个王朝——金雀花王朝——所有幸存的王室成员。亨利八世结婚六次，在1536年将第一任妻子阿拉贡的凯瑟琳（Catherine of Aragon）迫害致死。他在后来又处决了第二任和第五任妻子。而亨利八世的女儿玛丽一世，将三百名新教徒烧死在火刑柱上。

英国王室成员经常成为阴谋和暗杀的目标。女王伊丽莎白一世不断遭受密谋者的威胁，这些密谋者想杀害她，并让她的表亲——苏格兰女王玛丽取代她。一群天主教徒策划了1605年的火药阴谋案（Gunpowder Plot）②，他们想炸死国王詹姆斯

---

① 原著中的人名翻译，均参考[英]约翰·坎农（主编）、孙立田等（译）:《牛津英国历史词典》，北京：人民出版社，2018。或新华通讯社译名室编《世界人名翻译大辞典》，北京：中国对外翻译出版公司，1993。原著中的地名翻译，均参考周定国主编《世界地名翻译大辞典》，北京：中国对外翻译出版公司，2008。——译者注

② 詹姆斯一世改变天主教政策后引起了天主教激进分子的不满，因此他们策划了火药阴谋案，决定摧毁整个英格兰政府。——译者注

一世，摧毁政府和议会大厦。

两位英国国王精神失常。其中一位被绑架，另一位遭受贵族无情地欺辱。

国王乔治四世在还是威尔士亲王和王位继承人时欠下高额债务，以至于不得不被议会资助两次。他的父亲国王乔治三世没有从15个孩子那里得到多少快乐，因为许多孩子都深陷丑闻。乔治三世的两个子女被怀疑有乱伦行为，他的儿子们有许多的私生子。

女王维多利亚和她的丈夫阿尔伯特亲王试图提高王室道德标准，但他们的长子国王爱德华七世让两人的努力成为徒劳，他只喜欢酗酒、赌博和玩弄女性。

1936年，国王爱德华八世退位，与地位不同、离过两次婚的沃利斯·辛普森（Wallis Simpson）结婚，而这几乎毁掉了君主制。查尔斯（Charles）和戴安娜（Diana）的丑闻更是撼动了王室根基。

本书毫不留情地揭露了英国王室的种种可耻行为——而王室从未打算将之公布于众。

烟火表演邀请函上的一处细节，该表演是为庆祝1902年国王爱德华七世加冕而举行的。

第一章
诺曼王朝

密谋者和征服者
——一场肮脏交易

15世纪晚期对威廉二世之死的描绘。画面左上方显示国王躺在地上,胸口中箭,一箭致命。

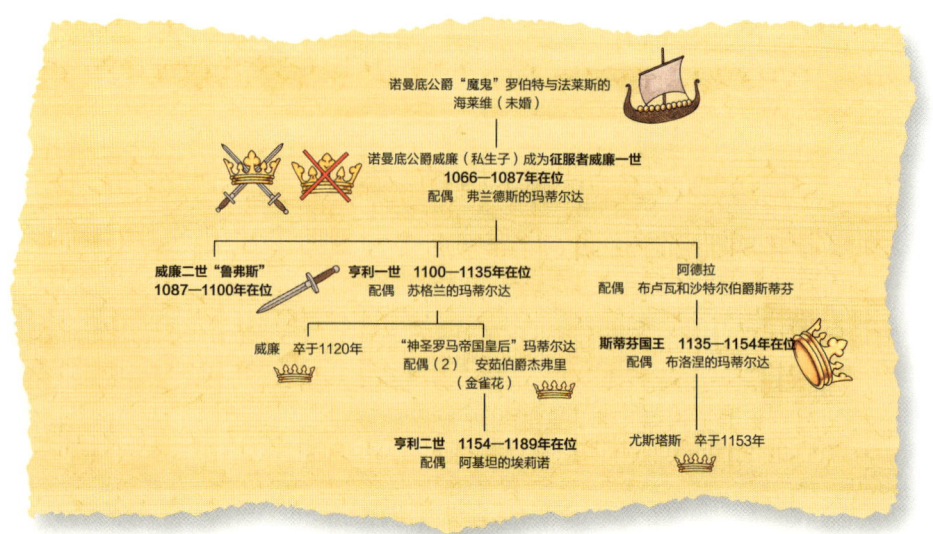

1100年8月2日在英格兰南部的新森林（New Forest）里到底发生了什么，至今仍然是未解之谜，尽管当时是大白天，而且还有几个目击者。

8月2日早上，国王威廉二世吃过早饭后向森林进发。威廉二世因红头发、红脸颊和暴脾气而被称为"鲁弗斯"①。他带着狩猎一整天所需要的弓箭，同密友沃尔特·蒂雷尔（Walter Tirel）前往森林。

进入森林后，王室狩猎队便分散开来，寻找猎物。蒂雷尔一直和国王在一起，随行的助猎者很快就把一群雄鹿赶到了两人身边。国王威廉朝雄鹿放箭，但没有射中。据一位名叫奈顿（Knighton）的目击者说，国王对蒂雷尔喊道："拉弓，看在魔鬼的份儿上快拉弓，否则你会更惨！"一直以来，人们都认为蒂雷尔照做了，但其实他的箭在一棵树上弹开了，没有射中雄鹿，却射中了国王的胸部。

数年后，英格兰编年史家马姆斯伯里的威廉（William of Malmesbury）描述了接下来发生的事情："国王受伤后默不作声，而是在箭穿透身体的地方折断了箭柄……这加速了他的死亡。"

蒂雷尔惊恐万分，冲向国王，但国王已经毙命。当时，蒂雷尔唯一的想法就是

---

① "鲁弗斯"（拉丁文：Rufus），意思是"红色"。——译者注

逃跑。他跃上马背，在茂密的森林中策马疾驰，没有停息，穿越英吉利海峡到达法兰西。此后，蒂雷尔在余生中一直坚决否认自己杀害了国王。

预感王室成员离世

国王去世的消息传开后，许多欧洲人声称他们曾对这件事有预感。在比利时，克吕尼（Cluny）修道院院长休（Hugh）透露，他在8月1日晚收到了一个警告。该警告称英格兰国王将在次日去世。8月2日，一位修士说，当他闭上眼睛祈祷时，看到一个人拿着一张纸，上面写着"国王威廉驾崩"。当这位修士睁开眼睛时，这个幻象消失了。

国王的死因被神秘地掩盖起来。首要嫌疑人蒂雷尔从未受到任何惩罚，大多数人都倾向于相信他的自述。然而，对于这起死亡事件没有进一步调查，也没有提交任何证据。因此，威廉二世的死亡被作为一场悲惨的事故载入史册。

发表于1300—1325年间的《英格兰编年史》对国王威廉二世的死亡进行了描述。威廉坐在长椅上，胸口中箭，但奇怪的是，他仍然活着。

国王去世的消息传开后，许多欧洲人声称他们曾对这件事有预感。

家族谋杀

国王的死其实是一场被伪装成意外的谋杀，这一说法很快传开。在狩猎结束后，国王的尸体被随意处理，似乎表明这是一场谋杀。一个名叫普尔基斯（Purkiss）的卑微烧炭工被命令搬走国王的尸体。他将尸体放在一辆木车上，用一块旧布盖住，然后把车拖到温切斯特（Winchester）大教堂。在那里，修士们将威廉二世匆匆安葬。这样的葬礼显然不符合国王的身份。

谋杀动机

虽然人们普遍认为蒂雷尔是无辜的，但有几个嫌疑人可能确实想置国王威廉于死地。威廉二世终身未娶，所以王位继承人是他的两个兄弟：诺曼底（Normandy）公爵罗贝尔（因其腿短而被称为柯索斯[①]）和亨利（因其能读能写而被称为博克莱尔[②]）。在这两个人中，亨利更有可能是罪魁祸首。他是狩猎队中的一员，可能目睹了国王受伤致死的全过程。

由于亨利当时在场，他有机会迅速采取行动，在罗贝尔或其他人能够阻止他之前，夺取他最想要的东西——英格兰王位。他没有花费一点儿时间来哀悼他死去的兄弟。相反，他直接去了温切斯特，在那里他夺取了王室财宝，然后策马疾驰60英里（约97千米）到伦敦加冕为王。这一连串事件仅仅发生在三天内。到8月5日，亨利成为英格兰的新君主。

亨利内心充满怨恨、生性贪婪，一心想要置国王于死地。亨利的父亲"征服者"威廉一世1087年去世时，忽视了亨利，没有册封给他爵位或是领地。相反，罗贝尔·柯索斯获得了位于法兰西的诺曼底公爵领地，威廉继承了英格兰王位。亨利却只收到五千磅银币。尽管在11世纪，这是一笔数额可观的钱财，但是狡猾倔强的亨利觉得自己受了委屈。

罗贝尔·柯索斯也被怀疑想要杀害国王，但是他不大可能参与到这件事当中。罗贝尔非常想要统治英格兰，而且他的父亲选择威廉继承英格兰王位这件事让罗贝尔深感沮丧。毕竟，罗贝尔要年长一些。他曾两次试图夺取这个王国，一次是在1087年威廉二世统治之初，另一次是在1088年，然而两次都失败了。

但是征服者威廉一世完全有理由不考虑罗贝尔。威廉一世在1066年黑斯廷斯（Hastings）战役中赢得了王位，自此通过武力统治英格兰。他认为罗贝尔软弱，

[①] "柯索斯"（Curthose，诺曼法语的写法为 courtheuse），意思是"短袜子"，这是罗贝尔的绰号。——译者注
[②] "博克莱尔"（Beauclerc，来源于古法语 bon clerc），意思是"博学多识之士"，这是亨利的绰号。——译者注

这里重现的弓箭手,如同中世纪军队的"炮兵"。他们可以实施"火力覆盖",使空气中充满致命的倒钩,这些倒钩可以击倒穿着锁子甲的骑士,也可以杀死他们的战马。

容易被他人利用。如果让罗贝尔继承王位,那些意志坚定的男爵①很容易就会占上风,而这正是征服者威廉一世最后的想法。征服者希望选择一位像自己一样强硬的人来继承王位,这个人不是罗贝尔,而是威廉。

最终,狡猾的亨利一世发现很容易就能够智胜罗贝尔。威廉二世在新森林死去的时候,罗贝尔远在半个地球之外的圣地(Holy Land)跟随十字军作战。他返回英格兰时发现弟弟已经掌权。除了加冕为王,亨利一世已与苏格兰国王马尔科姆三世(Malcolm Ⅲ)的女儿玛蒂尔达(Matilda)联姻,王后很快就会怀上他们的第

---

① 在诺曼征服后的英格兰和诺曼底,baron 的原意是"领主"。汉语中译为"男爵",乃是一种约定俗成的做法,并非指明确的贵族等级。——译者注

一个孩子,即亨利的王位继承人。

宫廷中已经没有罗贝尔的位置,最终,亨利一世将罗贝尔囚禁在狱中。1134年,80岁的罗贝尔在狱中死去。罗贝尔从未试图逃跑,他在狱中学习威尔士语和写诗。

正义为人民

除了诺曼家族,许多普通人知道威廉二世去世后也很开心。他们的理由很充分。诺曼人在1066年之后对英格兰的征服尤为凶残,任何违抗诺曼统治的人都会受到严惩。例如,针对叛乱的英格兰北部地区,诺曼人焚烧庄稼,摧毁了数百个村庄。他们屠杀牛羊,杀害了数以千计的居民。只有把整个地区夷为平地,诺曼人才感到满意。

> 除了诺曼家族,许多普通人知道威廉二世去世后也很开心。他们的理由很充分。诺曼人在1066年之后对英格兰的征服尤为凶残。

正如图片中再现的那样,肉搏血腥残暴。虽然诺曼士兵穿着图中所示的锁子甲,头戴头盔,手持风筝形的盾牌,但他们也不能幸免于剑和斧的重击。

诺曼人以同样残暴的方式占领了英格兰森林。历史上，森林是农民赖以生存的家园，他们在森林里收集木柴生火，猎杀动物充饥。现在，任何进入森林的人都面临着可怕的惩罚。射杀鹿的农民会被砍掉双手；即使他们只是惊扰了鹿，也会被弄瞎。那些用乐声将鹿引到开放地带的农民也要遭受同样的命运。但这并不能阻止农民继续非法闯入森林。因此，在1100年杀死国王威廉二世的箭有可能是隐藏在树丛中的农民射出的。

教会的敌人

国王威廉的敌人远不止这些，英格兰教会也憎恨他。当时的史书由教士撰写，他们利用一切机会抹黑威廉。下面是在所有中世纪史书中最著名的《盎格鲁-撒克逊编年史》（Anglo-Saxon Chronicle）中关于1100年的记载：

"他（威廉二世）对国家、部下和所有的邻人都很凶狠，令人生畏。他总是同意邪恶之人的进言，而且贪婪成性，一直以军役和过度征税让国家承受苦难。威廉二世在位期间拒绝一切正义之事……他几乎为全体人民所痛恨，为天主所厌憎。"[1]

事实还是虚构

异教杀戮？

许多教士认为，被奉为基督教国王的威廉二世实际上是一个施展巫术和妖术的异教徒。中世纪的人们对巫术感到恐惧，以至于《盎格鲁-撒克逊编年史》甚至不敢略微提及这类具有煽动性的内容。而这全部要归因于威廉二世的祖父诺曼底公爵罗伯特。当时人们认为，罗伯特的父亲是魔鬼。这也就是为什么诺曼底公爵被称为魔鬼罗伯特，国王威廉二世也就成了魔鬼的曾孙。

---

[1] 引自怀特洛克、塔克（编），寿纪瑜（译）：《盎格鲁-撒克逊编年史》，北京：商务印书馆，2004，264—265。——译者注

亵渎上帝的证明

威廉二世如魔鬼般暴躁。他是一个亵渎上帝的人，经常"以魔鬼的名义"发誓。他对教会也毫不尊重。参加弥撒时，他或乱涂乱画，或与侍臣们闲聊。威廉二世还是同性恋，而同性恋在11世纪被视为一种可耻的罪行。一位编年史家用非常尖锐的字眼来讽刺威廉二世的"同性"宫廷：

"……然后是飘逸的长发和奢华的服饰，弯尖鞋头流行开来；年轻男子与女性攀比谁更精致，他们在意自己的步态，走路时姿态松垮，还半裸着身体……"

1094年，坎特伯雷（Canterbury）大主教安瑟伦（Anselm）公开指控威廉二世沾染男色，还犯有其他"不正常的肉体罪"。大多数人倾向于支持安瑟伦，他后来被封为圣人。鉴于此，人们很容易相信这个"魔鬼"国王确实是一

12世纪是一个非常迷信的时代，当时，圣人的遗体被认为是有超能力的。15世纪的编年史表明诺曼骑士在圣瓦莱里（Saint Valery）的圣骨前祈祷。

个神秘的异教徒。

数世纪后，有一种推测认为，威廉二世是被一个施行王室祭祀的异教徒所杀。玛格丽特·爱丽丝·默里（Margaret Alice Murray）在1921年出版的《西欧的巫术崇拜》（*The Witch Cult in Western Europe*）一书中写道，这种异教徒行为在整个前基督教时代的欧洲都很普遍。根据作者的说法，诺曼家族本身就属于异教团体，所以为了共同体的利益要举行弑君仪式。

这似乎与国王威廉二世临死前一晚的奇怪行为不谋而合。他表现得就好像他知道自己即将成为异教杀戮的目标。1100年8月1日晚，国王比平时吃得多也喝得多，而且睡得很不好。

一份不受欢迎的礼物

次日清晨，威廉二世得到了一份意外的礼物，即六支新箭。他把其中两支交给了沃尔特·蒂雷尔，神秘地说道："沃尔特，好好执行我给你下的命令。"有人认为蒂雷尔也属于异教徒。一个叫塞洛（Serlo）的修士警告国王那天不要去打猎，但威廉二世没有理会。到达森林几分钟后，他就死了。

有关威廉二世之死的骇人言论流传了多年。1107年，温切斯特大教堂的塔楼倒塌了。人们将这场灾难归咎于被安葬在这里的威廉二世。据说，上帝因为国王的许多罪过而诅咒他。

统治行为

不公正的惩罚

亨利一世的残暴在全国人尽皆知。比如，在1118年，他拒绝痛快处决王室财政大臣赫伯特（Herbert），这件事表明他对刑罚的看法。赫伯特一直在密谋反对亨利一世，但亨利一世很喜欢赫伯特，所以没有处决他，而是把他的眼睛弄瞎，并让他受了宫刑。看到国王下令施行如此残暴的刑罚，即便是像拥有领地的男爵一样有权势的人也认为最好遵从国王的意愿。

国王亨利一世的塑像。虽然亨利一世比其他诺曼人更优雅、更有教养，但他也同样残暴。

上帝的惩罚

威廉二世并不是诺曼家族中唯一受到惩罚的王室成员。人们认为国王亨利一世和整个诺曼王朝也受到了上帝的诅咒。中世纪君主可能遭受的最严重的灾难降临到亨利头上时，这一观点似乎得到了证实。

这幅19世纪的版画对国王威廉二世"鲁弗斯"的描摹与对国王斯蒂芬的描摹非常相似。事实上，没有人真正知道这几个国王究竟长什么样。

第一章　诺曼王朝　015

1120年,"白船"(White Ship)在英吉利海峡失事沉没,国王亨利一世失去了他的儿子,也是他唯一合法的继承人威廉王子。两个世纪后,即1321年的这份手稿讲述了这个悲惨的故事。

在中世纪,国王应该是一个勇士,这就是为什么需要男性子嗣来继承王位。亨利与八个或更多的情妇生了大约25个孩子,但因为他们都是私生子,所以不能继承英格兰王位。因此,亨利一世唯一的合法继承人威廉王子于1120年11月25日在英吉利海峡溺水身亡一事对他来说是个可怕的打击。亨利的侍臣两天后才敢告诉他,当时他吓得晕倒了。

威廉王子的离世使得亨利的女儿玛蒂尔达成为唯一的合法继承人,这对国王来说是个大问题。12世纪是由男人和战争主宰的时代,女人作为女王统治国家被认为是不合适的。亨利一世的第一任妻子玛蒂尔达已经去世,所以他再婚,希望能有更多的儿子。但53岁的亨利一世已经无法再生育了。因此,国王最终还是决定让他唯一的合法婚生继承人玛蒂尔达继承王位。

虽然玛蒂尔达只有19岁,但她非常像她的父亲。她聪明、强势、自信、受过良好的教育。但她也很不讨人喜欢。亨利一世觉得玛蒂尔达肯定能继续他的强权统治,但继承人不由他一个人决定。玛蒂尔达必须得到国内强大的男爵们的认可。英格兰和诺曼底的男爵是半独立的,他们拥有自己的私人军队、坚固的城堡和广大的领地。这些有权势的人并不害怕向国王直言进谏。

亨利一世意识到,男爵们非常愚蠢固执,不会接受让一个女人掌权的想法,但他孤注一掷。亨利一世命令男爵们在上帝面前宣誓,同意玛蒂尔达成为他们的合法继承人。亨利一世让他们宣誓了四次——分别是在1127年、1128年、1131年和1133年。虽然男爵们对被迫宣誓感到不满,但他们非常清楚,自己是无法拒绝亨利的。

玛蒂尔达遭遇背叛

然而,男爵们只是在等待时机。1135年国王一死,他们就反悔了,但反悔并不是因为玛蒂尔达是一位女性。男爵们知道,玛蒂尔达比他们更胜一筹,他们永远无法战胜她。男爵们看中的是一位更加可塑的候选人——布卢瓦的斯蒂芬(Stephen of Blois),玛蒂尔达的表哥,他是一位绅士。斯蒂芬仁慈善良,性情温和,待人宽容。换句话说,他是一个很有前途但容易被击败的人。不过,这并不意味着斯蒂芬一点儿也不狡猾。他一听说舅舅亨利一世去世的消息,就离开法兰西前

往英格兰。三个星期内,他就在男爵、政府官员和教会中争取到了足够的支持,来帮助自己篡夺王位。他还抢夺了王室财宝。1135年12月22日,斯蒂芬在威斯敏斯特(Westminster)教堂加冕为王。

这导致了内战,因为斯蒂芬是个篡位者,没有继承王位的合法权利。此外,玛蒂尔达也有支持她的男爵们,这些人相信她拥有合法继承权。支持玛蒂尔达的男爵们很快就联合起来反对斯蒂芬,但他们不得不等待玛蒂尔达。1139年,玛蒂尔达终于率领军队从诺曼底越过英吉利海峡来到英格兰。

内战令人痛苦不堪。斯蒂芬和玛蒂尔达的军事实力都不足以支持两人赢得最后

1142年12月,玛蒂尔达和她的四名骑士穿着白袍,在茫茫白雪的掩护下,从监禁她的牛津城堡(Oxford Castle)中逃出。国王斯蒂芬的卫兵们忙于狂欢,没有注意到他们。

的胜利。在城堡和其他要塞被连续长期围攻的形势下，战争才宣告结束。内战对英格兰的影响是毁灭性的。城镇和村庄遭到双方掠夺；难民们在乡间游荡，去修道院寻求庇护；贸易量骤降。在内战造成的无政府状态下，男爵们伺机进行突袭、抢劫和强奸等不法行为。当时的编年史家亨廷顿的亨利（Henry of Huntingdon）描述了当时的痛苦景象：

"到处都充满了动乱和荒凉。对于一些人来说，他们不再眷恋自己的故土，宁可在国外居住；其他人则向教堂寻求保护，并在教堂辖区内建造简陋的住所，终日无法摆脱恐惧和忧虑。

"由于英格兰全境发生了可怕的饥荒，食物匮乏，一些人吞食狗肉和马肉，令人作呕；另一些人生吃被扔掉的药草和根茎来充饥，但仍然食不果腹……由于居民大量死亡，房屋空寂无人，人们眼睁睁地看着著名的城市变得荒芜萧条。到了收获的季节，田地里黄澄澄一片，但无人收割，因为所有人都被饥荒拖垮。因此，英格兰全境呈现出悲伤、苦难和压迫的景象……

"这些不幸的景象，这些凄惨的悲剧……在英格兰很常见……这个曾经欢乐、安宁、和平的国度，现在到处都是战争和屠杀，满目疮痍，民不聊生。"

亨利·金雀花：英格兰的新希望

可憎的玛蒂尔达对民众的悲惨境遇毫不关心。1141年6月，当她在伦敦准备加冕仪式时，她向市民索要巨额钱财。但内战使人们身无分文，无力支付。

当官员和主教试图解释当下的情况时，玛蒂尔达破口大骂，还诅咒他们。很快，伦敦的群众就受够了。一群愤怒的市民冲进了玛蒂尔达在威斯敏斯特举行的加冕典礼前的宴会。他们把她赶出伦敦，她再也没有回来。

内战持续不断，玛蒂尔达成功的机会日渐渺茫。1148年，她终于放弃夺取王位，回到了诺曼底。国王斯蒂芬似乎已经赢了这场内战。但不到五年，命运让他的成功出现了意想不到的反转。他的继承人尤斯塔斯（Eustace）于1153年突然去世，他的妻子玛蒂尔达王后也在前一年去世。失去妻儿给斯蒂芬带来很大打击。虽然他还

这位身穿盔甲,身材强壮,看起来意志坚定的国王就是斯蒂芬国王。这幅画稍显奉承:温和、绅士、敏感的斯蒂芬并不像画中所表现的那样坚决。

有其他子嗣,但因伤心过度,斯蒂芬无法培养他们登上王位。在1153年,他与玛蒂尔达20岁的儿子亨利·金雀花达成了协议。亨利被认定为斯蒂芬的继任者,条件是他同意斯蒂芬在有生之年一直为英格兰国王。

然而,亨利没有等太久。不到一年,即1154年10月25日,诺曼王朝的最后一位国王——斯蒂芬去世。下一个王朝——金雀花王朝迎来了它的首位君主——亨利·金雀花。

亨利很像他的母亲,非常有主见,性格顽固,脾气暴躁,像一颗等待引爆的定时炸弹。随金雀花王朝而来的是英格兰有史以来最凶残的王室争端,而且还是一场生死之战。

第二章
金雀花王朝
第一部分

罪恶的联姻

1170年12月29日，大主教托马斯·贝克特（Thomas Becket）在坎特伯雷大教堂被谋杀。人们认为是亨利二世命令他的骑士杀死了贝克特。

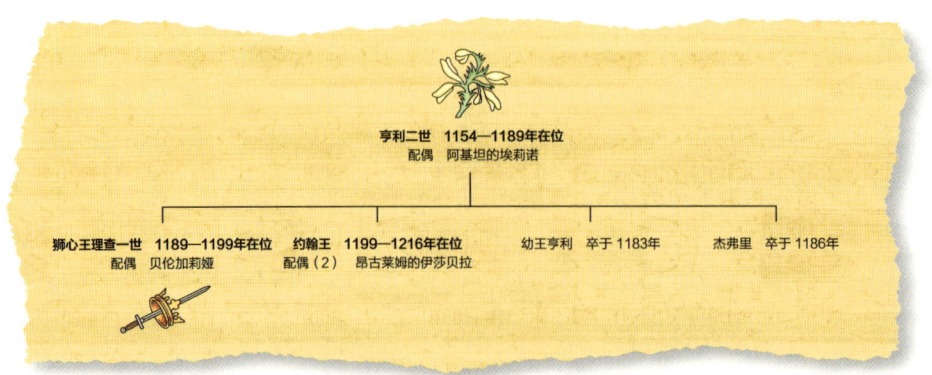

亨利二世于1154年成为英格兰国王，当时他只有21岁。他既非普通人，也非普通的国王。尽管亨利当时还很年轻，但他有一种与生俱来的领导能力，深受人们的钦佩和敬畏。

然而，35年后，亨利二世已是一个心力交瘁、疾病缠身的老年人。他的家人和男爵们抛弃了他，他还遭到强大的对手——法兰西国王的羞辱。教士编年史家威尔士的杰拉尔德（Gerald of Wales）写道，亨利二世"没有戒指、权杖、王冠和其他几乎所有王室葬礼必备的东西"。

这样一位英格兰杰出的、最伟大的君主之一，为何会落得如此悲惨的下场？这一切都归结为亨利二世的致命缺陷：残暴的性情。起初，他暴躁的脾气使他卷入了当时最具轰动性的谋杀案。后来，这起谋杀案使得他的家人和贵族一起密谋将他毁灭。

两个强势的人走到一起

亨利二世不仅是英格兰的国王，他还统治着法兰西的诺曼底、安茹（Anjou）、曼恩（Maine）、图赖讷（Touraine）和普瓦图（Poitou）。亨利二世在1152年与法兰西前王后埃莉诺（Eleanor）结婚后，便获得了妻子的领地——阿基坦（Aquitaine）——法兰西最大的公爵领地。这些领地共同构成了安茹王朝。该王朝从英格兰与苏格兰的北部边界一直延伸到法兰西南部的比利牛斯（Pyrenees）山

英格兰中世纪史中的一页，描绘了（从左上角顺时针方向）国王亨利二世、狮心王理查一世、国王亨利三世和约翰王。每个人都拿着一个与自己有关的教堂塑像。

脉。任何一位英格兰君主在登基时都没有继承过比这更丰厚的财产。

亨利二世与阿基坦的埃莉诺的婚姻让两个强势的人走到一起，彼此之间的激烈冲突是不可避免的。埃莉诺不是传统意义上的王室妻子。她是阿基坦的女继承人，而且是法兰西国王路易七世（Louis VII）的前妻。早在埃莉诺嫁给比他小10岁的亨利之前，她就尝到了权力的滋味。

这些资质都没有让埃莉诺符合她那个时代"理想"配偶的标准——丈夫在外享

尽风光时，妻子在背后默默隐忍，或者妻子容忍丈夫找情妇，有时在这种情况下，妻子和情妇实际上成了朋友。

埃莉诺很明显不是那种女人。她思想坚定、自信独立。她强烈排斥国王亨利二世的众多外遇和他的两个已知的私生子女。罗莎蒙德·克利福德（Rosamund Clifford）曾被认为是亨利一生的挚爱，她在1176年突然去世，有人猜测是埃莉诺让人给她投毒。不管事情的真相如何，埃莉诺似乎已经用寻找情夫的方式来报复丈夫了。

王室形象

阿基坦的埃莉诺：丑闻缠身的王后

埃莉诺的凶狠、独立和倔强自然引起别人对她道德败坏的指控。埃莉诺的一个名叫安德鲁（Andrew）的侍臣，似乎用她的名誉来谋利。安德鲁在1186年撰写的一部淫秽小说《论爱》（De Amore），或称《宫廷爱情的艺术》（The Art of Courtly Love）中诋毁埃莉诺的声誉。这本书是以1167年至1173年间埃莉诺在普瓦捷（Poitiers）的宫廷生活为背景的。据安德鲁所说，埃莉诺和玛丽·德·尚帕涅（Marie de Champagne）——她与法兰西国王路易七世所生的两个女儿之一，与一个异教徒有过通奸行为。

埃莉诺真实的爱情生活就像上面所描述的那样耸人听闻。流言蜚语将她与公公安茹的杰弗里（Geoffrey d'Anjou）和叔叔普瓦捷的雷蒙德

阿基坦的埃莉诺美丽、聪明、富有魅力，她太性感了，无法得到当时迂腐守旧的教士们的认可。

（Raymond de Poitiers）联系在一起，后者是十字军安条克亲王（Prince of Antioch）。埃莉诺与雷蒙德的恋情应该是在她陪同法王路易第二次十字军东征时发生的。

理查德·贝克（Richard Baker）爵士在《英格兰国王编年史》（*A Chronicle of the Kings of England*）中写道："她不是虔诚的基督教徒，过着放荡的生活，而且还是那种最为人所不齿的放荡生活——与突厥人（穆斯林）发生性关系。"这本书于1643年出版。

暴躁鲁莽，不修边幅

亨利二世不是一个普通的中世纪国王。在12世纪，国王需要给人留下深刻印象，亨利二世很难做到这一点。他对其他国王的外貌和时尚华丽的服饰毫无兴趣。亨利二世被称为"短斗篷亨利"，他身材矮胖、脸型方正、脸上有雀斑，经常显得

国王亨利二世和托马斯·贝克特曾经是朋友，他们就教皇对英格兰教会的权利展开了激烈的争论。在这份中世纪的手稿中，两人的手部动作表明他们的意见截然相反。

不修边幅，甚至邋里邋遢，他刚骑完马就出现在宫廷里，衣服和靴子上沾满泥巴也不以为意。

在一个宗教时代，亨利二世对宗教毫不关心。他经常错过教堂的弥撒，而当他参加弥撒时，也会把时间用来乱涂乱画或与侍臣聊天。同时，在他不修边幅的外表下，亨利二世的个性让人眼前一亮。像他的母亲那样，亨利二世固执专横、充满活力。但同样，他的脾气让人畏惧。愤怒的时候，亨利会有过激行为——他苍白的眼睛变得火热，充满血丝，他真的会把衣服撕碎，倒在地上，啃咬地毯。幸运的是，中世纪的"地毯"是由松散的植物纤维做成的。

任何与国王亨利二世作对的人都要冒很大的风险。一个多次与亨利作对的人注定酿成一场史诗般的悲剧。亨利在1154年统治之初就任命托马斯·贝克特为英格兰大法官。虽然贝克特比亨利大15岁，但两人是亲密的朋友。他们一起竞技、带鹰出猎。亨利授予贝克特很多封邑，贝克特因此变得很富有。

奢侈与挥霍

与国王不同，贝克特对上流社会的生活情有独钟。1158年亨利二世派他出使巴黎时，贝克特带着250个仆人，8辆装满了食物和昂贵盘子的马车，以及一个有24种不同装束的衣柜。在英格兰，贝克特的家中有大约700名骑士为他服务，并雇用了52名教士来管理他的财产。他喜欢上等佳肴，有一次他吃了一盘鳗鱼，花了100先令，这在当时是一笔惊人的开销。

朋友反目成仇

亨利二世开始时完全信任贝克特。1162年，贝克特被任命为坎特伯雷大主教，成为英格兰最重要的教士。这看似是王室给予他的又一次赏赐，但背后的原因十分复杂。自征服者威廉一世起，英格兰的国王们就试图削弱教皇对国家的权力。亨利二世任命贝克特为坎特伯雷大主教是为了拿他当挡箭牌，躲避教皇的要求。但是，如果亨利二世认为贝克特会按照他的指示去做，他就完全错了。

贝克特发生了彻底的转变。他立刻辞去了大法官的职务，放弃了美好的生活和所有的乐趣,送走了他奢华的衣柜、精美的盘子和精致的家具。取而代之的是,他投入到学习、祈祷和慈善活动中。

亨利二世这位热爱奢华的朋友成为一名禁欲主义者已经足够令人吃惊了。但贝克特的皈依不仅仅是外在表现。在亨利二世与教皇打交道时,贝克特没有支持国王,而是处处阻挠他。

控告和挑衅

国王要求把在独立教会法庭上被判定有罪的神职人员移交普通世俗法庭进行惩罚,这引起了很大争议。贝克特断然拒绝了这一要求。他与亨利二世本就紧张的关系,开始从友谊变成仇恨。亨利二世通过捏造各种犯罪指控来针对贝克特。这些指控包括在担任大法官期间挪用公款。

当贝克特戏剧性地举着一个大十字架出现在法庭上时,他声称,作为一个教士,世俗的法官无权审判他……即使对贝克特来说,此种做法也太过分了。1164年,他意识到自己性命难保,于是逃到了法兰西的桑斯(Sens)。

贝克特的流亡生涯持续了六年。在这期间,法兰西国王和教皇设法让这对反目成仇的昔日好友重归旧好。这使得贝克特在1170年12月1日回到了英格兰。但实际上,贝克特与国王的争斗并没有得到根本解决。一回国,贝克特就比以前更加肆无忌惮地挑衅。

> 当贝克特戏剧性地举着一个大十字架出现在法庭上时,他声称,作为一名教士,世俗的法官无权审判他……即使对贝克特来说,此种做法也太过分了。

一个12世纪版画中的王冠,本来是与佩戴者的眉毛齐平。国王可能在战斗中把王冠戴在头盔上,以便向他的士兵以及他的敌人亮明身份。

反抗导致死亡

1170年6月14日,亨利在世的长子,15岁的亨利王子由约克大主教加冕,被称为幼王。国王在生前为继承人加冕是一种保险的手段,因为这样做可以威慑住强大的竞争对手和潜在的篡位者。但国王亨利忘记了,或者说忽略了一个事实,那就是坎特伯雷的大主教们在为英格兰君主加冕方面具有垄断权。贝克特作为一个失势的大主教,他的权力已经被篡夺,但他不准备让这种侮辱再继续下去。所以,他将约克大主教和六位参与幼王加冕仪式的主教逐出教会。

圣诞节这天,亨利在诺曼底,当消息传到他那里时,他勃然大怒,大喊道:"我的宫廷养的都是多么可悲、可鄙的懒汉和叛贼,居然听任他们的主公被这样一个出身卑贱的教士如此无耻地蔑视!没有人帮我摆脱这个讨厌的神父吗?"

亨利的四位骑士:休·德·莫维尔(Hugh de Moreville)、威廉·德·特雷西(William de Tracey)、雷金纳德·菲茨乌尔塞(Reginald FitzUrse)和理查德·勒·布雷顿(Richard le Breton)对国王的话深信不疑。他们赶往英格兰,到达坎特伯雷,然后全副武装地冲进大教堂,屠杀了托马斯·贝克特。

但这四位骑士不但没有得到奖赏,反而蒙受耻辱。他们被要求通过禁食来悔罪。之后他们被流放到圣地。最沉重的悔恨来自国王。谋杀发生后不久,亨利就去了爱尔兰,一年多的时间不露声色。但是,安茹帝国当然不能由一个逃避者来统治,所以最终亨利二世不得不回到英格兰,接受惩罚。

与这幅19世纪的画像所表现出来的有所不同,亨利二世嗜杀成性、刚愎自用,又同等程度上对自己的错误行为懊悔不已,他是一个脾气暴躁和行事草率的人。

托马斯·贝克特被谋杀后,坎特伯雷大教堂成为朝圣之地。贝克特的圣龛被成千上万的朝圣者参观,直到16世纪国王亨利八世将之损毁,提醒人们一个臣民违抗国王会有怎样的下场,这是个不受欢迎的提醒。

统治行为

教堂谋杀案

1170年12月29日下午5点左右,亨利的四名骑士进入坎特伯雷大教堂,他们发现贝克特正在圣坛前祈祷。在一大群受到惊吓的信徒面前,骑士们要求贝克特放弃开除约克大主教等人教籍的决定。贝克特命令他们离开。

一位年轻的修士爱德华·格里姆(Edward Grim)在圣坛后目睹了这一幕。后来,他写下了自己在那个悲惨的夜晚看到和听到的一切。

"你必须死!"骑士们威胁贝克特道,但得到的回答是"我已经准备好为我的主而死,在我的血液中,教会可以获得自由与和平"。

"然后,"爱德华·格里姆写道,"骑士们对贝克特施以亵渎之手,拖拽他,想要在教堂外杀死他,或者把他当成囚犯抬走……但贝克特使劲挣扎,毫不妥协……其中一名骑士压在他身上,紧紧抱住他。贝克特推开他……大喊道:'不要碰我,雷金纳德!你欠我的是忠诚和服从!你和你同伙的所作所为就像疯子!'

国王亨利的四名骑士冲进坎特伯雷大教堂,攻击在圣坛前祈祷的托马斯·贝克特大主教,当时他正在祈祷,手无寸铁。

第二章　金雀花王朝第一部分　031

"骑士恼羞成怒……在贝克特头上挥舞着他的剑。他喊道：'我并不欠你忠诚和服从，我效忠于我的国王。'

"然后，贝克特看到自己悲惨的命运即将结束……他像祈祷的人一样倾斜脖子，双手合十，然后举起双手，将自己和教会的命运托付给上帝……他刚说完话，那个邪恶的骑士怕他被人们救走，突然跳到他身上，用剑打向他的头，他的头顶部被砍下……贝克特的头部再一次受到重创，但他还是站稳了。在遭到第三次击打时，他跪倒在地，手肘杵着地……低声说：'以耶稣的名义和教会的保护，我准备好迎接死亡了。'

今天，在肯特（Kent）坎特伯雷大教堂的圣坛上，仍然可以看到当年的犯罪现场。贝克特的死被称为殉道，因为他被看作为教会而死的殉道者。

"第三位骑士在贝克特倒在地上时又猛烈攻击他，剑因为击中石头和头骨而断裂，贝克特的头被砍了下来……（另一个）骑士……用脚踩着大主教的脖子，使他的脑浆和血撒在石头上，情景十分恐怖。他对其他人喊道：'让我们离开，骑士们。他再也站不起来了。'"

那个"讨厌的神父"，他的头骨被砍得粉碎，脑浆溅在大教堂的地板上，已经死了。但亨利二世仍然没有摆脱他。贝克特的死对国王来说就像贝克特活着一样令人烦恼。这起谋杀案激起了所有欧洲基督教国家的愤怒。1173年，贝克特被封为圣徒和殉道者。坎特伯雷成为朝圣之地，大教堂成为敬奉被害大主教的神圣场所。

国王亨利二世因托马斯·贝克特遭谋杀而受罚。教皇要求他公开表示悔意。画面中，亨利正在位于坎特伯雷的贝克特墓前忏悔。

谦卑的国王

尽管亨利遭到了严重的惩罚，但这些惩罚除了影响王室尊严，并没有太大损害。亨利没有被开除教籍，但他被禁止进入教堂。这不会对亨利造成困扰，因为他并不是特别虔诚。此外，他在法兰西的领地也处于禁行圣事令下，这意味着教会不再保护这片土地。因此，任何敌人都可以入侵这片土地。如果发生入侵，亨利也不能向教皇寻求援助。但惩罚远不止此。

1174年7月12日，国王亨利身穿麻布，赤脚走过坎特伯雷的街道，以示谦卑。他在大教堂祈祷，随后被80名修士用树枝鞭笞。半裸着身子的亨利二世血流如注，他忍着疼痛在埋葬托马斯·贝克特的冰冷墓穴旁过夜。在这之后，亨利才获得了对自己罪责的宽恕。

不幸的是，亨利二世并没有从谋杀贝克特的事件中学到多少。他没有试图克制自己的脾气，也没有谨言慎行。不仅如此，贝克特死后三年，亨利暴躁的脾气导致了另一场更具伤害性的争斗，而这次争斗引发了灾难。

国王最爱的孩子

1169年，在巴黎以东约40英里（约64千米）的蒙米拉伊（Montmirail），国王亨利把他庞大的帝国分配给他四个幸存的儿子中的三个。时年14岁的亨利王子是王位继承人，将拥有英格兰和诺曼底。12岁的理查，即未来的狮心王理查一世，得到了他母亲的阿基坦公爵领地。第四个幸存的儿子，11岁的杰弗里将拥有法兰西的布列塔尼。最小的儿子约翰没有得到任何土地，因为在做出安排时他只有3岁，而不是因为父王不爱他。

约翰被称为"无地者"，他是亨利最疼爱的孩子。国王做了许多努力为约翰提供生活所需，包括让他与一位富有的法兰西女继承人结婚，但这件事未能成行。1177年，约翰11岁，亨利让他成为爱尔兰的领主。8年后，约翰访问了爱尔兰。他把时间花在了挥霍他父亲的钱财上，过着奢侈的生活，并因为嘲弄爱尔兰人而惹恼了他们。

家族仇恨

至于亨利的其他儿子，他们完全期待着统治自己所得到的土地，也期望从自己的土地上得到收入。但是，国王亨利从未打算让他的儿子们在他有生之年拥有任何实权，他们只是有名无实的领主，所有的权力和收入仍然在他们的父亲手中。

> 亨利不可能靠发放空头支票来使儿子们满意。1173年，他的儿子们怒火中烧，怨恨演化成了公开叛乱。

亨利不可能靠发放空头支票来使儿子们满意。1173年，他的儿子们怒火中烧，怨恨演化成了公开叛乱。对国王心怀怨恨的埃莉诺王后是他们的主要盟友。亨利的儿子们还找到了许多对国王

国王亨利二世的印章，印章显示出他坐在宝座上，一手拿着宝剑，一手拿着王权宝球。文件和宪章上的王室印章表明它们得到了王室认可，因此是合法的。

不满的人加入战队，这些人包括在英格兰和诺曼底的男爵们，他们对国王亨利的统治感到不满。但最重要的支持者是法兰西国王路易七世，他们母亲的前夫。

路易七世觊觎亨利在安茹的领地，因此非常乐意帮助对手的儿子们推翻他们父亲的统治。然而，1173年，国王亨利拥有足够的军事力量来镇压家族叛乱，这场叛乱以失败告终。

在叛乱爆发之前，埃莉诺王后已经意识到她自己的举动有多么危险。她试图伪装成男人，穿过英吉利海峡悄然潜行到位于安茹的希农（Chinon）。但她被认出，并被带回了英格兰。亨利将她软禁在温切斯特，她在那里被关了16年。

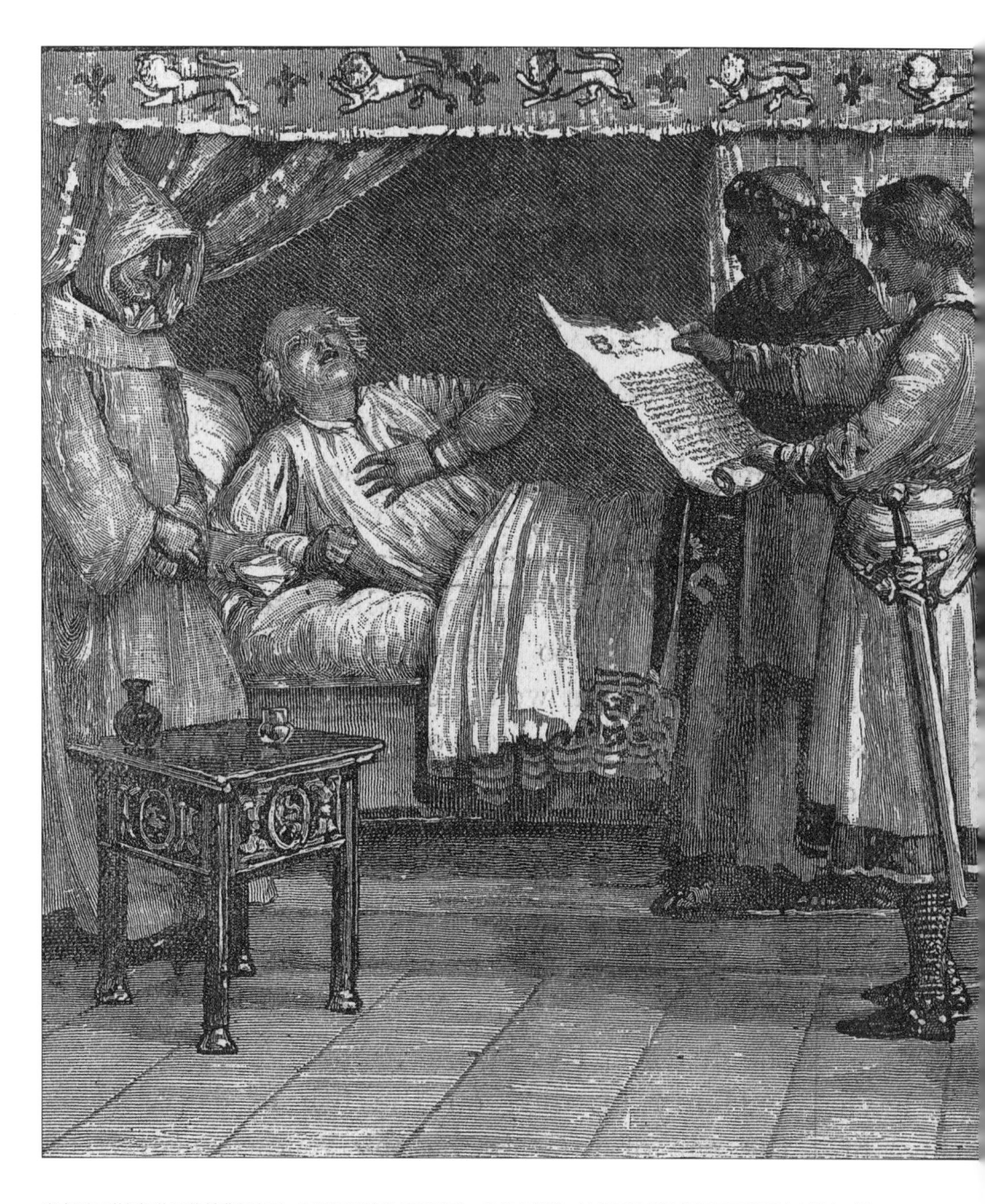

当亨利二世得知儿子约翰背叛自己,同哥哥理查公开叛乱时,他伤心欲绝。这张图片描绘的是国王收到这个消息时的情景,他的手紧紧捂着心脏。

强盗国王腓力二世

叛乱结束后,国王亨利同他的儿子们相比表现得更为慷慨:他原谅了儿子们,并赐予幼王和理查王子城堡和钱财。他希望这样做能够防止他们再次叛乱。

但家庭仇恨并未结束。路易七世于1180年去世,王位由他能力更强也更阴险的儿子腓力二世奥古斯都(Philip Ⅱ Augustus)继承。此外,腓力还接过了他父亲掠夺安茹的计划。幼王和杰弗里是腓力实施诡计现成的帮手,但是两人过早逝世给他的计划造成了阻碍。幼王于1183年死于痢疾和发热。热衷于骑士比武的杰弗里于1186年在打斗时丧命。

亨利的四位合法子嗣中只剩下两位。约翰对父亲很忠诚,但是理查重新燃起了对父亲的怨恨。原因是国王计划把位于法兰西的城堡分配给约翰,而理查坚称城堡是自己的。更糟糕的是,尽管幼王去世后,理查就成了国王的长子,但是国王拒绝让他做王位继承人。

这也就是为什么腓力二世能够争取到摧毁安茹帝国的第二次机会。没有人知道理查是否对腓力二世的秘密计划有所耳闻。但是,他毫不犹豫地加入了1189年法兰西国王对他父亲的最后的全面进攻。

国王的预言

国王亨利一直都预感这样的结局早晚会发生。在1183年幼王去世之前,他曾托人画了一幅画,并下令将其陈列在温切斯特宫的王家会议厅内。这幅画展示了四只雏雕攻击一只大鸟,第四只雏雕准备啄掉大鸟的眼睛。

国王解释说:"这四只雏雕是我的四个儿子,他们不停地迫害我,甚至到死都没有停止。他们中最小的那个,我现在如此深情地拥抱着他,可他最终会比其他任何人都更加凶残危险地羞辱我。"

国王的预言成真了——约翰抛弃了他的父亲,与理查联合起来。这是因为父亲计划分配给他的城堡满足不了他的野心。这伤透了国王的心。此后,反叛接踵而至。

理查王子和腓力二世在法兰西北部安茹帝国的领土上猛攻,一个接一个地占领了亨利的每一个据点。与此同时,几乎所有曼恩、图赖讷和安茹的男爵都抛弃了亨利。他被赶出了出生地勒芒(Le Mans),逃到了安茹的希农,在他的城堡里避难。他的敌人甚至到那里追捕他。1189年7月4日,他们向亨利提出了屈辱的要求。他没有办法反抗他们。

腓力二世的专职神父兼传记作家布雷顿的纪尧姆(Guillaume le Breton)

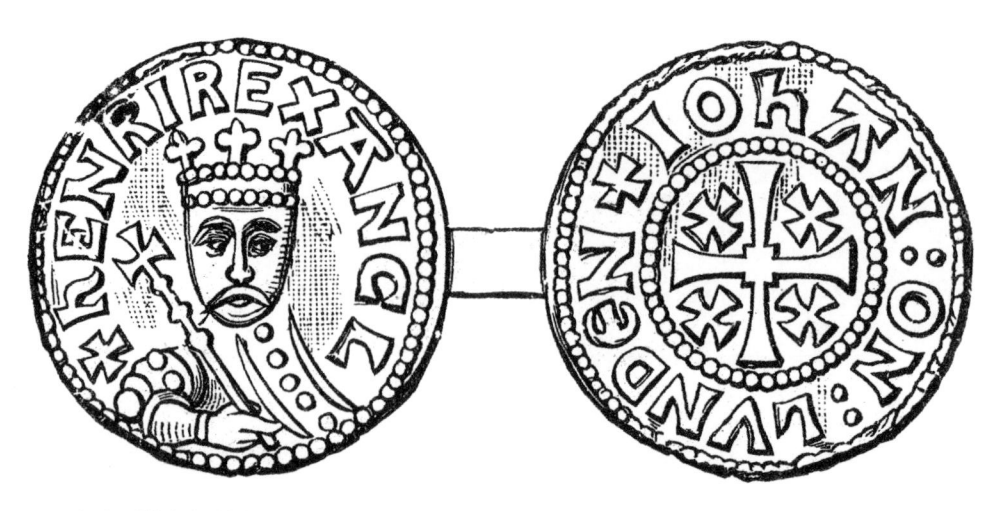

国王亨利二世统治时期铸造的银质便士。国王的肖像以及象征其权力的权杖出现在正面(左)。背面(右)的字样显示,该硬币是在伦敦铸造的。

写道："他（亨利二世）完全听从法兰西国王腓力二世的建议和意愿，这样一来，无论法兰西国王提出或做出什么裁决，英格兰国王都会毫无异议地照做。"

亨利二世伤心不已，高烧不退，五天后去世。在临死前，他因儿子们背叛了自己而诅咒他们。只有私生子杰弗里守在病榻前。

一个心碎的人

亨利伤心不已，高烧不退，五天后去世。在临死前，他因儿子们背叛了自己而诅咒他们。只有杰弗里——他与罗莎蒙德·克利福德的私生子守在病榻前。编年史家威尔士的杰拉尔德这样描述国王亨利二世最后痛苦的时日："就像从树干上砍下的树枝无法复原一样，反叛的暴行让亨利二世既失去了尊严又失去了风度。"

第三章
金雀花王朝
第二部分

坚定奋战的国王和惹是生非的男爵

狮心王理查一世可耻地忽视了英格兰王国，但他作为一名伟大而英勇的战士和君主一直受到人们的敬仰。图中这座雕像矗立在旧宫院（Old Palace Yard），靠近伦敦的议会大厦（House of Parliament）。

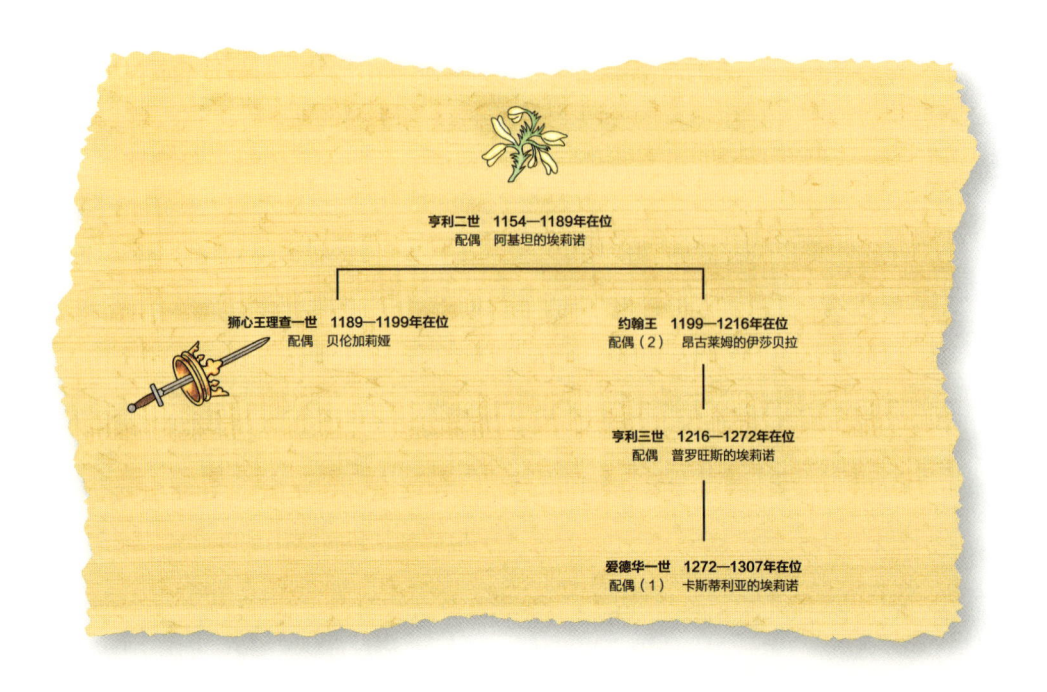

```
                    亨利二世    1154—1189年在位
                    配偶  阿基坦的埃莉诺
        ┌───────────────────┴───────────────────┐
狮心王理查一世  1189—1199年在位        约翰王    1199—1216年在位
配偶  贝伦加莉娅                      配偶（2）  昂古莱姆的伊莎贝拉

                                      亨利三世    1216—1272年在位
                                      配偶  普罗旺斯的埃莉诺

                                      爱德华一世  1272—1307年在位
                                      配偶（1）  卡斯蒂利亚的埃莉诺
```

　　理查一世得知父亲的死讯后，他做的第一件事就是去向他曾经背叛过的父亲致以最后的敬意。他并没有浪费多少时间。有人说，理查一世跪在父亲遗体旁的时间和背诵一遍主祷文的时间差不多。

　　接下来，理查将他的母亲埃莉诺王后从温切斯特的监狱中释放。理查的加冕仪式于1189年9月举行。此后，他回到了阿基坦。离开英格兰奠定了理查的统治模式。

　　理查成为一位著名的战士，他因骁勇善战获得"狮心"的称号。理查无疑是中世纪最伟大的战斗之王。但他对保卫英格兰而战毫无兴趣。除了十字军东征，理查一生的主要目标是对抗法兰西国王腓力二世，保卫他心爱的阿基坦公爵领地。

　　腓力二世并不是唯一一个对理查构成危险的敌人。理查的弟弟约翰，在他离开的时候曾几次试图夺取英格兰。编年史家迪韦齐斯的理查德（Richard of Devizes）曾将约翰描述为一个"背叛成性的人"。就像背叛自己的父亲一样，约翰背叛自己的哥哥也是毫不犹豫。

　　即便如此，理查一世还是很喜欢约翰的，还为他安排了与富有的女继承人——格洛斯特的伊莎贝拉（Isabella of Gloucester）的婚姻，并将英格兰的巨额财产分

这幅画创作于1475年至1500年，描绘了1189年9月30日在伦敦举行的理查一世的加冕仪式。男爵、主教和修士们参加了加冕游行。

配给他。不过，这些并不能满足约翰，他一心想在理查一世出征时成为英格兰的摄政王。相反，理查一世选择了他的母亲——阿基坦的埃莉诺来管理自己的王国。约翰还期望被指定为理查一世的继承人。但继承人的身份却属于4岁的布列塔尼的亚瑟王子（Prince Arthur of Brittany），他是已故的杰弗里的子嗣。正如历史记载的那样，约翰将以他无情的方式来对付亚瑟王子。

十字军东征，在圣地与穆斯林作战需要庞大的资金支持。为了筹集急需的资金，理查一世实际上出售了英格兰。他出售了伯爵领地、贵族领地、郡辖区、城堡、耕地、庄园、整个城镇和其他任何可以兑换成现金的东西。他甚至计划出售首都伦敦。但是，他抱怨说找不到足够富有的人购买。

最后，在1190年7月，理查率领一支由100多艘船和8000人组成的舰队出发前往圣地，计划在三年内返回，但事与愿违。

理查的失误

在军事方面，第三次十字军东征取得胜利。理查给穆斯林以痛击，因此被誉为最伟大的英雄。但在圣地时，理查犯了一个关键性的错误，那就是他侮辱了同为十字军战士的奥地利公爵利奥波德（Leopold）。利奥波德发誓要报仇，在1192年理查返航途中他发现了机会。理查的船在威尼斯附近沉没，他被迫走陆路以完成后面的行程。在奥地利的维也纳，利奥波德公爵正在等待他。

许多关于理查由于疏忽大意被利奥波德擒住的故事流传开来。有一种说法是，理查试图把自己伪装成一名厨房工人，但却忘记摘下他昂贵的戒指，厨房工人是不可能佩戴这样的戒指的。

> 十字军东征取得了很大的成功，理查一世也因此被誉为最伟大的英雄。但在圣地时，理查一世侮辱了同为十字军战士的奥地利公爵利奥波德。利奥波德发誓要报仇……

这幅出现于《拉特洛诗篇》（*Luttrell Psalter*）的图片描绘了理查一世和萨拉丁（Saladin）比武的画面。萨拉丁被描绘成了一张可怕的蓝脸。这幅画是虚构的，事实上，理查和萨拉丁从未交锋过。

国王的巨额赎金

利奥波德一擒住理查,就急于求成。他把理查"卖"给了神圣罗马帝国皇帝亨利六世(Henry Ⅵ)。有了这个宝贵的"财产",亨利六世要求支付巨额赎金。为了最大限度地利用手中的砝码,亨利六世将理查拿出来进行拍卖。主要竞标者之一是理查本人。其他竞标者则是法兰西国王腓力二世和背信弃义的约翰王子。与法王结盟是约翰王子新计划中的一步,因为他想夺取理查在法兰西的土地。

理查必须赢得这场拍卖,否则腓力二世就会用邪恶的方式处理安茹公爵的领地。而约翰王子则会把他贪婪的手伸向英格兰。幸运的是,理查的出价超过了他的对手。赎金确定为15万马克。

为了筹集这笔巨额赎金,理查再次搜刮民脂民膏。所有可能的筹款方式都被用上了。教堂的黄金和银盘被没收并出售。两个西多会(Cistercian)修道院经营的牧场全年的羊毛收成被掠夺。同时理查对所有收入征收高达25%的税。

理查获得自由

1194年2月4日,理查在被关押16个月后终于获得了自由。大约六周后,他抵达英格兰。有人告知约翰王子理查正在重返英格兰的路上。腓力二世警告他说:"小心点,魔鬼已经被释放了。"一听说理查要回家,约翰就逃到了腓力的王宫寻求保护。他很害怕哥哥找到他后会发生什么。幸运的是,理查并没有对约翰施行太严厉的惩罚。他暂时没收了约翰的土地,但只是为了给他一个教训,很快就把土地还给了他。

"不要再痴心妄想了,约翰,"理查告诉他,"你只是一个心存邪念的孩子。"

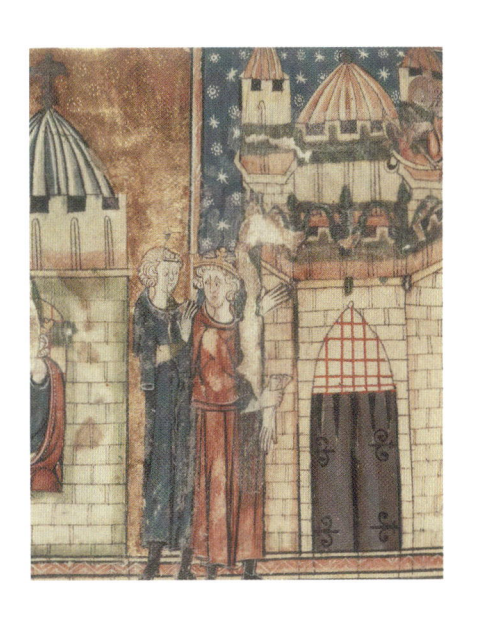

这幅画描绘了理查被囚禁在奥地利的情景,创作于1200年,也就是理查死后的第二年。理查出现了两次,位于中间的拿着手套,位于左边的看着窗外,满脸厌烦。

然而约翰不是孩子——当时他已经27岁了。

尽管理查原谅了约翰，还放纵他，但他并不信任自己的弟弟。1194年5月12日，当理查再次前往法兰西时，他没有给予约翰在英格兰的任何权力。然而理查再也没有回来。法兰西国王腓力仍在试图掠夺安茹领地，理查在他生命的最后五年里一直在为阻止腓力二世而战斗。1199年，他在利穆赞（Limousin）围攻沙吕城堡（Chalus Castle）时受了重伤，最终理查因伤口化脓而死亡。

约翰梦想成真

当他哥哥的死讯传来时，约翰王子正在布列塔尼。他迅速行动，立即赶回英格兰。在接下来的几周里，约翰拉拢男爵和教士支持自己。完成这些后，他于1199年5月27日在威斯敏斯特教堂加冕为王。接下来，约翰准备为王位储备继承人。他与未能给他带来后代的妻子——格洛斯特的伊莎贝拉离婚，并与另一个伊莎贝拉——法兰西昂古莱姆（Angoulême）12岁的女继承人结婚。

不情愿的新娘

约翰的第二次婚姻从一开始就充满了争议。伊莎贝拉早已有了心上人——休·德·吕西尼昂（Huge de Lusignan）。休也爱上了伊莎贝拉，并且这对情侣已经订婚。但伊莎贝拉野心勃勃的家人却另有企图。他们认为让女儿成为英格兰的王后对自己大有益处。如果这意味着伊莎贝拉不得不放弃她一生的挚爱，那么就放弃吧。1200年8月24日，孝顺的伊莎贝拉在波尔多大教堂嫁给了大她20岁的国王约翰。

休·德·吕西尼昂很生气，他向国王腓力抱怨。腓力当然非常乐意用这根特殊的手杖打击英格兰国王。腓力要求英格兰国王解释清楚。与此同时，约翰尝试用自己的办法来解决。他试图让自己的私生女琼（Joan）嫁给休·德·吕西尼昂来安抚他。休拒绝了。1202年，约翰拒绝按照命令出现在腓力面前。这为法王提供了没收约翰在法兰西所有土地的借口。不过就目前而言，

> 约翰的第二次婚姻从一开始就充满了争议。伊莎贝拉早已有了心上人——休·德·吕西尼昂。

休·德·吕西尼昂已经失去了他的伊莎贝拉。

约翰一直交好运

对于约翰来说，他的侄子——布列塔尼的亚瑟王子仍然是个问题。作为约翰的哥哥——已故杰弗里的儿子，亚瑟比约翰更有资格继承英格兰王位。法兰西国王腓力总是在寻找机会来给约翰制造麻烦，他支持亚瑟夺取王位。同样支持亚瑟的还有安茹、曼恩和图赖讷的男爵们。这构成了强大的反对势力，然而约翰的运气很好。

这幅图描绘了约翰王正在为自己在法兰西的土地向法王腓力进贡。虽然约翰是英格兰国王，但却是法兰西君主的封臣，定期向法兰西君主进贡表明他对主公的忠诚。

1202年夏天,他在法兰西为夺回失去的安茹领地战斗,在阿基坦围攻米拉波城堡(Mirabeau Castle)时,他成功俘获了250多名骑士。其中一个是布列塔尼的亚瑟。

亚瑟被囚禁在法莱斯(Falaise)的一座城堡里,这座城堡属于约翰的内侍休伯特·德·伯格(Hubert de Burgh)。据称,约翰想让亚瑟失明并受宫刑,但休伯特·德·伯格不听从。对国王的计划不屑一顾的不只德·伯格一人,另一位权贵,威廉·德·布里乌兹(William de Briouze)——第四代布里乌兹男爵,也拒绝支持如此残忍的报复行动。

约翰不打算让背叛他的男爵们逃脱。他记下了威廉·德·布里乌兹和他的家人,准备之后惩罚他们。至于亚瑟,他被转移到约翰自己的一个位于鲁昂(Rouen)的城堡。一旦到了那里,国王就可以对他为所欲为了。此后不久,亚瑟王子就从历史上消失了。

事实还是虚构

残忍的复仇

德·布里乌兹家族是马格姆(Margam)修道院的赞助者,而亚瑟又是在这所修道院消失的,这其中不无巧合。德·布里乌兹家族很快发现自己成为约翰复仇的目标。威廉·德·布里乌兹曾向约翰借过一大笔钱,但却无力归还。现在,约翰不仅要求威廉立即还钱,还命令德·布里乌兹和他的妻子玛蒂尔达交出他们的两个儿子作为人质。玛蒂尔达拒绝了,她鼓起勇气直面约翰王,并对他说,一个谋杀自己侄子的人不适合照顾她的孩子。

自那时起,王室将复仇的目光对准了德·布里乌兹家族。威廉的城堡被没收,土地也被掠夺。最糟糕的是,玛蒂尔达和她的孩子们都被囚禁在温莎城堡(Windsor Castle),尽管支付了赎金,约翰还是把他们关起来活活饿死。自此之后威廉·德·布里乌兹精疲力竭。他逃往法兰西,于1211年在那里去世。

悲惨的结局

没有人确切地知道亚瑟王子被约翰王关在鲁昂的城堡后发生了什么。但在位于威尔士格拉摩根（Glamorgan）的马格姆修道院收藏的史料中，包含了一个亚瑟王子最终命运的悲惨版本：

"……约翰王让亚瑟在监狱里活了一段时间。最后，在鲁昂的一座城堡里，约翰王在复活节前的星期四（1203年4月3日）晚餐后喝醉并被魔鬼附身，他亲手杀死了亚瑟王子，并在尸体上绑了一块沉重的石头，将其扔进了塞纳河。一个渔夫在渔网中发现亚瑟王子的尸体……并把他秘密埋葬了。"

更有资格继承英格兰王位的亚瑟王子，在请求约翰王放他一条生路，但这完全是在浪费时间，因为约翰绝对不会放他一条生路。

王室形象

肆无忌惮而且道德败坏

约翰有很多陋习,其中之一就是喜欢性敲诈。他有一个习惯,就是勾引男爵们的妻子、姐妹和女儿,然后索要封口费,保证不把事情闹大。因此而受害的家庭别无选择,只能付钱;如果拒绝,他们的家庭尊严就会受到威胁。约翰的王后,昂古莱姆的伊莎贝拉自然心怀怨恨,她试图通过寻欢求爱来报复自己的丈夫。然而,约翰很快就使她停止了这一行为,他杀了她的情夫们,并把他们的尸体挂在她的床上。

约翰王是英格兰有史以来最遭人唾弃和憎恨的君主——他是一个十足的恶棍,与他英勇的哥哥狮心王理查相差甚远。

对国王的侮辱

约翰残酷地折磨德·布里乌兹家族和其他人,这已经充分提醒了他的男爵们,他是一个危险的暴君。即便如此,如果约翰能证明自己符合中世纪人们心中理想的国王——一个成功的战斗之王,他也可能拯救自己。但是,他在1204年将法兰西的安茹领地输给了法兰西国王腓力。宏伟的安茹帝国永远消失了。由于这一损失,男爵们给约翰起了"软剑"的绰号。这是男爵们所能想到的最轻蔑的侮辱。

约翰开始强烈地怀疑在这片土地上拥有权力的任何人。他甚至追捕那些对他忠心耿耿的男爵,迫使一些男爵以巨额资金换取新头衔,成为王室债务人。当然,受害者无法拒绝。例如,杰弗里·德·曼德维尔(Geoffrey de Mandeville)不得不为

第三章　金雀花王朝第二部分　051

在这幅插图中，国王亨利三世的身旁有两位主教，他们刚刚把王冠戴在亨利的头上。这幅插图可能意在描绘亨利的加冕仪式，尽管在当时，他还是个小男孩，而不是一个成年男子。

格洛斯特伯爵爵位出价20000马克，作为杰弗里获得约翰的前妻——格洛斯特的伊莎贝拉的交易的一部分。

嗜杀成性的国王给他的拥护者们造成了极大的损失。他对男爵们的折磨让他们无法再忍受，使他们最终叛变。1215年6月15日在兰尼米德（Runnymede），男爵们迫使约翰签署了《大宪章》（*Magna Carta*）。这并不像人们通常认为的那样是对民主自由的宣言，而是对男爵们的权利和特权的声明。

法兰西的胜利

然而，对约翰王来说，食言太容易了，他几乎立刻就反悔了。内战随之发生。令"软剑"惊讶的是，自己很快就赢了。一些男爵在绝望之中成为叛徒：他们邀请法王腓力二世的儿子路易·卡佩（Louis Capet）率领军队来英格兰作战。路易·卡佩打算把约翰王从英格兰王位上赶下来，并取代他。

1216年5月14日，路易抵达英格兰南部海岸的多佛尔（Dover）。12天后，他到达了伦敦，在那里他的军队占领了两个重要的据点：伦敦塔的白塔（White Tower）和威斯敏斯特宫。之后，路易被他的军队尊称为英格兰国王。但在罗马，教皇却不这样认为。路易攻击了一个合法的基督教国王，这违反了规定。作为惩罚，教皇开除了路易的教籍，并将他在法兰西的土地置于禁行圣事令之下。

与此同时，约翰正在英格兰各地争取支持。如果说英格兰人最讨厌的是什么，那就是一个试图抢夺王位的外国人，他们宁可由约翰这样的本国国王来统治，尽管他有不如人意的地方。

一个孩子登上王位

约翰在1216年10月18日死于痢疾。约翰的离世非常突然，他9岁的儿子继位，成为国王亨利三世。现在，

约翰王于1215年5月9日颁布的宪章，上面盖有王室印章。后续统治所用的印章也采用同样的设计。加盖王室印章后的文件才能生效，因此也可以防止伪造和欺诈。

王室形象

受骗的顽童

事实证明,亨利三世和他的父亲一样爱惹是生非,可当时无人知晓。他是一个被宠坏的孩子,有着非常令人不安的想法。最令人不安的是,他认为国王是绝对的统治者,他们由上帝任命,是上帝在世俗的代表。臣民要自觉服从国王的每一个命令。

亨利非常喜欢盛大表演,对王室仪式感到兴奋。但在他伟岸的外表下,亨利疑心很重、胆小怕事。他实际上是一个懦夫。而且,知道男爵们如何对待自己的父亲之后,亨利确信他们都是残酷的人。亨利三世从此开始犯下灾难性的错误。

约翰王的儿子——继任者亨利三世并不了解如何在中世纪的英格兰成为一名可以得到认可的君主。

男爵们有了一个合法的国王,而且这个国王没有黑暗、肮脏的案底,他们开始减少对路易·卡佩的支持。

但是英格兰仍然处于危机之中,亨利三世的加冕仪式十分仓促且简陋。在路易·卡佩到达伦敦后,亨利三世、他的母后伊莎贝拉和其他王室成员都逃到了英格兰的西部地区。这就是为什么加冕仪式于1216年10月28日在格洛斯特大教堂举行,即约翰死后十天。这是一次没有王冠的加冕仪式,所以亨利不得不用他母亲的弯曲的小金颈环来应付。

摄政拯救了世界

英格兰的局势仍然非常危险。幸运的是，威廉·马歇尔（William the Marshal）——国王亨利的摄政，是个出色的战士。他很快就打败了路易·卡佩。1217年9月12日，这位法兰西王子被迫在伦敦签署了一份和平协议。到1219年，威廉·马歇尔把男爵们控制住了，秩序也恢复了。伊莎贝拉直到知道自己的儿子在王位上是安全的，她才返回法兰西。在法兰西，她终于在1220年嫁给了休·德·吕西尼昂。他们拖延已久的婚姻很幸福，还养育了九个孩子。

亨利对国王身份的看法是错误且不切实际的。他似乎不明白，英格兰国王从来都不是绝对的统治者，总有一些组织——盎格鲁-撒克逊时代的议会（Witangemot）、男爵，最终是议会（Parliament）——认为他们有权向君主提出"建议"。即使是国王也无法逃脱这种权利的挑战。只要亨利还未成年，他对王权的看法就不重要。但是，他在1227年正式承担起全部的王室职责之后，也没能摆脱这些观点。

利益冲突

国王和他的男爵们之间存在严重的利益分歧。亨利热爱法兰西，而他的男爵们对英格兰海岸以外的地区没有什么兴趣。亨利梦想着夺回失去的安茹领地，甚至将帝国向东扩展到德意志地区，而男爵们对此并不关心。

男爵们认为自己在宫廷应该有很大的影响力，但宫廷中法兰西人却远远超过了英格兰人。亨利在1236年娶了一位法兰西妻子——普罗旺斯的埃莉诺（Eleanor of Provence），并让她的亲属进入宫廷。国王同母异父的兄弟们也总是受到热烈欢迎，这些兄弟是他母亲伊莎贝拉二婚后生的儿子。最糟糕的是，国王亨利无视他的男爵们，身边的顾问都是法兰西人。

其中一位是曾为约翰王服务的彼得·德·罗什（Peter des Roches）。德·罗什认为王权应该不受限制，并鼓励国王亨利成为一个暴君。另一位有影响力的顾问是王后埃莉诺的叔叔萨伏依的威廉（William of

> 曾为约翰王服务的彼得·德·罗什认为王权应该不受限制，并鼓励国王亨利成为一个暴君。

Savoy），他在王室会议中扮演重要角色。甚至连坎特伯雷大主教也是法兰西人——萨伏依的博尼法斯（Boniface of Savoy），他是王后的另一个叔叔。

国王制订了疯狂计划

但随后国王亨利亲手破坏了整个局面，给了男爵们东山再起的机会。国王喜欢野心勃勃、十分疯狂的计划，但他在1254年遇到了大麻烦。国王与教皇达成了征服地中海地区西西里岛的协议。之后，亨利计划让他的第二个儿子埃德蒙王子成为国王。为了资助这一计划，教皇允许亨利三世向他的臣民们征收重税。然而亨利的男爵们非常愤怒，他们对国王的疯狂计划毫无兴趣。男爵们拒绝缴税，教会也拒绝了。普通百姓受恶劣天气、歉收和饥荒的影响，在痛苦中挣扎，所以他们也无法

这幅19世纪的版画作品描绘了男爵们在向国王亨利鞠躬，他们显得毕恭毕敬，但实际上，他们是在提出他们的要求。这就是为什么头上戴着王冠的亨利（左）看起来如此警惕。

缴税。

亨利无法筹集到之前商定的资金。教皇那边传来了风声，国王受到了被开除教籍的威胁。随着国王陷入困境，男爵们召开的一个伟大会议给他带来了更大的威胁。1258年，他们制定了一项名为《牛津条例》（Provisions of Oxford）的长期计划，该计划旨在将法兰西人驱逐出亨利的宫廷。

根据该条例，最重要的政府职位应由英格兰人担任。王室收入将直接归入财政部门：这是为了防止国王亨利将资金浪费在他的法兰西崇拜者身上。其中最重要的条例是成立一个15人组成的男爵委员会，为国王提供"建议"。这实际上是为了控制国王。

国王被俘

亨利被打了个措手不及。王室宝库几乎被掏空，亨利的臣民正在挨饿，他们情绪变得愤怒。他唯一能做的就只有让步。于是，亨利正式签署了《牛津条例》，这让男爵们高兴了一阵子。但马上，亨利就开始想方设法出尔反尔。

亨利不得不等待一段时间，以获得反悔的机会。机会出现在1264年，当时，男爵们恶性竞争，他们开始相互争斗。但是，当亨利宣布废除《牛津条例》时，他们就把争斗搁置在一边。随之而来的是战争，以及对国王亨利三世的极其恶劣的羞辱。1264年5月14日，在萨塞克斯（Sussex）的刘易斯（Lewes）之战中，国王和他的儿子兼继承人——爱德华王子都被俘了。他们落入了莱斯特（Leicester）伯爵西蒙·德·孟福尔（Simon de Montfort）的手中，此人是男爵们的领袖，富有魅力。

具有讽刺意味的是，德·孟福尔是法兰西人，在1230年通过其母亲继承了英格兰伯爵身份。他是一个野蛮的、大男子气的、追逐私利的男爵，但他拥有一种压倒小人物的个性。他也是一位出色的军事领导人，像狮心王理查一样。

> 德·孟福尔是法兰西人，在1230年通过其母亲继承了英格兰伯爵身份。他是一个野蛮的、大男子气的、追逐私利的男爵，但他拥有一种压倒小人物的个性。

亨利对西蒙的印象非常好，以至于在1238年，允许自己的姐妹埃莉诺公主嫁给西蒙。但西蒙并不是那种趋炎附势的人。不仅如此，西蒙对这个懦弱的国王没有多少耐心。他曾经告诉亨利，他认为亨利的军事能力很弱，应该被关起来。西蒙因为自己地位高就肆无忌惮，他厚颜无耻到未经允许就以国王的名义借款，差点因这种行为被关进伦敦塔。

对国王彻底的羞辱

但是，亨利违背了《牛津条例》，这对西蒙·德·孟福尔来说是不能忍受的。在他看来，违背誓言不仅仅是亵渎——简直是对上帝的侮辱。

因此，在刘易斯之战后，西蒙对亨利三世更加蔑视。国王不仅成为西蒙的俘虏，也成了他的人质和傀儡。西蒙不屑于恫吓亨利，只是强迫他签署某些法律、命令和其他文件。1265年，他还召集了议会——召集议会通常是只有国王才能做的事情——并让亨利服从议会的要求。从来没有一个英格兰国王遭受过这样的羞辱，甚至连约翰王也没有。

儿子大放异彩

国王亨利的儿子爱德华王子和他的父亲一起被囚禁起来。25岁的爱德华比亨利更有胆量，他不惧怕强大的西蒙·德·孟福尔。爱德华也知道，许多男爵在西蒙的统治下感到很痛苦，他们强烈地反对国王还在掌权时西蒙的营私行为。

不过，首先，爱德华王子必须逃跑。1265年5月18日他的机会来了，当时他正在英格兰西部的赫里福德（Hereford）附近骑马。他受到卫兵的监视，其中包括西蒙的儿子亨利·德·孟福尔（Henry de Montfort）。另一名叫作托马斯·德·克莱尔（Thomas de Clare）的卫兵似乎也参与了爱德华的秘密计划。爱德华与亨利·德·孟福尔并肩骑着马，在一个信号的指引下，爱德华渐行渐远，然后他策马飞奔而去，托马斯·德·克莱尔紧随其后。虽然有其他卫兵追赶，但爱德华一行还是成功地逃走了。

现在，爱德华获得了自由，不满于现状的男爵们有了领袖。几周后，在爱德华的带领下，国王的军队在伍斯特郡（Worcestershire）的伊夫舍姆（Evesham）遇到了西蒙的军队。爱德华组织起一个职业杀手团伙来搜捕西蒙·德·孟福尔，并杀死

统治行为

残忍到底

当雇佣的杀手们找到西蒙·德·孟福尔时，他们对西蒙毫不留情。杀手们砍断了他的脖子，西蒙一倒在地上，杀手们就残忍地将他肢解。他的身体被撕成碎片。在杀死孟福尔之后，爱德华决定不让孟福尔的支持者们逃走。这些人一路遭到追杀，他们逃到附近的一座教堂，最后被杀手们残忍杀害。

当时躲在教堂里的一位修士记下了他所看到的情景："伤者和死者的鲜血喷溅到唱诗班……内墙、十字架、雕像和祭坛上，尸体堆在高高的祭坛周围，鲜血如注，流入了地下室。"

爱德华王子（右）保护着他年迈的父亲国王亨利三世。在伊夫舍姆战役中西蒙·德·孟福尔被杀。

这幅照片摄于1912年，展示的是伦敦威斯敏斯特教堂的南廊过道。亨利三世在1265年重新掌权后，将政治事务交给了他的儿子爱德华王子。而亨利在他统治的最后七年里，一直致力于教堂的修复工作。

了西蒙和他的追随者。

在这场血腥斗争取得压倒性胜利之后，亨利三世重新掌权，他立即废除了西蒙强迫他签署的所有文件。但总的来说，亨利得到了教训。在1272年因中风去世前的七年里，亨利致力于完成修建新的威斯敏斯特教堂，并把英格兰政府交给爱德华王子。

正如伊夫舍姆之战所表明的那样，爱德华丝毫不像他的父亲。他手腕强硬、冷酷残忍，为了达到自己的目的，他不惜血流成河。爱德华一世于1272年加冕后，成为英格兰80多年来一直缺乏的强大、有统治力的王室领袖。坏处是，爱德华一世令后代望尘莫及。1307年，爱德华一世的儿子继承王位，但他缺乏一国之君应有的统治力。丑恶可耻的王权统治再次笼罩英格兰，新国王爱德华二世的敌人将用最恐怖的方式对付他。

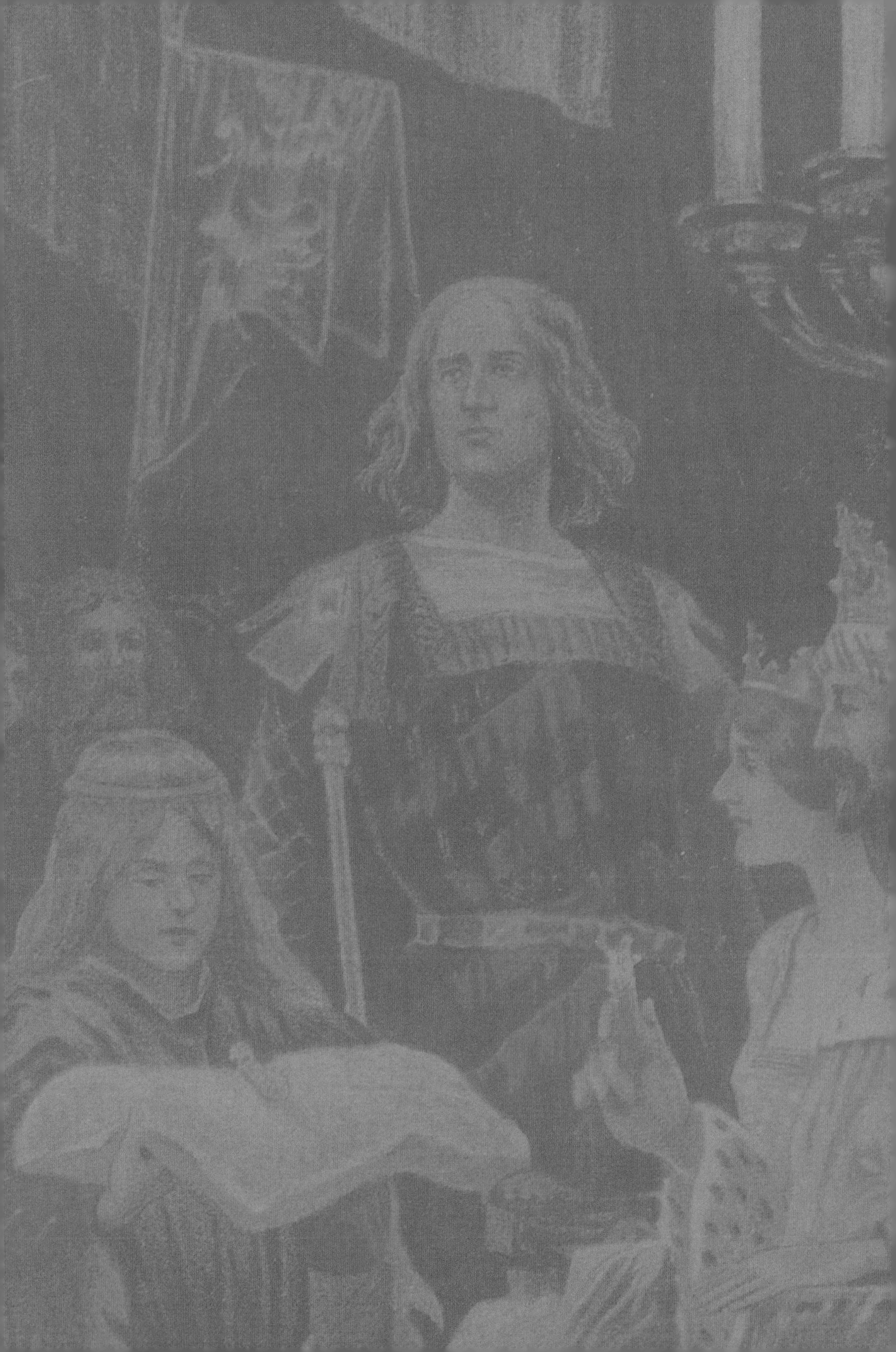

第四章
金雀花王朝
第三部分

情人、土地和背叛

1308年2月28日,爱德华二世和他的妻子伊莎贝拉在威斯敏斯特由温切斯特主教加冕为国王和王后。

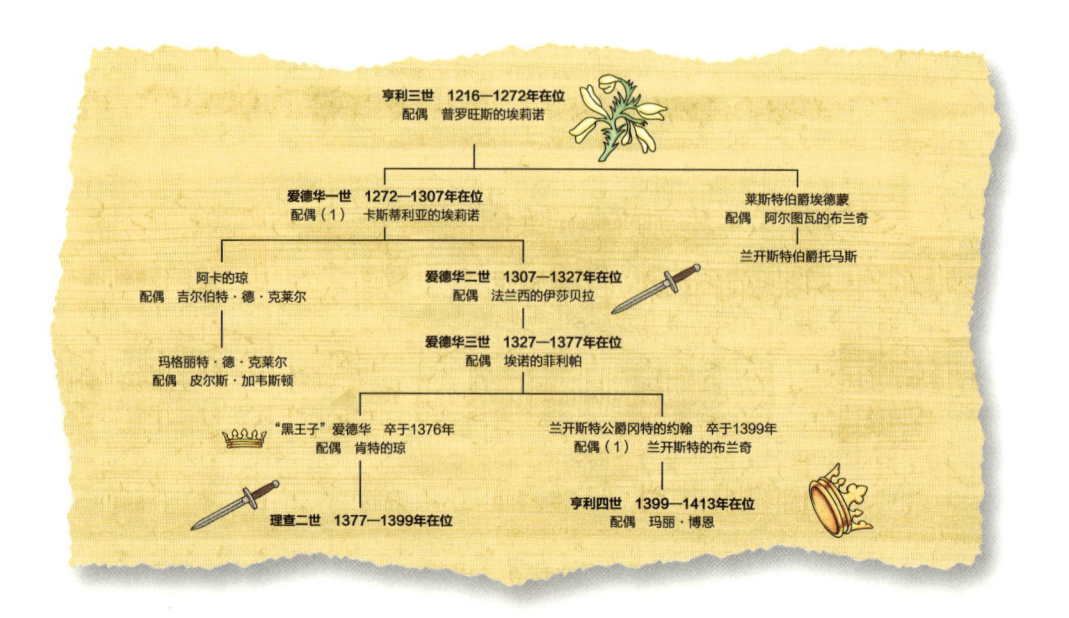

```
                        亨利三世  1216—1272年在位
                        配偶  普罗旺斯的埃莉诺


       爱德华一世  1272—1307年在位                莱斯特伯爵埃德蒙
       配偶（1）  卡斯蒂利亚的埃莉诺                配偶  阿尔图瓦的布兰奇

                                                兰开斯特伯爵托马斯
  阿卡的琼           爱德华二世  1307—1327年在位
  配偶 吉尔伯特·德·克莱尔    配偶  法兰西的伊莎贝拉

  玛格丽特·德·克莱尔     爱德华三世  1327—1377年在位
  配偶 皮尔斯·加韦斯顿        配偶  埃诺的菲利帕

       "黑王子"爱德华  卒于1376年      兰开斯特公爵冈特的约翰  卒于1399年
               配偶  肯特的琼           配偶（1）  兰开斯特的布兰奇

          理查二世  1377—1399年在位      亨利四世  1399—1413年在位
                                        配偶  玛丽·博恩
```

毫无疑问，爱德华二世给王权带来灾难。早在他于1307年成为国王之前，他的侍臣和官员们就对他奇怪的习惯和兴趣了如指掌。

爱德华喜欢从事一些卑贱的工作。比如，他最喜欢的事情莫过于刨地和给屋顶铺草，这对一个王位继承人来说是非常不体面的工作。男爵们对国王的这些行为感到十分震惊。对他们来说，爱德华不擅长正当的王室活动，比如比武或是发动战争。虽然这已经够糟糕了，但像农民一样喜欢在地里翻土的国王实在令人震惊。

恋爱中的国王

这些都还不是最糟糕的情况。爱德华二世是一个公开的同性恋。除了他的妻子伊莎贝拉王后和她的侍女之外，爱德华禁止其他女性进入他的宫廷。他对年轻漂亮的男人更感兴趣，比如他心爱的皮尔斯·加韦斯顿（Piers Gaveston），一个成为他最亲密的伙伴的加斯康（Gascon）骑士。没有人怀疑爱德华和加韦斯顿不是恋人，他们从小就认识对方。加韦斯顿容貌俊秀，身材挺拔。与爱德华不同的是，他擅长比武，习惯向男爵们发起挑战，并将他们全部击败。而且，他还给男爵们起粗鲁的外号来嘲笑、侮辱他们，男爵们因此憎恨加韦斯顿。

先王爱德华一世去世前，父子俩因为加韦斯顿而公开地激烈争吵。先王曾两次将加韦斯顿赶出英格兰，并禁止他回来。但是，先王去世，爱德华二世继任后，便没人能够阻挡他。爱德华二世立即将加韦斯顿召回英格兰，并赏赐他许多礼物。此外，爱德华二世册封加韦斯顿为康沃尔（Cornwall）伯爵，并赐给他与这个头衔相匹配的丰厚财产。

骗婚

加韦斯顿娶了爱德华的外甥女玛格丽特·克莱尔（Margaret Clare），她本身就是一位富有的女继承人。但玛格丽特的婚姻同伊莎贝拉的婚姻一样凄惨。她们的丈夫相互迷恋，妻子们不得不退居幕后。

经常有人警告爱德华二世，说他的所作所为非常危险。但他很固执，总是想走自己的路，毫不理会这些警告。加韦斯顿认为自己是国王的宠臣，于是变得让人难以忍受。

马姆斯伯里的修道士写道："皮尔斯对男爵们指手画脚，就像第二个国王一样，所有人都要服从他，没有人跟他是平等的。因为皮尔斯认为任何人都不是他的同伴，只有国王才是……他的傲慢让男爵们无法忍受，引起了男爵们的仇恨和怨恨。"

国王和情人的行为震惊旁人

爱德华利用一切机会来炫耀他的情人。最夸张的一次是在1308年的加冕仪式上，加韦斯顿被赋予了一个重要的角色：他拿着王冠和另一件珍贵的器物——圣爱德华的剑。加韦斯顿的衣着极其华丽，据说他看起来不像凡人，更像古罗马神话的战神。

在随后的宴会上，加韦斯顿坐在国王身边，而那个位置本应属于伊莎贝拉。更令人震惊的是，国王和他的情人在餐桌上来回抚摸对方，而客人们在一旁看着，瞠目结舌。

伊莎贝拉来到英格兰与爱德华二世结婚时只有12岁，这是一场王室婚姻，旨在使英格兰与法兰西结盟。但对伊莎贝拉来说,丈夫是同性恋是这场联姻的一个意外。她未曾想到加韦斯顿会戴着她父亲作为结婚礼物送给爱德华的戒指和珠宝,所以没过多久,这位童养媳就给她父亲写信,抱怨自己是"世界上最悲惨的妻子"。

男爵们要求流放加韦斯顿

伊莎贝拉王后还太年轻,对自己的悲惨处境无能为力。但男爵们并不打算坐视不管。他们计划除掉加韦斯顿。幸运的是,男爵们有他们所需要的领袖——一个可以反对爱德华国王,并把加韦斯顿拉下马的人。托马斯是兰开斯特(Lancaster)、莱斯特、德比(Derby)、林肯(Lincoln)和索尔兹伯里(Salisbury)的伯爵,在英格兰北部拥有大片领土。他也是爱德华二世的大堂哥,他凶狠、贪婪、野心勃勃、自私自利,而且对爱德华恨之入骨。

托马斯和他的同僚们擅长蛮力和威胁。1308年,他们同时使用了这两种手段。和他的祖父亨利三世一样,爱德华二世实际上是个懦夫,他屈服于男爵们的要求。

加韦斯顿再次被迫离开英格兰。但他很快就回来了,而男爵们不得不施加更大的压力。1311年9月27日,男爵们警告爱德华说,如果他不把加韦斯顿赶走,就会发动内战。爱德华再一次屈服了。加韦斯顿去了法兰西,但他在三个月后又一次回来了,时间是1311年的圣诞节。

恋情结束

最终,男爵们承认流放是没有用的。加韦斯顿总是会

英格兰男爵们厌恶皮尔斯·加韦斯顿,因为加韦斯顿阻止他们对爱德华二世施加影响。男爵们把加韦斯顿囚禁起来,他注定难逃一死。最后,加韦斯顿没经过审判,就被处决了。

想方设法地溜回他的情人身边,而痴情的国王总是张开双臂欢迎他。

男爵们知道自己必须做出行动。1312年6月9日,他们将加韦斯顿绑架并囚禁在沃里克城堡(Warwick Castle)。该城堡属于兰开斯特的托马斯。十天后,加韦斯顿被赤脚押送至附近的布莱克洛山(Blacklow Hill)。在那里,托马斯的两个手下将他杀害。

爱德华国王悲痛欲绝。他为自己惨遭杀害的情人哭泣，哀叹不已。但杀死加韦斯顿并不是男爵们的唯一目的，他们下定决心要抢夺英格兰政府里的要职。因此，在1311年，他们强迫爱德华同意了一系列的条例。条例包括未经男爵们同意，爱德华不得离开英格兰；国王不再有权任命大臣和官员；国王必须每年至少召集一次议会，议会将管控国王财源。这些规定就像是给国王穿了一件紧身衣，目的是防止另一个像皮尔斯·加韦斯顿一样的人把国王的权力据为己有。

两个新伴侣

爱德华对这些束缚感到不满和愤怒。

尽管如此，在之后十年左右的时间里，他或多或少表现得还算得体。他不得不这样，因为现在兰开斯特的托马斯才是英格兰的真正统治者，他正在监视爱德华的一举一动。之后，大约在1320年，国王的感情生活渐渐升温，他设法把两个新结交的亲密朋友秘密带进他的宫廷，这两人是一对父子，他们都叫休·德斯潘塞（Hugh Despenser）。

这又是加韦斯顿事件的翻版。德斯潘塞父子抢夺贡品、地产和金钱。小休·德斯潘塞迎娶了一位富有的妻子，她是格洛斯特伯爵的女继承人之一。德斯潘塞父子将国王据为己有。据推测，两人都是爱德华新的同性情人。

法兰西编年史家让·傅华萨（Jean Froissart）揭示了这对父子对国王权力的危害有多大：

"……休·德斯潘塞告诉爱德华国王，说男爵们已经组成了一个反对他的联盟，如果他不小心，就会被赶下王位。爱德华被德斯潘塞狡猾的言辞冲昏了头脑，在一次议会上，他将所有男爵逮捕。其中22人……未经审判，立即被斩首……"

在这次屠杀中幸存下来的男爵们并不畏惧，他们仍然伺机攻击德斯潘塞父子。他们去找国王，并在1321年7月要求流放父子俩。爱德华二世被彻底吓倒了，男爵们如愿以偿，但却发现历史重演。几个月后，小休·德斯潘塞就回到了国王的怀抱。老休·德斯潘塞也回到了英格兰，爱德华用一份大礼欢迎他的归来：册封他为温切斯特伯爵。

这幅爱德华二世的妻子伊莎贝拉王后的画像非常具有欺骗性。画面中，她长相甜美，看起来性格温顺，亲切仁慈。但在现实生活中，恶毒的伊莎贝拉是丈夫垮台和死亡的幕后策划者。

凶狠的王后

德斯潘塞父子遭流放后,男爵们称父子俩为"邪恶的顾问"。对于两个从爱德华国王那里得到一切的寄生虫来说,这个比喻太过温和了。而对伊莎贝拉王后来说,德斯潘塞父子远比寄生虫要令人厌恶得多,正是因为这对父子,她多年来遭受耻辱和忽视。

伊莎贝拉想报复德斯潘塞父子俩也有个人原因。1324年,这对父子夺取了伊莎贝拉在法兰西的土地,抢走了她的四个孩子,还在她家里安排了间谍来监视她。

爱德华三世依照亚瑟王和圆桌骑士的故事塑造他的宫廷,这些故事在他漫长的统治期间变得非常流行。1348年,爱德华设立了嘉德勋位(Order of the Garter),这一骑士勋位一直延续至今。

此时，伊莎贝拉已不再是那个在1308年嫁给国王的无助女孩了。现在她已经28岁，成为了所谓的来自法兰西的凶狠王后，她要向人们展示一个女人遭到蔑视后的愤怒有多么可怕。

尽管可耻的爱德华国王在情感生活中忽视了伊莎贝拉，但他信任伊莎贝拉的政治能力。1325年，爱德华与法兰西国王查理四世（Charles Ⅳ）之间起了冲突，爱德华就派她去法兰西进行谈判。

伊莎贝拉在巴黎时，遇到了腰缠万贯且雄心勃勃的第七代威格莫尔（Wigmore）男爵——罗杰·莫蒂默（Roger Mortimer）。伊莎贝拉精神大振、报仇心切。莫蒂默粗暴强硬、野蛮傲慢，正是那种能够吸引伊莎贝拉的真男人。莫蒂默成为伊莎贝拉的情人，两人公开同居。他们也一起密谋让国王爱德华二世垮台。

莫蒂默和伊莎贝拉组建了一支军队，于1326年9月24日入侵英格兰。他们的目标是德斯潘塞父子，两人被围捕后遭到残忍杀害。国王也遭到伏击，被带到英格兰西南部布里斯托尔海峡附近的伯克利城堡。在那里，他被迫于1327年1月24日退位。次日，他的儿子，14岁的爱德华王子加冕成为国王爱德华三世。同年晚些时候，爱德华二世走到了生命尽头，他的结局非常悲惨。

统治行为

严厉的制裁

老德斯潘塞先被抓起来。之后，他被押送到英格兰西南部的布里斯托尔（Bristol）。在那里，他被脱光衣服，戴上荨麻做的王冠。接下来，1326年11月24日，老德斯潘塞被当众处决，王后伊莎贝拉在现场看着这一幕。

老德斯潘塞所承受的是叛徒要遭受的恐怖死刑——绞首、开膛和肢解。小德斯潘塞很清楚，同样可怕的命运在等着他。

爱德华国王也意识到游戏结束了。在小休·德斯潘塞的陪同下，他试图从

格洛斯特大教堂里爱德华二世陵墓的一处细节，雕刻着爱德华二世的头像。国王的陵墓迅速成为一个深受游客欢迎的景点。

海上逃往爱尔兰，但他们未曾到达目的地。11月16日，他们在威尔士的兰特里森特（Llantrisant）遭到伏击。正如小休·德斯潘塞所预料的那样，他遭受了和父亲一样可怕的死刑。

爱德华遭受的惩罚甚至更恐怖。爱德华二世被迫听别人宣读他犯下的一长串劣迹和过错。宣读时，爱德华突然哭了起来，甚至一度昏厥。当他苏醒过来时，爱德华啜泣着说他"知道自己因为犯下许多罪过而受到惩罚，并为招致人民的仇恨而感到悲伤，因此（他）恳求在场的人在他处于困境时能够同情他"。

然而，几乎没有人同情这位前国王。他被关在一个严密把守的城堡地牢里，受到痛苦的折磨。在1327年9月22日的晚上，他死于残忍的刑罚，整个城堡甚至附近的伯克利镇（Berkeley）都能听到爱德华痛苦的叫声。传闻，这一野蛮惩罚是伊莎贝拉王后直接下令实施的。

贪得无厌

伊莎贝拉和1328年被册封为马奇（March）伯爵的罗杰·莫蒂默，现在是英格兰的统治者。莫蒂默最关心的是让自己和家人变得富有，且他不在乎通过何种方式获得钱财，他夺取了爵位、城堡和领地以及任何他能拿到的财富。

伊莎贝拉也不例外。她掠夺了王室宝库，并为自己和情人提供巨额钱财。她动用议会为自己想要的任何法律和命令盖上橡皮图章。这种情况不能再继续下去了，伊莎贝拉必须下台，莫蒂默也必须下台。

> 她掠夺了王室宝库，并给自己和情人巨额钱财。她动用议会为自己想要的任何法律盖上橡皮图章。事态很明显，伊莎贝拉必须下台，莫蒂默也必须下台。

但起初，未成年的国王爱德华三世无权反抗这对王室成员。直到1330年，年满18岁的爱德华三世终于有能力行使国王的所有权力。他最先采取的行动之一就是消灭罗杰·莫蒂默。

1330年10月，莫蒂默和伊莎贝拉住在诺丁汉城堡（Nottingham Castle）。他们知道自己处于危险之中，所以下令将大门锁上。卫兵们被安排在城堡的城墙上巡逻。但有一条进入城堡的秘密通道通向莫蒂默的卧室。年轻的国王和小队人马一起，从秘密通道进入城堡，没有被卫兵发现。

他们砍倒了守卫的两名骑士，抓住了莫蒂默。伊莎贝拉听到混战的声音，冲进房间。当她看到发生的一切时，她尖叫道："可怜可怜老实的莫蒂默吧！"爱德华三世无视伊莎贝拉的请求，把莫蒂默押往伦敦。11月29日，莫蒂默被处以绞刑，并被开膛和肢解。伊莎贝拉独享大权和狂妄复仇的日子结束了。但她没有遭到处决，而是被遣送到诺福克郡（Norfolk）的莱辛城堡（Castle Rising）。

崭新的开始，遗憾的结局

现在，英格兰人认为爱德华三世是20年来第一个值得尊敬的国王。爱德华三世知道如何让男爵们高兴，他允许男爵们做最想做的事——担任国王的顾问。国王和他的儿子"黑王子"爱德华战胜法兰西人，取得了辉煌的胜利，这让男爵们更加满意。爱德华三世的统治时期被认为是英格兰历史上的一个辉煌时期，尽管1348年至1350年发生了可怕的黑死病（即鼠疫），有大约四分之一的臣民不幸丧命。

但爱德华三世的寿命很长。他在去世的前7年里才显现出垂暮之态，他于1377年去世，享年65岁。这位伟大的战士国王溘然长逝，给英格兰民众留下了悲伤的阴影。

王室形象

英雄辞世

在爱德华去世前的最后几年里，他长时间独自待在房间里，拒绝与家人见面。在这样的状态下，可怜的爱德华落入了他的情妇爱丽丝·佩勒斯（Alice

爱德华三世的情妇爱丽丝·佩勒斯是一个贪得无厌的女人。1377年，年老体弱的国王奄奄一息，爱丽丝意识到这是她最后一次发财的机会，于是从他的手指上偷走了戒指。

Perrers）的魔掌，她给爱德华至少生了两个私生子。

爱德华国王第一次见到爱丽丝·佩勒斯是在1364年，当时佩勒斯是爱德华的妻子——埃诺的菲利帕（Philippa of Hainault）王后的侍女。不久之后，她就成了他的情妇。王后于1369年去世。从那时起，贪婪的爱丽丝可以对国王为所欲为。爱德华赐给她庄园、金钱和珠宝，甚至还把菲利帕王后的一些珠宝送给了她。

有谣言称爱丽丝是个女巫，她把爱德华和自己做成蜡像来控制他。议会极力想除掉爱丽丝，但国王总会挽救她。1376年，议会控告爱丽丝，但爱德华撤销了对她的判决。

在同一年，悲剧降临到了国王身上。爱德华的继承人——"黑王子"爱德华去世。这位王子曾是一位无所畏惧的战士。国王无法从丧子之痛中走出来。他患了中风，余生都在哀痛中度过。国王患病后没能活多久。爱德华三世于1377年6月21日去世，当时爱丽丝·佩勒斯陪在他身边。贪婪的佩勒斯抓住了最后的机会，迅速摘下了爱德华的戒指。

新国王和农民起义

三周后，爱德华的孙子，即"黑王子"的儿子理查二世在威斯敏斯特教堂加冕为王。他当时只有10岁，起初被认为有可能成为一个好国王。四年后，理查成为国家英雄，他亲自骑马去对抗农民起义的领袖瓦特·泰勒（Wat Tyler）。泰勒身边有6万名追随者。农民们反对征收一先令的人头税，该税制规定所有14岁及以上的成年人都必须缴纳人头税，这远远超出了许多贫穷农民的承受能力。所以他们奋起反抗，接踵而至的是三天三夜的无政府状态和流血事件。

年轻的国王一定知道叛军有多么暴力和危险，但他没有畏缩不前。他提出撤销人头税并赦免叛乱者，从而平息了叛乱。瓦特·泰勒以这样一种危险的方式对抗理查，使得伦敦市长威廉·沃尔沃思（William Walworth）担心国王的安全，市长用剑刺伤了泰勒。泰勒的头颅最终被挂在伦敦桥的长矛上。

当泰勒倒在地上时，人群中传来恐吓的声音。他们走向前，似乎要攻击国王和他的官员。但年轻的理查保持了冷静。

理查喊道："先生们，你们要向国王开枪吗？我是你们的队长，跟我来！"

这就是农民起义的结束。许多人开始相信，英格兰现在有了一个勇敢的年轻国王，他早晚有一天会像他的父亲"黑王子"一样伟大，或者从表面上来看是这样。但表象具有欺骗性。理查向叛军屈服，并在他们发动叛乱，进行屠杀、破坏之后提出给予他们赦免。这些事实都表明理查二世不是一位有前途的国王，而是一个胆小鬼，在压力下会屈服。

称我为陛下

除此之外，理查还缺乏作为一个传统的中世纪国王该有的禀赋。他对军事不感兴趣，他过于情绪化，脾气暴躁。而且，像亨利三世一样，他认为王室的命令应该立即得到服从，不应该有人质疑。

由于理查登上王位时还未成年，一个摄政委员会为他执政。同时，他和母亲肯特的琼（Joan of Kent）一起待在家里。但他利用一切机会表现出他是一个被彻底宠坏的孩子。

1382年，他罢免了大法官萨福克（Suffolk）伯爵，因为伯爵不服从他的命令。第二年，他告诉议会，他可以选择任何想要的顾问，并坚持要求议会毫无条件地接受他的意愿。

没过多久，理查就给自己树立了很多强大的敌人。他把顾问召集到身边并明确表示，任何反对他意愿的行为都将被视为叛国。他发明了新的、更崇高的称呼：任何人和他说话都要称呼他"陛下"，而不是通常使用的"阁下"。

理查显然是个暴君。但英格兰的贵族们以前就见识过，他们知道要做些什么。1387年，五位所谓的接任贵族（Lords Appellant）——格洛斯特公爵、赫里福德公爵、阿伦德尔（Arundel）伯爵、沃里克伯爵以及诺丁汉伯爵托马斯·莫布雷

五位接任贵族劝说议会以叛国罪指控理查最重要的支持者。理查被迫站在一旁，看着他的四名支持者被处以绞刑、开膛和肢解。

尽管只有14岁，理查二世还是勇敢地面对了1381年农民起义的领袖瓦特·泰勒。泰勒靠近年轻的国王，好似要威胁他。为此，泰勒被伦敦市长威廉·沃尔沃思杀害。

（Thomas Mowbray）坚定地阐明立场，他们劝说议会以叛国罪指控理查最重要的支持者。理查被吓坏了，他屈服了。他被迫站在一旁，看着他的四名支持者，包括他年迈的导师罗伯特·伯利（Robert Burley）爵士，被处以绞刑、开膛和肢解。

此后，理查低调行事，他没有做任何事情来扰乱议会。他为艺术家、作家等其他不会对他造成威胁的非军事人员建造了一座宏伟的宫廷。但这只是他的障眼法，理查一直以来都在策划该如何复仇。

1397年，理查已经准备好了。在没有任何警告的情况下，国王下令逮捕接任贵族。其中三人——格洛斯特公爵、阿伦德尔伯爵和沃里克伯爵——被指控犯有叛国罪。他们后来被判定有罪，阿伦德尔伯爵被处决。格洛斯特公爵在加莱（Calais）被捕，他被人用床垫闷死了。

堂兄弟在战斗中相遇

国王理查在心里对第五位接任贵族托马斯·莫布雷有一个特别的惩罚。这个惩罚同时还可以帮助他除掉他的堂弟亨利·博林布罗克（Henry Bolingbroke）。理查一直很嫉妒亨利，亨利是骑士精神的典范，他受过良好的教育，会说多门外语，深受欧洲王室的尊敬，而且他还是兰开斯特公爵领地高贵的继承人。

亨利过于轻信，没有意识到理查有多么狡猾。尽管托马斯·莫布雷警告他国王正在策划推翻兰开斯特家族，亨利还是直接落入了理查的圈套。博林布罗克指责莫布雷说了反对理查的叛国的话。理查决定用旧方法解决这一争端，即通过战斗一决高下。

1398年9月26日，一大群人聚集在一起观看这场战斗。但是，当博林布罗克和莫布雷穿上战服出来时，理查突然禁止他们战斗。他判处托马斯·莫布雷终身流放，亨利·博林布罗克流放10年。

在这幅15世纪的画作中，年轻的理查二世与王室委员会的成员坐在一个装饰华丽的华盖下。理查像许多其他国王一样，也想要绝对权力，他为此付出了代价。

博林布罗克苦不堪言

5个月后，1399年2月3日，亨利·博林布罗克的父亲冈特的约翰（John of Gaunt）去世。被流放的博林布罗克继任为兰开斯特公爵，但他是一个没有权力和土地的公爵。冈特的约翰一死，理查就宣布博林布罗克将被终身放逐。他下令将属于兰开斯特公爵的土地移交给王室。

亨利·博林布罗克很快就进行了反击。几个星期后，他从法兰西启程回国。1399年6月30日，他在英格兰北部约克郡（Yorkshire）的雷文斯珀（Ravenspur）登陆。博林布罗克声称他回来只是为了夺回兰开斯特公爵领地，但是，其中的利害关系远不止于此。最终，因理查以往的过分行为，他树立了太多的敌人。他们认为理查不再适合做英格兰国王了。

当亨利·博林布罗克在英格兰登陆时，国王理查还在爱尔兰。他急忙赶回英格兰，藏匿在威尔士的康韦城堡（Conway Castle）里，但所有人都抛弃了他。如果

这座威严的城堡就是康韦城堡，理查二世曾试图在这里躲避他的堂弟亨利·博林布罗克的军队。这座城堡建于13世纪，在理查二世那个年代还是相当新的。

这幅画作表现的是理查二世在骑士和侍臣的围攻下放弃王位。这幅画作大约创作于1400年至1425年间，取自法兰西编年史家让·克雷顿（Jean Creton）的《英格兰国王历史》（*The History of the Kings of England*）一书。

不是已遭处决的阿伦德尔伯爵的兄弟托马斯·阿伦德尔（Thomas Arundel），他本可能会在城堡里坚持一段时间。但是阿伦德尔向理查保证，如果他主动出来与博林布罗克讲和，仍然可以继续当国王。这当然是个圈套。1399年8月20日，国王理查刚踏出康韦城堡，就遭到伏击，被俘虏了。

理查被押送到伦敦，并囚禁在伦敦塔中。9月底，议会强迫他退位。亨利·博林布罗克夺得了英格兰的王位。

此后，理查没活多久。他被带到了约克郡西部的庞蒂弗拉克特城堡（Pontefract Castle）。据说，理查在城堡里饿死了。但他的结局可能更悲惨。大约是在1400年2月14日，八个人拿着斧头冲进了理查的牢房。当时，理查正在吃晚饭，他立即掀翻桌子，拿起一把斧头，向攻击他的人下手，并设法杀死了其中四个。但结果是毋庸置疑的，其余的四名刺客将他扑倒在地，把他砍死了。

亨利·博林布罗克已经在1399年10月13日加冕为国王亨利四世，但亨利并不高兴。他是个篡位者，从正统的理查二世那里盗取了王位。

亨利很清楚这一点，但他后来说道："上帝知道我凭什么夺取王冠。"严格来说，亨利的王位不合法，他的余生都心怀愧疚。

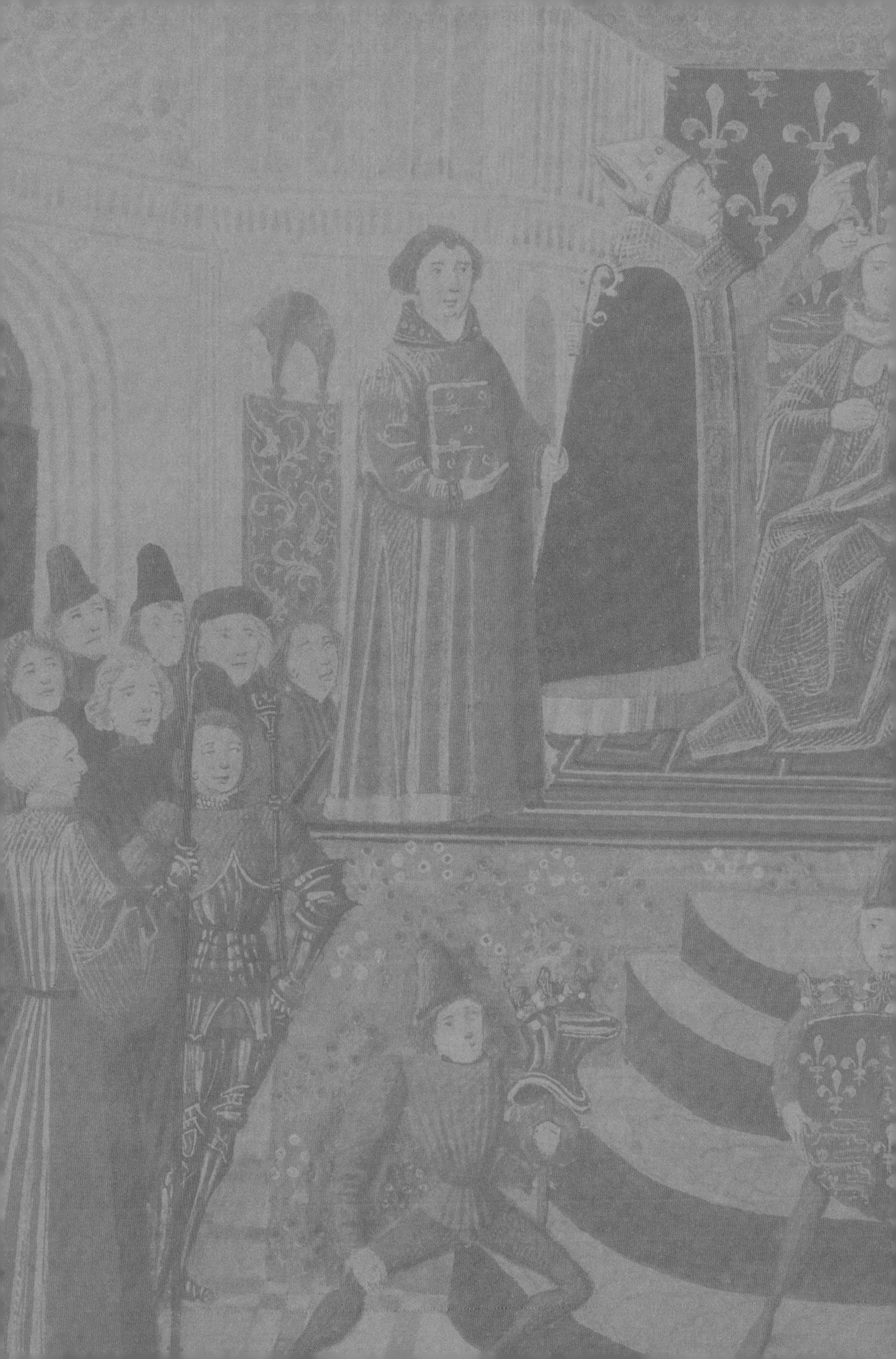

第五章
金雀花王朝
第四部分

疯狂、内战和谋杀儿童

1399年亨利四世的加冕仪式被罪恶感和悲剧所笼罩。亨利从他的堂兄理查二世手中篡夺了英格兰王位。此后，理查并没有活多久。

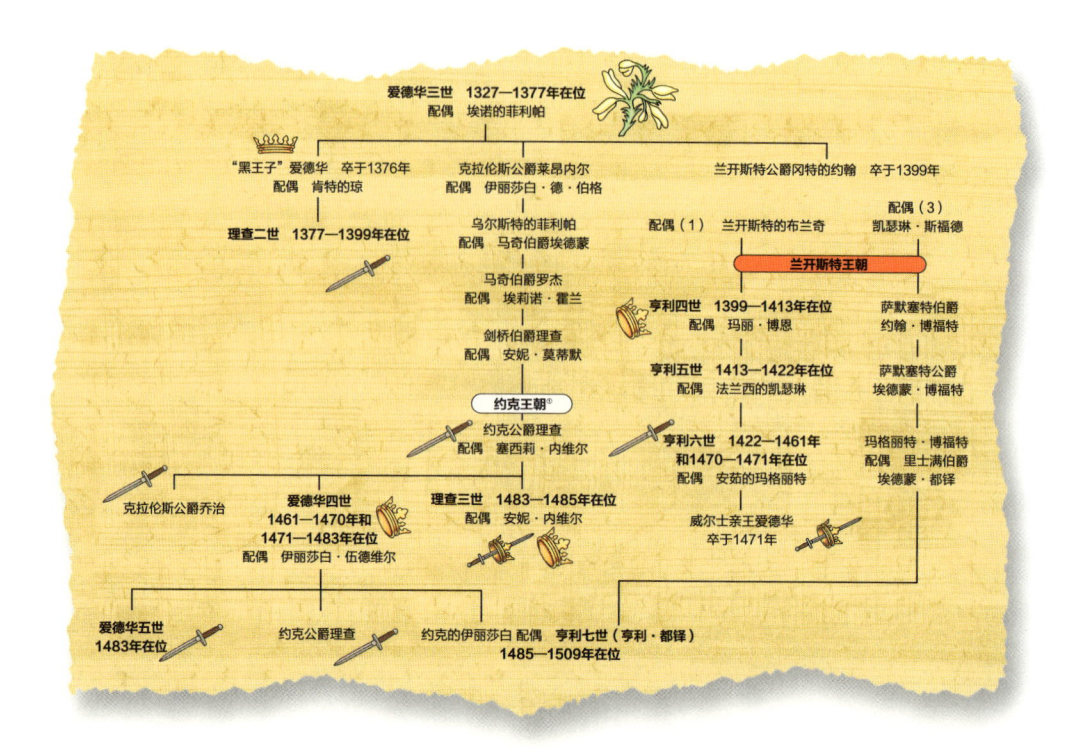

[家谱图]

爱德华三世　1327—1377年在位
配偶　埃诺的菲利帕

"黑王子"爱德华　卒于1376年
配偶　肯特的琼

理查二世　1377—1399年在位

克拉伦斯公爵莱昂内尔
配偶　伊丽莎白·德·伯格

乌尔斯特的菲利帕
配偶　马奇伯爵埃德蒙

马奇伯爵罗杰
配偶　埃莉诺·霍兰

剑桥伯爵理查
配偶　安妮·莫蒂默

约克王朝①

约克公爵理查
配偶　塞西莉·内维尔

兰开斯特公爵冈特的约翰　卒于1399年

配偶（1）　兰开斯特的布兰奇
配偶（3）　凯瑟琳·斯福德

兰开斯特王朝

亨利四世　1399—1413年在位
配偶　玛丽·博恩

亨利五世　1413—1422年在位
配偶　法兰西的凯瑟琳

亨利六世　1422—1461年和1470—1471年在位
配偶　安茹的玛格丽特

威尔士亲王爱德华　卒于1471年

萨默塞特伯爵　约翰·博福特

萨默塞特公爵　埃德蒙·博福特

玛格丽特·博福特
配偶　里士满伯爵埃德蒙·都铎

克拉伦斯公爵乔治

爱德华四世　1461—1470年和1471—1483年在位
配偶　伊丽莎白·伍德维尔

理查三世　1483—1485年在位
配偶　安妮·内维尔

爱德华五世　1483年在位

约克公爵理查

约克的伊丽莎白　配偶　亨利七世（亨利·都铎）1485—1509年在位

　　亨利四世总是很紧张，时刻警惕着。他永远无法确定自己能在篡夺的王位上坚持多长时间。

　　有一些敌人潜伏在侧，其中许多人更有资格继承王位。也有一些令亨利烦恼的流言蜚语。亨利的王位继承权来源于他是国王爱德华三世的孙子。但根据传闻，爱德华三世的妻子菲利帕在1369年临终时做了一个忏悔。她透露，1340年，她在根特（Ghent）生下了一个女儿，但由于意外，菲利帕杀死了这位小公主。菲利帕很害怕国王会发现这一点，所以她找了一个男孩带进她的房间，而这个男孩是守门人的儿子。菲利帕把这个男孩伪装成她在根特出生的孩子，爱德华三世对他的新"儿子"很满意。但这个孩子的真实背景是个秘密。这个男孩长大后成为兰开斯特公爵冈特的约翰，冈特的约翰是亨利四世的父亲。

---

① 约克王朝和兰开斯特王朝有时虽也被称为单独的王朝，但实质上是金雀花王朝的分支，本书作者将约克王朝和兰开斯特王朝归于金雀花王朝之中。——译者注

王室形象

腼腆的国王

除了厌恶战争、战斗和处决之外，胆小的亨利六世还是一个过度正经的人，裸体让他脸红心跳。一次圣诞节，一位客人也许是想通过给国王助兴来取悦他，带来了一群赤裸上身的舞女。亨利大吃一惊，气冲冲地离开了房间。

然而，像他之前的所有君主一样，亨利有责任为王位提供至少一名继承人，所以他在1445年与安茹的玛格丽特结婚，玛格丽特的脾气十分暴躁。两人八年来没有孩子。流言蜚语道出了事情的真相：亨利的顾问之一，索尔兹伯里主教威廉·艾斯库（William Ayscough）让国王放弃性生活。由于某些原因，艾斯库建议国王不要与王后有性生活，但这些原因只有艾斯库自己知道。腼腆的国王很容易就被说服了。

内心愧疚、病痛难忍

就算亨利四世知道他父亲身世的真相，他也会保持沉默。而且他还有其他压力。谋杀理查二世的罪恶感将他吞噬。他给修士们捐钱，试图通过为理查二世的灵魂祈祷来弥补这一罪过。但这并没有让他感觉好受。由于他的英格兰王位是篡夺来的，他成为各种阴谋针对的目标。有几起阴谋想要置他于死地，还有多起针对他的叛乱，亨利四世都挺了过来。但他所受的压力已经显现出来了。1406年，亨利第一次患中风。有传言说他患了麻风病，尽管他更可能患的是湿疹。他还会癫痫发作。亨利四世在1413年去世时，身体和精神都极度受损，当时他47岁。

金雀花家族的其他成员还没有忘记他们对王位的继承权。但他们必须等待一段时间才能提出要求，因为在亨利四世的儿子兼继承人亨利五世统治期间，这些人没有任何机会。亨利五世是英格兰最伟大、最成功的战士国王之一，至今仍是英国的民族英雄之一。但在1422年，年仅35岁的亨利五世突然去世，他的儿子和继任者正是敌人想要的国王。

亨利六世还在摇篮时就加冕成为国王。他长大后变得软弱胆小，任人摆布。他毫无军事技能，憎恨杀戮。有时，他免除对罪犯或叛徒的处决，因为他不忍心看到他们死亡。亨利非常虔诚。当他需要在宗教节日佩戴王冠时，他觉得自己太过骄傲，如同犯罪，因此他贴身穿了一件刚毛衬衣①来赎罪。

国王精神失常

但当爱德华在1454年元旦被带到亨利面前时，他却忘了这一切。他已经忘记了自己是孩子的父亲，而以为孩子的父亲是圣灵。

按理说，亨利应该是个修士，或者最好是个隐士。他发现当国王非常辛苦，以至于在1453年8月，他精神失常了。他不再知道自己在哪里，今年是哪一年，甚至不知道自己是谁。但不知何故，亨利摆脱了艾斯库的影响，以至于在1453年和妻子生育了一个孩子——爱德华王子。但当爱德华在1454年元旦被带到亨利面前时，他却忘了这一切。他已经忘记了自己是孩子的父亲，而以为孩子的父亲是圣灵。

争夺王位的敌人

所有这些对亨利六世的对手来说都是锦上添花的事情。一个精神失常的国王和一个年幼的继承人对任何想夺取王位的人来说都是双重好礼。作为一个疯子国王，亨利六世必须有一个护国公。于是，约克公爵理查站了出来。理查比亨利大10岁，他拥有亨利所没有的一切——骄傲、好战、野心和贪婪。

比起亨利六世和爱德华王子，约克的理查更有资格继承英格兰王位。亨利六世是兰开斯特公爵冈特的约翰的子嗣，而冈特的约翰是爱德华三世幸存的第四个儿子。约克的理查是克拉伦斯（Clarence）公爵莱昂内尔（Lionel）的后代，莱昂内

---

① 苦行者或忏悔者贴身穿的衣物，由毛发制成，穿着很不舒服。在过去，人们把它穿在身上，作为因宗教理由对自己的惩罚，以示虔诚或悔过。——译者注

尔是爱德华三世幸存的第三个儿子，也是冈特的约翰的哥哥。

理查在1454年3月先是任命自己为疯子国王的护国公。他的下一步计划是逮捕萨默塞特（Somerset）公爵埃德蒙·博福特（Edmund Beaufort）。萨默塞特公爵是亨利六世最有力的支持者，他被关进了伦敦塔。

理查也在伺机攻击玛格丽特王后，但他必须多加小心。勇敢、骄傲的玛格丽特控制着她那没有骨气的丈夫。玛格丽特除了是英格兰王后，还是王位继承人的母亲。所以无论如何约克的理查不敢把她关进伦敦塔，尽管他非常想这样做。

亨利六世与他的父亲亨利五世不一样。亨利六世胆小怕事，优柔寡断，而亨利五世英勇强壮。亨利六世则更像他的外祖父、法兰西的查理六世，两人都变得精神失常。

只要亨利六世仍然精神失常，理查就可以继续担任护国公，但这样的状态并没有持续很久。到1454年圣诞节，亨利六世病情好转，理查失去了工作。到了这个时候，权力斗争已经非常激烈。金雀花王朝已经分裂成两个对立的派别：亨利六世的兰开斯特家族和理查的约克家族。化解他们之间对抗的唯一方法是内战。

他们之间的斗争被称为"玫瑰战争"。这是因为兰开斯特家族的徽章是一朵红玫瑰，约克家族的徽章是一朵白玫瑰。

战争始于1455年5月22日在赫特福德郡（Hertfordshire）打响的圣阿尔班斯（Saint Albans）之战。约克家族首战告捷。亨利六世是个软弱的人，他甚至原谅了理查。之后，理查的支持者们在政府中获得了很高的职位。理查同意让温和的亨利六世继续当国王，只要他听命行事就可以了。亨利六世非常乐意服从命令。即便如此，理查还是采取了预防措施，他将国王囚禁在伦敦塔里。

但理查忽视了玛格丽特王后。与她的丈夫不同，王后从未想过屈服。玛格丽特

这个长相令人望而生畏的女人就是亨利六世的妻子玛格丽特王后，亨利六世完全由她控制。玛格丽特是兰开斯特家族抵制约克家族的推动力。

组建了一支军队，在约克郡的韦克菲尔德（Wakefield）与约克王朝对峙，她赢得了一场伟大的胜利。约克的理查在战斗中被杀。后来，他的头颅被放在约克城墙上示众，上面还戴着一顶纸质王冠。现在，兰开斯特家族占了上风，但这样的状态没有持续太久。

约克公爵的儿子爱德华年仅18岁，就跟随父亲的脚步争夺英格兰王位。在理查和爱德华这两个人中，爱德华更胜一筹。他英俊潇洒，富有魅力，是一位优秀的军事指挥官。爱德华取得了比理查更大的进展。他两次击败了兰开斯特家族的军队。之后，他于1461年6月28日被加冕为英格兰国王爱德华四世。

王室成员沦为乞丐

亨利六世、玛格丽特王后和爱德华王子设法逃到了苏格兰。但他们到达时却像乞丐一样。在路上，玛格丽特的所有家当都被抢走——她的盘子、珠宝和礼服。她一度沦落到借钱的地步。一位编年史家写道："她的丈夫、她的儿子，还有她……只有一条鲱鱼，面包都不够一天吃的。在一个神圣的日子里，她发现自己在做弥撒时竟然拿不出一个硬币，所以，她苦苦哀求，祈求一名苏格兰弓箭手借给她一些钱，那名弓箭手半信半疑，遗憾地从钱包里取出一个苏格兰格罗特①借给了她。"

王室逃亡者身处悲惨的境地，爱德华四世却在伦敦过着幸福的生活。他非常受欢迎，女人们都很爱慕他。她们非常容易就吸引了爱德华的注意。他相貌英俊、身体强壮，身高六英尺（约1.8米），眼神总是四处寻找漂亮的女人。很快，到处都在谈论他与多个女人有过风流韵事。但不久之后，那双四处流盼的眼睛给他带来了麻烦。

秘密婚姻

爱德华四世最有力的支持者是沃里克伯爵理查德·内维尔（Richard Neville）。沃里克自诩"造王者"，爱德华的成功主要归功于沃里克。因此，就沃里克而言，爱德华加冕为王意味着他索取的时刻到了。沃里克决定要控制国王，他为爱德华策

---

① 指英格兰发行于1351—1662年间的值4便士的古银币或发行于1836—1856年间的4便士硬币。——译者注

划了一场英明的联姻，安排他与一位法兰西公主结婚。但爱德华有其他想法，他把心思放在一个英格兰女人——伊丽莎白·伍德维尔（Elizabeth Woodville）身上。伍德维尔是一个27岁的寡妇，带着孩子。爱德华非常喜欢她。起初，他试图勾引伍德维尔，但她拒绝了他。有流言称，爱德华用匕首抵住了她的喉咙，但她还是拒绝了。只有一个解决办法：国王必须娶她。

但爱德华当时还很年轻，而且他害怕沃里克。所以他在1464年5月1日与伊丽莎白·伍德维尔秘密结婚。爱德华设法向沃里克隐瞒了自己的婚姻，就这样维持了四个月。当沃里克在1464年9月底发现实情时，他非常愤怒。国王让他看起来像个傻瓜。但这还不是全部。伊丽莎白·伍德维尔的许多亲戚——包括她的七个未婚姐妹很快就占了便宜，并从国王那里捞取好处。他们得到了头衔、钱财和土地——所有这些都是沃里克想要的。更令人气愤的是，爱德华四世宁愿去找伍德维尔的家族成员征求意见，也不愿去找沃里克。

玛格丽特王后和爱德华王子设法逃到了法兰西。遭到废黜的亨利六世落在后面。他不得不从一个安全地带转移到另一个安全地带。他经常把自己伪装成修士。

沃里克伯爵理查德·内维尔——"造王者沃里克"——是玫瑰战争期间最强大的英格兰贵族。1470年，沃里克将约克王朝的国王爱德华四世关进城堡，并将兰开斯特王朝的亨利六世关进伦敦塔。

与此同时，1463年，玛格丽特王后和爱德华王子设法逃到了法兰西。遭到废黜的亨利六世落在后面。他不得不从一个安全地带转移到另一个安全地带。他经常把自己伪装成修士。但爱德华的间谍紧追不舍。1465年7月，他们在兰开夏郡（Lancashire）的瓦丁顿庄园（Waddington Hall）找到了他。和上次一样，亨利没有做任何挣扎。他被押送到伦敦，第二次被关进伦敦塔。

造王者和王后

现在，爱德华国王将亨利控制在自己手中，但他仍然要对付危险的沃里克伯爵。因此，在1470年3月，爱德华国王指控沃里克伯爵叛国。沃里克为了保命逃到法兰西。在那里，他联系到曾经的头号大敌——玛格丽特王后。两人联手六个月后，沃里克带着一支军队直奔英格兰，玛格丽特则带着另一支军队紧随其后。沃里克决心推翻爱德华四世，并为自己所受的侮辱报复爱德华。沃里克成功了。爱德华国王

当爱德华四世的军队击败兰开斯特军队时，造王者沃里克在巴尼特之战中被杀。沃里克在玫瑰战争中开始为约克王朝作战，但他因为与爱德华四世发生争吵而改变了立场。

在英格兰中部的北安普顿（Northampton）的一场战役中被俘。

现在，沃里克是一个真正的造王者。他把国王爱德华四世囚禁在他位于英格兰北部米德尔赫姆（Middleham）的一座城堡里。国王亨利六世被关在伦敦塔里。沃里克可以对这两个人为所欲为。沃里克选择让亨利六世重新登上王位，因为他比爱德华四世更容易控制。毕竟，亨利六世被称为"无望者亨利"，一个任人摆布的国王。

但爱德华国王从米德尔赫姆城堡逃了出来,并设法到达法兰西。他没有在那里停留很长时间。很快,爱德华就回到了英格兰,这次他带着属于自己的新军队。1471年4月14日,在伦敦北部的巴尼特(Barnet)战役中,爱德华的军队与沃里克的军队正面相逢。沃里克把亨利国王从伦敦塔中带出来,让他坐在一棵树旁观战。然而,亨利看到的是沃里克的失败。沃里克从战场上逃走了,但胜利的爱德华四世并不打算让他逃走。沃里克伯爵遭追杀至死。可怜的亨利国王随后被抓走,第三次

1471年,玛格丽特王后在蒂克斯伯里战役后被俘,她的儿子爱德华王子惨遭杀害。后来,玛格丽特的丈夫亨利六世在伦敦塔被谋杀。

也是最后一次被关进伦敦塔。

同一天，玛格丽特王后和爱德华王子回到了英格兰。但爱德华四世迅速击败了玛格丽特和她的军队。1471年5月4日，在格洛斯特郡的蒂克斯伯里（Tewkesbury），玛格丽特王后被打败了。17岁的爱德华王子在战斗中逃跑，但遭到追杀至死。

玛格丽特受到了极大的打击。但对她来说，更糟糕的事情还在后面。胜利的爱德华四世不能再让亨利六世活下去了。1471年5月21日晚，大约午夜时分，亨利六世在伦敦塔的牢房中被刺死。凶手之一是爱德华四世最小的弟弟——格洛斯特公爵理查。

后来，亨利的尸体被示众，这样大家就都知道他已经死了。根据官方的说法，亨利属于自然死亡，"纯粹是由于伤心和忧郁"。但也有人说，鲜血从他的伤口处喷涌而出，这暗示了他真实的死因。

这就是玛格丽特王后的结局。她失去了一切——她的丈夫、儿子和王位。她的父亲——西西里的勒内（René）国王为她赎身。随后她在法兰西生活，直到1482年去世。

1483年，爱德华四世的奢侈生活和许多情妇让他陷入了困境。他患了中风，于4月9日去世，他当时只有40岁。他把王位留给了他12岁的儿子，后者成为国王爱德华五世。

爱德华五世招致了许多麻烦。随着内战即将爆发，英格兰

"小国王统治的国家遭殃了！"莎士比亚在《理查三世》中写道。对于爱德华五世来说，这无疑是真的。爱德华被他的叔叔理查三世抢走了王位，成为15世纪第三个被谋杀的英格兰国王。

最不需要的就是一个年幼的国王。爱德华五世在成年之前不能真正掌权。于是，王室枢密院代他统治。这让那些有雄心壮志的人产生了篡夺权力的想法，其中最有野心的是格洛斯特的理查（Richard of Gloucester）。

都铎王朝将叔叔理查妖魔化

英格兰历史将格洛斯特的理查描述为邪恶的叔叔、畸形的怪物或其他负面形象。这些有关理查的描述纯粹是谣言，都是都铎王朝的成员凭空捏造出来的。1485年玫瑰战争结束后，都铎王朝建立。

谣言往往比事实更有说服力。都铎王朝想尽办法塑造理查的恶魔形象。按照他们的描述，理查驼背，而且生来就有牙齿。他出生时是臀位分娩，腿先着地——这在极其迷信的时代被认为是非常不吉利的。在当时，任何"非自然"的东西都被看作魔鬼使然。而在都铎王朝诋毁理查之前，没有人怀疑过他是魔鬼。

理查并没有驼背。他的画像显示他没有任何问题。在玫瑰战争期间，他忠心耿耿地支持他的兄弟国王爱德华四世。爱德华非常信任理查，所以派他去解决英格兰北部的一些麻烦。他在那里统治得很好，而且非常受欢迎。即使在五个多世纪后的今天，英格兰北部的人们回忆起格洛斯特的理查时，仍充满爱戴之情。

在诋毁理查三世的宣传活动中，都铎王朝把他描绘成一个邪恶的驼背怪物，他的出生不同寻常，而且生来就有牙齿。然而这幅画像显示理查没有任何问题。

然而，在其他地方，都铎王朝对理查的污蔑却无法抹去。都铎王朝称理查是通过谋杀的方式登上王位的。对理查的指控还有很多。首先，据说他于1471年在伦敦塔谋杀了国王亨利六世。同年，据说理查在蒂克斯伯里战役中杀死了亨利六世的儿子——17岁的爱德华王子。七年后，理查因自己的哥哥克拉伦斯公爵乔治的死亡而受到指责，乔治也死在伦敦塔里。众所周知，理查将乔治淹死在一大桶马姆齐甜酒里。真实情况很简单，因乔治多次叛国，爱德华四世将他处决。

继乔治之后，只剩下两个人挡住了理查的去路：小国王爱德华五世和他10岁的弟弟——约克公爵理查。

1483年5月1日，格洛斯特的理查在爱德华五世前往伦敦的途中绑架了他。理查一直憎恨伊丽莎白·伍德维尔王后和她的家人。当王后听说小国王落入理查的魔掌时，她吓坏了，带着她的小儿子约克公爵理查一起逃到威斯敏斯特大教堂安全的地方。在教会的保护下，理查不可能接近她，王后也是这么想的。但理查找到了办法。1483年6月16日，他凶恶地威胁王后，王后只好让他把年幼的约克公爵带走，这是她最后一次见到他。王后再也没有见到她的大儿子爱德华五世。人们时不时地看到这位小国王和他的弟弟在伦敦塔的花园里玩耍。但到1483年7月，人们就没再见过他俩了。再也没有人看到他们活着。没有举行葬礼。两个男孩就这样消失了。后来，他们被称为悲惨的塔中小王子。

事实还是虚构

丢失的男童

理查把两个男童——即爱德华五世和约克公爵安置在伦敦塔里。这并没有什么特别可疑之处。在15世纪，伦敦塔既是一座宫殿，也是一座监狱。英格兰国王在加冕之前通常会住在那里。不同的是，国王爱德华五世从未从伦敦塔里出来过。他也没有举行过加冕仪式。

1513年，托马斯·莫尔（Thomas More）爵士出版了《理查三世传》（History of King Richard Ⅲ）。莫尔在这部书中对1483年9月3日晚发生在伦敦塔的事情进行了描述。在15世纪，轻而易举就能雇佣到刺客。只要肯付钱，他们就会悄悄杀死受害者，掩盖尸体并隐藏证据。根据莫尔的说法，理查三世曾付钱给一个名叫詹姆斯·蒂雷尔（James Tyrell）的约克党骑士，吩咐他把伦敦塔里的小王子们杀掉。

这条看起来阴森的通道位于伦敦塔的白塔内，爱德华五世在他计划的加冕仪式前就临时住在伦敦塔。

"窒息和扼杀"

莫尔写道："詹姆斯·蒂雷尔爵士打算把小王子们杀死在床上。为使计划得逞，他任命了看守小王子的四个人中的迈尔斯·福里斯特（Miles Forest），一个从前在谋杀方面有丰富经验的家伙。和福里斯特一起的还有他的养马人——约翰·戴顿（John Dighton），一个身材宽大、长相方正、体格强壮的恶棍。

"之后，其他所有人都被赶走。午夜时分，无辜的孩子们躺在床上，迈尔斯·福里斯特和约翰·戴顿走进房间，突然用衣服蒙住他们，把他们裹起来并且缠住，用力地把羽绒褥垫和枕头压在他们嘴上。不一会儿，他们的呼吸减弱，窒息而死，向上帝交出了无辜的灵魂，进入极乐天堂，尸体留给了残害他们的人。

"两位可怜的小王子先是在死亡的痛苦中挣扎，然后静静地躺着，彻底死去：凶手把小王子赤裸的尸体放在床上，叫詹姆斯爵士过来看。詹姆斯爵士一看见尸体,就命令凶手在楼梯角找一个合适的位置,把尸体深埋在一大堆石头下面。"

永久的谜团

将近两个世纪后的1674年,重建伦敦塔王家小教堂(Tower's Royal Chapel)楼梯的工人发现了一个埋在楼梯下10英尺(约3米)的木箱。里面有各种各样的骨骸。当时的国王查理二世的首席外科医生约翰·奈特(John Knight)爵士认为这些是"两个小家伙"的骨头,也就是爱德华五世和他弟弟的尸骸。

但是在1933年,这些骨头被重新检查。结果并不那么确定。几个世纪以来,伦敦塔里有许多人死亡,这些骨头可能是任何人的。因此,这个谜团依然存在。目前,旨在为理查三世洗刷谋杀罪名的理查三世基金会(King Richard III Foundation Inc.)要求对这些尸骨进行DNA检测。如果可以的话,这个谜题可能会被彻底解开。

这幅浪漫主义肖像画由拉斐尔前派(pre-Raphaelite)画家约翰·米莱斯(John Millais)爵士于1878年创作,描绘了"塔中小王子"——国王爱德华五世和他的弟弟约克公爵理查。

理查称王

与此同时,格洛斯特的理查正在为夺取王位做准备。他宣称爱德华五世和约克公爵是私生子。这一说法的起因是在他们的父母结婚之前,他们的父亲已经与另一个女人订婚了。换句话说,这场婚姻是非法的。这样的诋毁对两个孩子造成了极大的伤害,但伦敦人几乎都相信了他的谣言。理查被宣布立为理查三世。理查三世的加冕仪式于1483年7月6日举行。

可能那时小国王和他的弟弟还活着。但是,他们的叔叔一夺得王位,两人的死期就快到了。兄弟俩大概是在1483年9月3日被杀害的。

篡位者理查三世有很多敌人。塔中王子死后,人们很容易相信他会不择手段保住自己篡夺的王位。当他的妻子安妮·内维尔(Anne Neville)于1485年去世时,人们说是理查给她下的毒,因为这样一来,他就可以迎娶侄女伊丽莎白,即爱德华四世的女儿。这场婚姻将加强理查对王位的控制。

但那只是流言蜚语。理查三世的真正敌人是亨利·都铎。亨利是来自兰开斯特

莎士比亚塑造的理查三世是英国戏剧中最伟大的悲剧角色之一。1995年,伊恩·麦克莱恩(Ian McKellen)在电影中饰演理查三世。40年前,劳伦斯·奥利弗(Laurence Olivier)主演并导演了另一个电影版本。

王朝的主要王位觊觎者。他一生中大部分时间都在流亡中度过。多年来，为了躲避约克党人派来杀害他的暴徒，亨利从一个隐秘的地方逃到另一个隐秘的地方。他躲过了所有暴徒。1485年，他一心想要把理查三世从他窃取的王位上赶走。

背叛和死亡

1485年8月7日，亨利·都铎率领一支由4000到5000人组成的军队抵达威尔士南部的米尔福德港（Milford Haven）。这支军队规模不大。而在1485年8月22日，亨利·都铎率领军队在莱斯特郡的博斯沃思（Bosworth）战役中与理查和12000人组成的军队交锋。悬殊的兵力让亨利获胜的可能性很小。但让理查三世和亨利都没料到的是，理查的三名指挥官即将抛弃他。一个是诺森伯兰（Northumberland）伯爵亨利·珀西（Henry Percy），他在接到命令后拒绝调动他的部队。另外两人，威廉·斯坦利（William Stanley）爵士和他的兄弟斯坦利勋爵计划改换阵营。理查注定失败。

在这种情况下，理查唯一能做的就是铤而走险。事实证明，这等同于自杀。理查带着一小队人马，策马穿过敌军的火线，他的目标是接近亨利并杀死他。可理查没有得逞。他设法杀死了亨利的掌旗兵，但其余士兵将他围困。不一会儿，敌军将理查从马背上拖拽下来，并把他杀死。随后，他赤裸的尸体被吊挂在驮马背上，并运到莱斯特，埋葬在格雷弗里尔修道院教堂（Greyfriars Friary Church）。2012年，人们再次发现理查的遗体，并把它重新安葬在莱斯特大教堂。

理查三世的确是英格兰金雀花王朝第14位不幸的国王。他死后，玫瑰战争随即结束。有传闻称，在战斗中，理查的王冠从他的头上掉下来，

都铎王朝第一位君主——亨利七世的印章。印章刻画了亨利七世和左右两侧的王家徽章。官方文件只有盖上这枚印章才能生效。

滚落在泥土中。人们后来在灌木丛中发现了这顶王冠。据称，斯坦利勋爵把它捡起来，并隆重地戴在亨利·都铎的头上。金雀花王朝在英格兰长达330年左右的统治终于结束了。亨利·都铎成为一个新王朝的首位国王——亨利七世。

有传闻称，在战斗中，理查三世的王冠从他的头上掉下来，滚落在泥土中。据称，后来人们在灌木丛中发现了这顶王冠。斯坦利勋爵把它捡起来，并戴在亨利·都铎的头上。

在1485年的博斯沃思战役中，理查三世最强大的两个支持者改变了立场。理查注定失败。他孤注一掷，铤而走险，试图接近对手亨利·都铎并杀死他，但他失败了。

第六章
都铎王朝
第一部分

阴谋和杀戮

红衣主教沃尔西（Wolsey）是亨利八世的首席大臣。在国王统治的前20年里，两人是朋友，但因教皇不同意亨利离婚，两人之间的关系就恶化了。

亨利七世家族谱

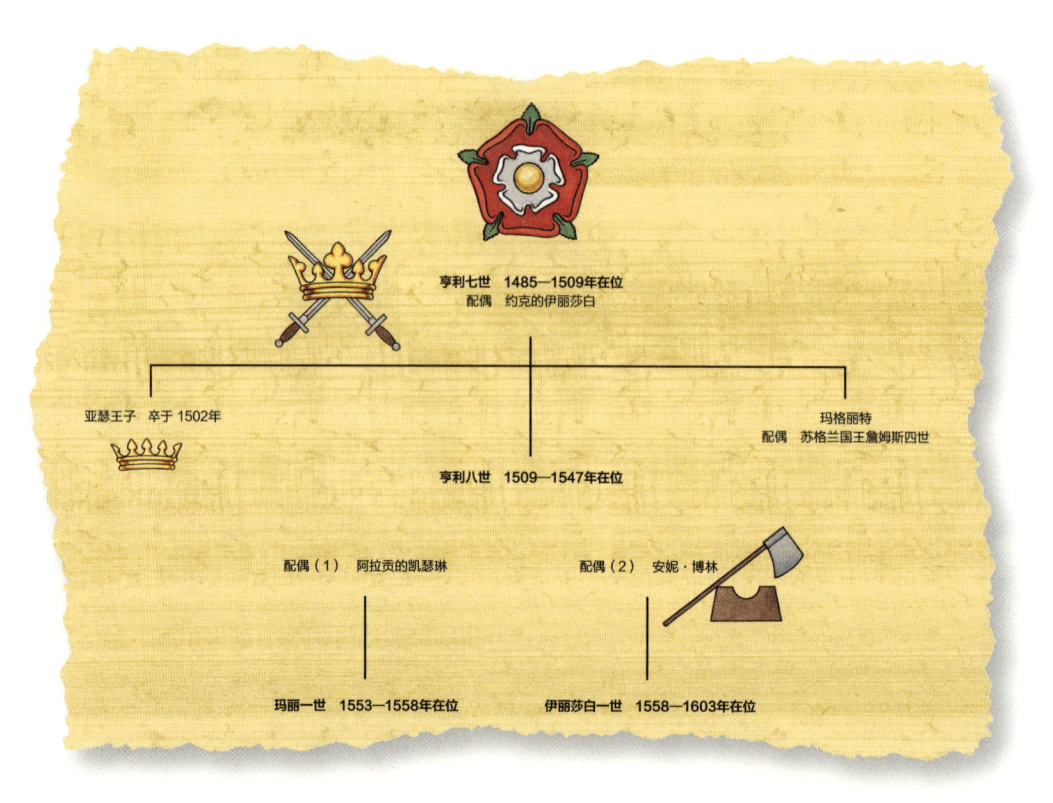

- 亨利七世　1485—1509年在位
  - 配偶　约克的伊丽莎白
- 亚瑟王子　辛于1502年
- 玛格丽特
  - 配偶　苏格兰国王詹姆斯四世
- 亨利八世　1509—1547年在位
  - 配偶（1）阿拉贡的凯瑟琳
    - 玛丽一世　1553—1558年在位
  - 配偶（2）安妮·博林
    - 伊丽莎白一世　1558—1603年在位

金雀花王朝已经覆灭。现在，都铎王朝掌权。但金雀花家族成员仍然存在。亨利七世作为都铎王朝的第一位国君，试图弥合引发玫瑰战争的裂痕。

博斯沃思战役后，亨利七世与爱德华四世的女儿——约克的伊丽莎白结婚。亨利七世希望这样做可以使敌对的约克家族和兰开斯特家族重新团结起来。但这是不可能的，约克党人仍在为复仇而努力，并想尽一切办法试图赶走都铎家族成员。

没有王冠的"国王"

1487年，一个年轻人来到爱尔兰，自称是沃里克伯爵爱德华·金雀花。他的真名是兰伯特·西姆内尔（Lambert Simnel），是牛津一个细木工人的儿子。真正的沃里克伯爵是国王爱德华四世的兄弟克拉伦斯公爵乔治的儿子。西姆内尔的一番话使得他有了对英格兰王位的假定继承权。1487年5月24日，他表明了自己对英格兰王位的所有权：当天，他在都柏林大教堂被加冕为"国王爱德华六世"。但是，"国王"不得不从圣母玛利亚雕像上"借"来一顶金环作为王冠。

"国王"的卑微结局

当亨利七世听到这件事时，他的反应非常激烈。他知道这个"国王爱德华六世"是个冒牌货，因为是他把真正的沃里克伯爵关进了伦敦塔。为了证明西姆内尔是个骗子，亨利把真正的沃里克伯爵从伦敦塔里放了出来，并带着他大张旗鼓地在伦敦街头游行，让所有人都知道他是谁。但这并没有吓倒西姆内尔和他的支持者。1487年6月4日，西姆内尔和他的支持者率领一支入侵部队在英格兰北部的兰开夏郡登陆，然后向南进军伦敦。

亨利七世在诺丁汉郡的斯托克（Stoke）等着他们，并在随后的战斗中获胜。他俘虏了兰伯特·西姆内尔。按理说，西姆内尔应该以叛国罪被处死，但亨利决定羞辱他，于是他让西姆内尔在王家厨房当仆人。

亨利七世统治时期，珀金·沃贝克是第二个冒牌王室成员。人们看到他被戴上颈手枷，就去随意辱骂他或朝他扔东西。与第一个冒牌货兰伯特·西姆内尔的结局不同，沃贝克最终被处决。

不肯认输的"国王"

兰伯特·西姆内尔并不是唯一一个想要骗取王位的人。1491年，另一个年轻人出现在爱尔兰的科克，自称是沃里克伯爵。随后他又改变了说法，称自己是理查三世的私生子。最后，他决定冒充约克公爵理查，即"塔中的王子"之一。他宣称：年轻的约克公爵并没有在1483年死亡，他逃脱了，并设法跑到了安全的地方。他准备在爱尔兰获得本应属于他的英格兰王位。

当然，"约克公爵"是另一个冒牌货。他的真名是珀金·沃贝克（Perkin Warbeck）——尼德兰一名海关官员的儿子。沃贝克当时19岁，如果真正的公爵还在世的话，和他的年龄差不多。

对亨利七世来说，这个冒名顶替者比兰伯特·西姆内尔更危险。亨利派密探在欧洲四处寻找他。但亨利不必费心，因为沃贝克直接落入了他的手中。1497年，沃贝克带着120人组成的军队在英格兰西南部的康沃尔登陆。他召集支持者，很快就组建了一支8000人的军队。现在，他觉得自己足够安全，可以宣布自己为国王理查四世。

但沃贝克并不是军事领袖。他的追随者也只是一群乌合之众，不懂兵法。当他们在萨默塞特的陶顿（Taunton）遇到亨利的军队时，大部分人落荒而逃。因此，沃贝克很容易就被擒住了，他承认自己并不是真正的理查四世。起初，亨利七世对他很客气，任命他为自己的廷臣之一。但是沃贝克试图逃跑，这才被押送到了伦敦塔。

但这并没有让他放弃逃跑的念头。1499年，亨利七世的密探发现沃贝克和真正的沃里克伯爵爱德华·金雀花正计划逃跑。而两人结局是沃贝克被绞死，沃里克伯爵被斩首。

此后，在亨利七世统治期间，再也没有出现过别的冒名顶替者。亨利于1509年辞世，但他的继任者——国王亨利八世，对金雀花家族和他们的阴谋念念不忘。作为国王，他一心想要除掉金雀花家族的每一位成员。

亨利八世的主要目标是德·拉·波尔（De la Pole）家族。他们是克拉伦斯公爵乔治的后裔，乔治是爱德华四世和理查三世的兄弟。他们并不是王位的直接继承人，但他们都是合法的王位继承人。

伦敦塔的拜沃德塔（Byward Tower）本应是伦敦塔建筑群一连串堡垒中的最后一个。即使在今天，夜间的时候，游客也必须向看守的警卫提供正确的暗号才能进入拜沃德塔。

在亨利八世统治时期，德·拉·波尔家族的长辈是索尔兹伯里伯爵夫人玛格丽特·波尔（Margaret Pole）。伯爵夫人的儿子、红衣主教雷金纳德·波尔（Reginald Pole）流亡到欧洲，他的兄弟杰弗里·波尔（Geoffrey Pole）被逮捕。他提供证据，指控他的母亲伯爵夫人、他的另一个兄弟蒙塔古（Montague）勋爵亨利·波尔（Henry Pole）和另外两个亲戚——埃克塞特（Exeter）侯爵亨利·库尔特尼（Henry Courtenay）和爱德华·内维尔（Edward Neville）爵士。所有人都被处决了。

这时，亨利已经因为大肆杀戮而得到坏名声。很久以后，他被冠以"直率豪爽的亨国王"（Bluff King Hal①）的绰号——快乐、友好、和蔼可亲，总是能让人开怀大笑。但亨利八世几乎不符合这一描述。事实上，他是个可怕的人。到1541年，亨利已经有了五任妻子，每任妻子到最后都发现了他的真实面目：一个残酷的暴君，他会毫不犹豫地折磨和处决任何妨碍他的人。

国王亨利八世对金雀花家族念念不忘。他一心想除掉金雀花家族的每一位成员。

统治行为

嗜血成性的国王

人们都明白指控德·拉·波尔家族成员的证据是如何获得的。杰弗里·波尔受尽折磨。当他无法忍受痛苦时就"认罪"了。但他不必承认太多，因为任何一个借口都足以让亨利八世下令处决德·拉·波尔家族的成员。

蒙塔古勋爵被判处死刑，因为他泄露了关于亨利八世和他父亲的"秘密"。蒙塔古说，亨利八世还是个孩子的时候，他的父亲不喜欢他。爱德华·内维尔爵士被判处死刑，因为他曾经认为："国王是个畜生，而且比畜生还坏。"这虽然只是无稽之谈，但蒙塔古和内维尔都被判处死刑。1538年12月9日，蒙塔古、内维尔和库尔特尼在陶尔希尔（Tower Hill）被处决。

这时，索尔兹伯里伯爵夫人玛格丽特被关进监狱。她是一位年近七旬的无辜女士。与蒙塔古和内维尔遭遇的情况一样，指控她的证据微不足道。那她的罪行到底是什么呢？她禁止她的仆人阅读英文《圣经》，有一次还被人看到烧了一封信。但她被判处死刑的真正原因只是她有金雀花家族的血统。

---

① Hal 是 Henry 的昵称。——译者注

索尔兹伯里伯爵夫人玛格丽特是金雀花家族的长者，1541年因叛国罪被斩首。

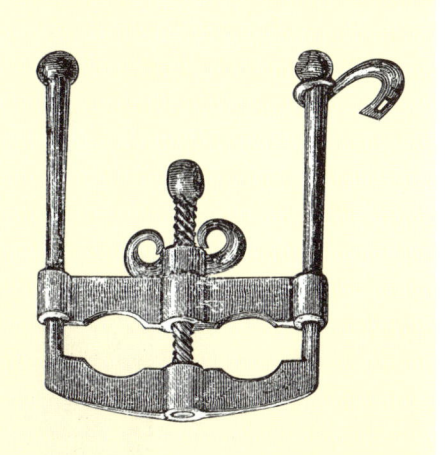

拇指钳是一种常见的刑具，用来向囚犯逼取信息和供词。

1541年5月28日，她也在伦敦塔外的陶尔希尔被处决。但她当时表现得非常怪异。伯爵夫人年事已高，到达刑场后，她不知道自己在哪里，也不知道将要发生什么。当她被告知要把头放在垫头木上时，她却在陶尔希尔周边徘徊。

伯爵夫人被擒住然后押回刑场。刽子手把她的头架在垫头木上，对她进行了处决。

幸福的婚姻

亨利八世的第一任妻子是阿拉贡的凯瑟琳——西班牙国王斐迪南（Ferdinand）和王后伊莎贝拉的女儿。凯瑟琳以前结过婚，嫁给了亨利的哥哥亚瑟。但是婚后不久，亚瑟就在1502年去世了。凯瑟琳没想到的是，她与亚瑟的婚姻成了日后亨利八世攻击她的弹药。凯瑟琳比亨利大6岁，她必须等亨利成年，才能和他结婚。1509年6月11日举行婚礼时，18岁的亨利已经是英格兰国王了，凯瑟琳24岁。

年轻的亨利八世英俊潇洒，性格开朗，爱好跳舞。直到后来，他才成为一个痛苦、肥胖、残忍、令人生畏的暴君，身负杀妻的罪名。

　　起初，亨利和凯瑟琳非常幸福。亨利在给凯瑟琳的父亲斐迪南国王的信中说："我和我妻子的爱情忠贞美满，如同任何一对普通夫妻。"他们的第一个孩子是个男孩，在1510年的元旦出生。亨利在里士满宫（Richmond Palace）举行了一场庆祝活动。之后，悲剧发生了，小王子七个星期就夭折了。亨利和凯瑟琳大受打击。但事情只会变得更糟。

苦难即将来临

　　凯瑟琳此后又生了许多孩子，但他们要么在婴儿期就夭折，要么生下来就没能存活。唯一幸存的是1516年出生的玛丽公主。凯瑟琳曾是一个美丽的女人，但孩子纷纷离世让她身心俱疲。31岁的凯瑟琳看起来憔悴不堪、身形消瘦，甚至长出了白发。她变得极度虔诚，大部分时间都花在祈祷上。她甚至在长袍下穿了一件刚毛衬衣，就像苦行僧或圣徒那样。

亨利对凯瑟琳遭遇的一切不为所动。他喜欢年轻活泼的女人，而凯瑟琳疲惫不堪、毫无生气。最重要的是，亨利渴望有一个儿子来继承王位。

亨利对女儿玛丽公主疼爱有加，为她感到骄傲。但是英格兰还没有准备好让女王掌权。亨利需要再找一个年轻的妻子，来满足他对儿子的渴望。

> 亨利对女儿玛丽公主疼爱有加，为她感到骄傲。但是英格兰还没有准备好让女王掌权。亨利需要再找一个年轻的妻子，来满足他对儿子的渴望。

国王的新欢

1522年，安妮·博林作为凯瑟琳王后的侍女之一来到宫廷。21岁的她时尚性感、老练成熟。虽然算不上漂亮，但安妮知道如何吸引男人。她擅长动用一些小伎俩跟别人调情，即使是亨利国王也被她的伎俩吓了一跳。

安妮·博林很有野心。她一来到宫廷，就瞄准了最高目标——亨利八世。但她不打算重蹈姐姐玛丽的覆辙，玛丽曾经是亨利的情妇。她在法兰西宫廷里学到"很多东西"，事实上，那里只不过是一个高档妓院。她在里面纵情享受，法王弗朗西斯一世（Francis I）也认为玛丽不过是个普通的妓女。亨利认识玛丽之后，觉得可以从这样

英王亨利八世的第一任妻子阿拉贡的凯瑟琳是一位1485年出生的西班牙公主。她接受过作为王后的训练和教育，有能力在国王外出访问时接替工作。

一个有经验的情人身上得到自己想要的东西。安妮不打算让这种情况发生在自己身上，她想和国王成为合法夫妻。

决不让步

1526年，亨利恳求安妮做他的情妇。安妮的拒绝让他大吃一惊。亨利继续尝试，但他越是尝试，安妮就越是拒绝。亨利给她写了热情洋溢的情书，她不厌其烦地回信，只是为了让亨利在自己设下的圈套里陷得更深。但安妮不会让步，她知道自己已经把英格兰国王推向了欲望的狂潮中——这正是她想要的。

与此同时，亨利与凯瑟琳起了争执。凯瑟琳向来是一位淑女，她温和、谦虚、落落大方。说服她并不难，反正亨利是这么认为的。这样一来，他就可以得到安

凯瑟琳知道亨利八世和她的侍女安妮·博林的恋情。在这幅创作于20世纪的插图中，人们看到亨利和安妮在私底下聊天，而凯瑟琳则流着泪水独自从一旁经过。

妮·博林。但在1527年6月，亨利把离婚的想法告诉凯瑟琳时，他发现事情并不像他想象的那么简单。

亨利找到了与凯瑟琳离婚的一个绝佳理由，这个以宗教信仰为借口的理由应该能解决他的苦恼。《圣经》中的"利未记禁令"（Prohibition of Leviticus）禁止男人和他兄弟的遗孀结婚。亨利国王总是能够说服自己，无论他想要什么，他都应该得到。而《圣经》中的"利未记禁令"让他相信自己与凯瑟琳的婚姻是被诅咒的。这也就解释了为什么他们的孩子都夭折了。

王后拒不让步

亨利把自己想要离婚的原因告诉凯瑟琳，她听后泪流满面。但这并不意味着她会屈服，她决不会屈服。凯瑟琳不再哭泣，她告诉亨利，他们两人不能离婚。她声称自己与亚瑟王子的短暂婚姻并不完整，因此根本就不是一场婚姻。因此，"利未

1529年之前，红衣主教托马斯·沃尔西大权在握。这幅画描绘的是他接受人们的请愿和请求，这些人对他极为恭敬，在他经过时又是鞠躬又是下跪。

记禁令"对自己来说并不适用。这掀开了英格兰历史上最激烈的一次关于婚姻的论战。

既然是战争，夫妻两人就各自备好弹药。亨利试图搜集证据，来证明凯瑟琳和亚瑟王子睡在一起。可他的调查并未取得进展，一些廷臣说他们有，另一些说他们没有。

亨利大发雷霆，他试图派首席大臣红衣主教托马斯·沃尔西去罗马解决这个问题。沃尔西此行的目的是获得教皇的许可，让亨利与安妮·博林结婚。但凯瑟琳的火力更猛，她在欧洲的亲戚非常强大。最强大的是她的外甥——西班牙国王查理一世（Charles I，即卡洛斯一世），教皇克雷芒七世（Clement VII）在他的掌控之中。亨利不可能从教皇那里得到他想要的东西。

凯瑟琳把发生的一切告诉查理国王后，他向亨利发出了严厉的警告，让他放弃离婚一事，否则就要准备承担后果。但查理心里还有别的事，比如法兰西对西班牙的入侵和他在意大利的土地。这些问题长时间以来分散了查理国王的注意力，足以让他放松对教皇克雷芒的管束。克雷芒同意派遣使者——红衣主教洛伦佐·坎佩吉奥（Lorenzo Campeggio）前往英格兰，对王室离婚案进行裁决。

教皇圆滑介入

教皇克雷芒是个谨慎的人。他让坎佩吉奥走最远的路线去英格兰，以此来拖延时间。坎佩吉奥到达英格兰后，被告知首先应该尝试弥合这段王室婚姻。最重要的是，坎佩吉奥要拖延再拖延，不做任何决定。

教皇根本不需要如此费力。因为尽管坎佩吉奥耗时四个月才到达英格兰，但他发现亨利和凯瑟琳仍在争吵，两人都不肯退让。凯瑟琳一直在与坎佩吉奥争辩。她告诉坎佩吉奥，她是不会进入女修道院的，更不会离开宫廷，她宁愿死也不愿承认与亨利的婚姻是无效的。

坎佩吉奥在亨利那里也没碰上好运气。亨利想娶安妮·博林，非娶不可。很明显，只有开战才能结束这场争斗。尽管如此，红衣主教还是在1529年6月21日召开了特别法庭，他命令亨利国王和凯瑟琳王后出庭。但两人到达后，凯瑟琳却吸引了所有人的目光。

这幅插图创作于19世纪，画面当中，教皇使者——红衣主教坎佩吉奥就离婚一事查问凯瑟琳王后，而她的丈夫亨利八世则在后面怒视着她。

在对法庭的讲话中，凯瑟琳称自己作为亨利"明媒正娶的忠诚的妻子"，应该获得公正的判决。然后她问道，自己是如何冒犯国王的，因为她全然不知情。凯瑟琳的言辞掷地有声。最后，她愤然离席。亨利命令她回来，而她拒绝了。

患难无真情

亨利爆发了。愤怒之中，他把矛头指向红衣主教沃尔西，自亨利执政之初，沃尔西就一直是他忠实的大臣，但沃尔西的忠诚现在无足轻重。问题是他没能说服教皇同意亨利与安妮·博林的婚事。安妮已经开始诽谤沃尔西了。她把亨利迷得神魂颠倒，而国王早晚会指控沃尔西叛国。沃尔西非常沮丧，以至于得了重病。1530年，他在前往伦敦接受审判的路上去世了。安妮·博林用一场名为"红衣主教沃尔西下地狱"（The Going to Hell of Cardinal Wolsey）的宫廷演出来庆祝他的死亡。亨利对此很反感，但他非常害怕安妮和她的尖酸刻薄，所以让她逃脱了惩罚。

现在，亨利深陷离婚案无法脱身。与此同时，西班牙的查理击败了法兰西入侵者，因此，教皇重回他的掌控之中。亨利感觉不到快乐，身边的女人给他造成了极大的困扰。凯瑟琳仍然蔑视他，他们的女儿玛丽公主也是如此。安妮·博林不断唠叨着要嫁给他。

1531年，在安妮·博林的怂恿下，亨利将凯瑟琳和他们的女儿玛丽分开。安妮认为这两个人密谋反对国王，把她们分开可能会削弱她们的反抗。国王命令凯瑟琳去赫特福德郡的莫尔府（More House），玛丽则被送往位于萨里郡（Surrey）里士满的王宫，母女俩再也见不到对方了。

此后，凯瑟琳从一个房子搬到另一个房子。每次的房子都比上一次的更加破旧，条件也更差。无论她到了哪里，亨利都会派随从和其他官员来抵制她的反抗。他们试图威胁她，恐吓她，告诉她如果她不改变主意，就会有可怕的事情发生在玛丽公主身上。然而这些都是徒劳。

托马斯·沃尔西出生于伊普斯维奇（Ipswich）的一个贫困家庭，是一个屠夫的儿子，他尽自己的努力升到最高职位。在亨利八世统治的前20年里，他有效地治理了英格兰。他也有野心成为教皇。

安妮趾高气扬

与此同时，安妮·博林在伦敦卖弄炫耀。她说她宁愿看到凯瑟琳被绞死也不承认她是英格兰王后。亨利要求凯瑟琳交出她的珠宝，并把这些珠宝送给安妮。

安妮已经住进曾经属于凯瑟琳的王家寓所。她有自己的侍女。仿佛她已经成为安妮王后了。她经常与国王在一起，两人一起吃饭，一起跳舞，一起打猎。他们什么都做，除了一起睡觉，这更加深了亨利对她的渴望。除了珠宝外，他还送给安妮其他奢侈的礼物，如金银织布制的帷幔和长长的绣花绯红色缎子。亨利册封她为彭布罗克（Pembroke）女侯爵，还赠送给她土地，这些土地的收成每年有1000英镑。安妮·博林大获成功。

这枚金质奖章铸于1545年，以纪念亨利八世取代教皇成为英格兰教会的新领袖。奖章上的亨利身穿貂皮长袍，他的领子和帽子上镶有珠宝。

但她并不打算永远把亨利拒之门外。大约在1532年11月或12月，她终于让国王把她带到了床上。一个多月后，她就怀孕了。这可能不是意外，安妮决心要成为王后。安妮的身孕是对亨利的警告，让他下定决心，赶紧离婚。而亨利的解决办法永远地改变了英格兰以及英格兰人民的生活。

历史上的里程碑

宗教改革已在欧洲其他地方开展。新教徒们正在与教皇和罗马天主教决裂，他们挑战教皇的权威，批评教会通过出售赎罪券来减轻人的罪孽。亨利是一个虔诚的罗马天主教徒，但因为教皇不允许他离婚，他最终决定与罗马决裂。亨利封自己为英格兰教会的最高领袖，这样他就可以按照自己的意愿与凯瑟琳离婚。

安妮终于得偿所愿

亨利八世和安妮·博林于 1533 年 1 月 25 日秘密结婚。亨利曾给凯瑟琳最后一次机会让她主动放弃王后的权利和头衔，但她仍然拒绝了。亨利与罗马决裂后，英格兰教会一切事务不再需要教皇同意。因此，坎特伯雷大主教托马斯·克朗默（Thomas Cranmer）轻易地宣布亨利与凯瑟琳的婚姻已经结束。同时，他还宣布亨利与安妮的婚姻是合法的。

凯瑟琳被禁止自称"英格兰王后"，不得不使用"王太妃"的称号。这是一种可怕的侮辱。凯瑟琳再一次拒绝了。亨利在递交给凯瑟琳的文件上把她的头衔改为王太妃，而凯瑟琳将文件退回，并把新头衔画掉。愤怒的亨利威胁她，但凯瑟琳顽强抵抗。

到现在，亨利和凯瑟琳之间的斗争已经超出了婚姻的层面。凯瑟琳的外甥——西班牙的查理威胁要入侵英格兰。此外，亨利的臣民不喜欢安妮·博林，他们喜欢凯瑟琳。每当凯瑟琳不得不从一个住处搬到另一个住处时，成千上万的民众就会聚集起来为她鼓气。安妮经常在公开场合听到民众的嘘声，更有甚者公开示威反对安妮，称她为"妓女"和"巫婆"。1533 年 6 月 1 日，安妮骑马穿过伦敦的街道出席加冕典礼时，一大群人聚集在一起。群众被命令要欢呼，但他们大喊："'南·布伦'[①]不应该成为我们的王后！"

国王陛下后悔了

此时，亨利已经变得非常绝望。凯瑟琳和玛丽仍在藐视他。至于安妮，她让丈夫很为难。安妮的确是一个难对付的人，她要求严苛，报复心强，爱发脾气。两人的孩子于 1533 年 9 月 7 日出生，结果又是一个女孩——未来的女王伊丽莎白一世。王室没有举办任何活动来庆祝孩子的降生。

[①] 一种说法是安妮·博林的真名是 Anne Bullen（安妮·布伦），但法兰西宫廷觉得"布伦"比较难发音，于是改为"博林"。后来安妮·博林来到英格兰宫廷，认为"博林"听起来更体面，于是就保留了安妮·博林这个称呼。而"南"是"安妮"的昵称。英格兰民众称安妮·博林为"南·布伦"实则是在贬低她的地位，认为她不配成为英格兰女王。另一种说法是安妮本人也经常混用安妮·博林和安妮·布伦这两个名字。——译者注

红衣主教沃尔西倒台后,亨利接管了他在泰晤士河边的宏伟宫殿——汉普顿宫(Hampton Court)。亨利他对那些豪华的家具和装饰感到震惊,同时也被激怒了,因为这里和宫廷别无两样。

王室形象

充满尊严的爱

在生命的最后时刻,凯瑟琳给国王口述了一封信。即使国王对她很残忍,她也一直爱着国王,就像信中最后一句清楚表述的那样。

"我最亲爱的领主、国王和丈夫:我快要走到生命的尽头了,我对你的爱迫使我……把自己托付给你,你要记住……心灵的健康比所有公务都要重要……因为公务,你让我深陷灾难,也让你自己被许多麻烦缠身。就我而言,我原谅你所做的一切,我虔诚地祈祷上帝,让他也原谅你。另外,我把我们的女儿玛丽托付给你,恳求你做个好父亲……最后,我发誓,我对你的爱胜过一切。永别了。"

凯瑟琳在信上签字时需要有人帮助她握笔。她的签名歪歪扭扭,上面写着"凯瑟琳,英格兰王后"。这是她对亨利国王最后的反抗。

亨利觉得他已经成了欧洲的笑柄。在英格兰,他不得不面对可怕的诽谤。有人说,国王与安妮生活在罪恶之中,她不过是一个道德败坏的女人,理应被烧死在火刑柱上。伊丽莎白公主被谴责为私生子。不久之后,亨利认为他一直得不到儿子是安妮的错,他开始把第二次婚姻说成是他做的"傻事"。

看起来确实如此。亨利无法控制安妮,她会在亨利的廷臣面前侮辱他,还从来不道歉。亨利所能做的就是向安妮的父亲托马斯·博林爵士抱怨说凯瑟琳王后从未对他如此不敬。这些压力让亨利露出了他残酷的本性,他开始盘算如何摆脱安妮。但是,只要凯瑟琳还活着,他就只能和安妮在一起。

然而,凯瑟琳活不了多久。1534年,据说她患上了水肿。事实上,她得了癌症。国王听到这个消息后报复性地说:"那就更好了。"凯瑟琳担心她的前夫会毒死自己，所以拒绝进食，而这缩短了她本就所剩无几的生命。

同时，有人反对亨利的第二次婚姻。对此，亨利的回应是处决任何提出反对意见的人。托马斯·莫尔爵士就是其中之一，他是学者也是作家，曾经担任亨利的大法官。1535年7月6日，莫尔在陶尔希尔被斩首。

当时，凯瑟琳已经奄奄一息。不知何故，她挺过了1535年圣诞节，活到了1536年，但她的身体状态很糟糕。特使查皮斯（Chapys）写道："她是如此虚弱，她在床上难以坐起，无法入睡。她把能吞下的食物都吐了出来。"最后，凯瑟琳于1536年1月7日去世。

亨利的前大法官托马斯·莫尔爵士拒绝承认亨利为英格兰教会的领袖。莫尔在审判中被认定犯有叛国罪，于1535年被处决。画中，他正与女儿玛格丽特·罗珀（Margaret Roper）告别。

第七章
都铎王朝
第二部分

斩首和离婚

自诺曼王朝以来，伦敦塔一直被用作宫殿、监狱和刑场。在这里，亨利的第二任妻子安妮·博林走到了生命的终点。

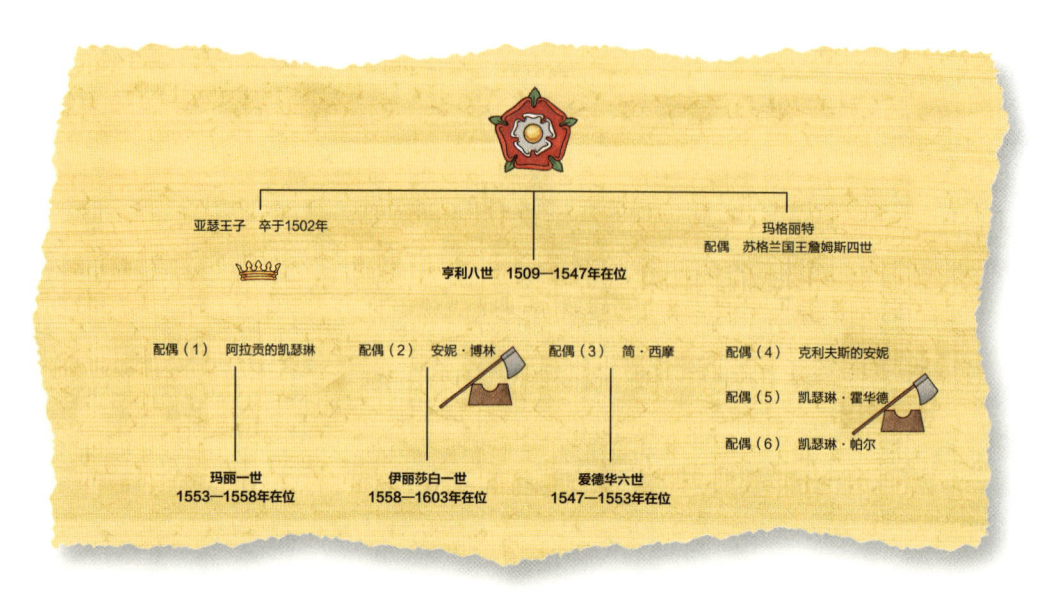

亚瑟王子　卒于1502年　　　　　　亨利八世　1509—1547年在位　　　　　　玛格丽特
配偶　苏格兰国王詹姆斯四世

配偶（1）阿拉贡的凯瑟琳　　配偶（2）安妮·博林　　配偶（3）简·西摩　　配偶（4）克利夫斯的安妮
配偶（5）凯瑟琳·霍华德
配偶（6）凯瑟琳·帕尔

玛丽一世　　　　　伊丽莎白一世　　　　爱德华六世
1553—1558年在位　1558—1603年在位　1547—1553年在位

亨利八世终于摆脱了凯瑟琳，之后又开始想方设法摆脱安妮。他已经厌倦了像他的前两任妻子那样聪明又受过教育的女人。他现在想娶一个漂亮的、温和的、不会与他争吵的姑娘。

亨利同样在王后的侍女中找到了他的新妻子。

完美的伴侣

简·西摩（Jane Seymour）是约翰·西摩（John Seymour）爵士的女儿，她似乎非常符合亨利的择偶标准。她看起来很安静，很谦虚，个性不强。但是她不怎么漂亮：长下巴，嘴巴紧闭，鼻子很大。她几乎不识字，只会签自己的名字。沉闷、朴素的简·西摩正是亨利想要的。

但是简·西摩远比亨利想的精明。她很快就知道安妮·博林即将离开，这就是简巧妙地来到亨利身边的机会。她精细地盘算着，接受亨利送给她的礼物。但她不会打开他的信件或接受他的金钱。有一次，她吻了一封以国王名义寄给她的信，然后她把它递还给了给她送信的尼古拉斯·卡鲁（Nicholas Carew）爵士。她还把随信附上的金子还了回去。简要求尼古拉斯爵士告诉国王，只有当上帝给她送来一个丈夫时，她才会接受钱。微妙的暗示不是简的风格。

可怜的傻瓜亨利又被骗了。他很高兴简是如此的贤惠和端庄。但安妮·博林却不是那么容易上当受骗的,她很清楚发生了什么。

宫廷里的"奸情"

简无情地揭安妮伤疤。亨利把自己的画像装在盒式吊坠里,给简寄了过去。简在安妮面前把玩着这个吊坠,她打开又合上,对着它咕咕哝哝。安妮看了非常生气,她把吊坠从简的脖子上拽下来。安妮好几次发现亨利给简送礼物或是写信后都掌掴她,可简并不隐瞒这些礼物的来历。

既然亨利已经找到了新欢,安妮只有一个希望:生下亨利渴望已久的儿子。她又怀孕了三次,但失去了两个孩子。在1535年底,她又怀孕了。亨利开始抱有希望,但仍与简继续保持亲密的关系。然后,在凯瑟琳王后下葬的1536年1月29日下午,发生了一件事,让安妮实在忍无可忍:她发现她的情敌坐在国王的腿上。

安妮大发雷霆,亨利开始为她肚子里的孩子担心。他试图让安妮平静下来。但她却不停地发怒。几个小时后,不可避免的事情发生了,安妮流产了。经检查,她肚子里的孩子可能是男孩。对安妮来说,这就是结局。她与国王发生了激烈的争吵,他们都把流产的责任归咎于对方。最后,国王暴跳如雷,发誓自己不会再和安妮生孩子。

这一次,亨利并没有想到要离婚。他知道,只要安妮活着,她就会一直困扰着他。解决办法只有一个,那就是安妮·博林王后必须死。

亨利指控安妮使用巫术、通奸,还策划要杀害他。任何受到这些指控的人都会被判处死刑。亨利让他的大法官托马斯·克伦威尔(Thomas Cromwell)去收集"证据"。托马斯·克伦威尔是一个富有创造力的人,他收集的关于安妮王后罪行的证据部分来自流言蜚语和密探的报告,其余都是他编造的。亨利现在了解到,安妮据说有四个情人:三个廷臣和一个宫廷乐师马克·斯米顿(Mark Smeaton)。克伦威尔还"发现"安妮与她的弟弟罗克福德(Rochford)勋爵有乱伦行为。

按照都铎时代的惯例,亨利用酷刑来获

> 亨利用酷刑来获取斯米顿的供词。其他人都否认了这些指控,亨利也非常清楚地知道,安妮是被陷害的。

取斯米顿的供词。尽管其他人都否认了这些指控,而且亨利也非常清楚地知道安妮是被陷害的,但他还是很满意。他于1536年5月2日晚下令逮捕安妮。安妮在恐惧中被带到了伦敦塔,她不得不在别人的搀扶下才下了送她到伦敦塔的驳船。当她进入塔内时,她已经歇斯底里,悲哀地抽泣着。5月中旬,她的"情人"们接受了审判,指控他们的证据充满了漏洞。安妮和她的"情人"们可以证明在所谓的通奸行为发生时,他们各处两地。

真理无处可寻

但这并不重要。亨利还是可以凭借捏造的罪名来置她于死地。这虽然是"牵连犯罪",但确实奏效了。四个"情人"都被判定有罪。他们逃脱了对叛徒的惩罚:绞刑、开膛和肢解。但他们于1536年5月17日在陶尔希尔被斩首。同一天下午,安妮与亨利的婚姻被宣布取消。

这幅图片显示的是叛徒之门(Traitor's Gate)里面的景象,这是伦敦塔的一个入口。叛徒之门靠近泰晤士河,囚犯们乘船过河,在通往叛徒之门的台阶处下船。

A BOLINA VXOR- HENR

安妮·博林是亨利八世的第二任妻子，她性格火暴、性感、野心勃勃。她对亨利八世毫不尊重。1533年，她生下一个女儿而不是她一直渴望的儿子。命运背叛了她。

统治行为

有尊严地死去

亨利在安妮被处决前最后一次为她做善事，他下令用剑砍下安妮的头，让她更有尊严地死去，而不是像一般罪犯那样丧命于刀斧之下。1536年5月19日，安妮走出伦敦塔，顺着梯子爬上断头台，一名剑客正在等待她，他把剑巧妙地藏在麦秆下面。

在一位牧师的陪同下，安妮跪下来祈祷。在她生命的最后时刻，她很平静。她摘下了自己的头巾和项链。她的眼睛上绑着一个眼罩。当她再次祈祷时，剑客手起刀落砍下了她的头。她的最后一句话是："圣母玛利亚！为我祈祷吧。主耶稣！接受我的灵魂！"

此后，王室族谱上除去了安妮·博林的名字，王宫的墙上不再挂她的画像。石匠、木匠和女裁缝把带有安妮名字首字母的字样从床单、垫子和其他任何物品上除去。

在这幅插图中，安妮·博林向她的女仆们告别。处决她的人是一名法兰西剑客（最右），他正在后面的行刑台旁等待着。

在审判中，安妮表现得很平静，以保持尊严。她否认了所有针对她的指控，但这对她没有好处。她最终被判定有罪并被判处死刑。她从伦敦塔的房间里看到外面的工人们正在搭建断头台。工人们工作了一整夜，直到第二天早上9点，即5月18日，断头台已经准备就绪。翌日，王后被处决。

在安妮接受审判的同时，亨利正在安排与简的婚礼。在安妮·博林去世当天他们宣布婚约。11天后，即1536年5月30日，亨利与简在白厅宫（Whitehall Palace）举行他们的婚礼，简成为亨利的第三任妻子和王后。这样一来，亨利就有机会得到他非常渴望的儿子。

但是现在，亨利国王已经不再是当年那个英俊的年轻人了。他45岁，比简大了近20岁。他变得很胖，腿上的溃疡令他痛苦不堪，他的脾气比从前更暴躁。但简是一个温顺的妻子，这让亨利感觉好受一些。不过，可能是因为国王年老体衰，简在婚后并没有很快怀孕。直到1537年1月，她才告诉亨利自己怀孕了。

亨利听到消息喜出望外，他确信这次会是个儿子。他猜对了。

欢喜过后是悲痛

1537年10月12日，简生下了爱德华王子。亨利的喜悦难以言表。教堂的钟声响起以示庆祝，篝火熊熊燃烧，伦敦塔上发射了两万发子弹，门上装饰着花环。宴会在英格兰各地举行，足足持续了24个小时。

但有些事出了差错。简在分娩后似乎恢复得很好。但四天后，她就病倒了。很快就可以看出，简得了产褥热。御医们手足无措，他们称简的仆人给她吃了太多有营养的食物。三天后，简变得神志不清。又过了三天，她奄奄一息。简硬撑了一段时间，但还是于1537年10月24日离开了人世。

德国画家汉斯·霍尔拜因于1526年和1532年两次来到英格兰，为知名人士绘制了一系列华丽的肖像画，其中包括这幅画着亨利八世的原版画作。

亨利因悲伤而发狂。他跑到温莎城堡，把自己关起来，不愿见任何人，也不愿和任何人说话。总之，大臣们非常害怕他，一段时间里没有人敢靠近他，特别是不敢向亨利提起第四次婚姻，然而他们已经为亨利策划好了。

责任为先

亨利的大臣们考虑得非常实际。从王室责任的角度来说，亨利并没有通过第二段和第三段婚姻履行国王的义务：以政治利益为目的缔结婚姻。而且，只有一个幼子作为都铎王朝的王位继承人是不够的，因为16世纪的婴儿和儿童都太容易夭折。亨利不得不再次结婚。

但亨利过往的记录很可怕。一个妻子被追踪致死；另一个被处决；第三个妻子简·西摩之所以能活下来，主要是因为她知道对什么事情应该闭口不谈。金雀花家族的幸存者以及托马斯·莫尔等几个行事高调的受害者都被斩首。这位英格兰国王似乎很危险。嫁给他就好像是自取灭亡。

寻找心甘情愿的新娘

欧洲所有合适的姑娘都意识到危险可能会降临到自己头上。其中两个姑娘是法王弗朗西斯一世的女儿，但法王甚至拒绝让她们考虑一下嫁给亨利的想法。另一位法兰西公主——吉斯的玛丽（Mary of Guise），听说亨利一直在追求她之后，匆忙地嫁给了别人——苏格兰国王詹姆斯

亨利八世的第三任王后简·西摩安静、端庄、没有受过教育——这正是他想要的妻子。虽然简本人脸色苍白、相貌平平，但在这幅画像中，简看起来非常漂亮，这幅画凸显了她华丽的长袍和珠宝头饰。

五世（James V）。另一位米兰公爵夫人克里斯蒂娜（Christina）同意嫁给国王，但前提是她有两个脑袋，一个为刽子手准备，另一个才是自己的。

让这些姑娘闻风丧胆的不仅是被羞辱和砍头的风险，年近半百的亨利可不是什么好伴侣。他真正需要的是护士，而不是妻子。他的健康状况很差，脾气比以前更差。他再也不能骑马或者比武，这曾经是他最喜爱的运动。总而言之，他是个残废。

幸运的是，亨利有自己的优势，那就是与英格兰国王结婚还是可以在政治方面得到益处的。在欧洲，信奉新教的小国家正受到来自信奉罗马天主教的大国西班牙和法兰西的威胁。德意志地区的克利夫斯（Cleves）就是这样一个国家。对英格兰来说，克利夫斯公国将是一个可以依靠的盟友，双方可以联手抵抗法兰西和西班牙。执政的克利夫斯公爵约翰三世（John III）有两个未婚的女儿。1538年，约翰公爵同意让大女儿安妮嫁给亨利国王。

噩梦般的新娘

克利夫斯的安妮（Anne of Cleves）长相丑陋，身材消瘦，喋喋不休，她也不太注意个人卫生，这可是个大麻烦。亨利喜欢衣冠楚楚、心地善良、性格隐忍的妻子，他已经受够了那些有自己见解的聪明女人。但亨利的大臣们同意这桩婚事，他们以向亨利撒谎来解决这个问题。大臣们说安妮"有点姿色"，个子很高，但没有提到她身材消瘦。为了证明这一点，他们委托著名画家汉斯·霍尔拜因（Hans Holbein）为安妮画了一幅肖像，画中显示她是一位身材矮胖的年轻女子，双眼深邃，但这并不是画的全部。这幅画用大量笔墨描绘了安妮装饰有宝石的长裙和头饰。

亨利为之倾倒，很快就疯狂地爱上了安妮，并要求尽快见到她。

令人失望的约会

亨利和安妮的约会是一场灾难。1539年12月26日，安妮和她的随行人员到达肯特郡的迪尔（Deal）。随后，她立即动身前往伦敦，四天后抵达。知道他心爱的姑娘来了，亨利万分紧张，赶忙去迎接。然而，他没有看到心目中的美丽新娘，反而吃了一惊。因为安妮衣着邋遢，笨手笨脚，全身上下散发出难闻的气味。这让亨利很反感。亨利恼羞成怒，不停地推拒道："我不喜欢她，我真的不喜欢她。"

克伦威尔勇敢接受惩罚

亨利召见他的大臣托马斯·克伦威尔，是他安排了这场婚姻。国王发起脾气来，对出身卑微的克伦威尔又是一顿鞭笞。人们经常看到克伦威尔在与亨利会面后，跟跟跄跄地走出来，衣服凌乱，头发歪斜，一侧被打得鼻青眼肿，更经常的是两侧都这样。讨论安妮的时候，亨利暴跳如雷，但克伦威尔沉着冷静。因为与克利夫斯的联盟很重要，他设法让国王明白自己是在全心全意地促成这场婚姻。亨利不是傻瓜，他也明白联盟的重要性。所以他咬紧牙关，于1540年1月6日迎娶了相貌丑陋、散发臭味的新娘。

然而，国王还是在努力想办法。他让律师寻找婚姻合同中的漏洞。但是，事实证明这份合同无懈可击。接下来，亨利想到安妮嫁给他时并不是处女——如果她曾经和其他男人在一起，这段婚姻就是无效的。

地狱中的婚姻

亨利其实非常清楚地知道安妮是个处女。但他拒绝与安妮同床共枕，对她置之不理。可怜的安妮不会说英语，对"生活的事实"一无所知。宫廷里流传着关于处女新娘不知道如何与国王共赴云雨之欢的笑话。但安妮很快就知道，她没能让国王满意。加冕仪式原定于1540年2月举行，但亨利没有给出任何理由就取消了。

然后，安妮的女仆们向她解释了丈夫和妻子在一起时应该做什么。安妮方才意识到，她和亨利永远不会尽夫妻之实。最后，她恍然大悟，亨利正在努力摆脱她。而且，众所周知，亨利八世摆脱妻子后，通常会把她们送进坟墓。

愚蠢但诱人

亨利开始频频关注安妮的一名侍女，这给安妮敲响了警钟。凯瑟琳·霍华德

与霍尔拜因此前的作品相比，这幅肖像画中，凯瑟琳·霍华德已是人老珠黄。凯瑟琳在婚后两年内就断送了自己的性命，她的命运和安妮·博林一样——遭到处决。

凯瑟琳·霍华德是安妮·博林的表妹，15岁左右就生得非常漂亮，她知道如何取悦男人，从12岁起就至少有两个情人。

（Catherine Howard）是安妮·博林的表妹，15岁左右就生得非常漂亮，她知道如何取悦男人，从12岁起就至少有两个情人。虽然她不识字，而且只沉醉在自己的欢乐之中，但凯瑟琳的样子很可爱，她年轻有活力、爱卖弄风情、浅薄无知。亨利对凯瑟琳·霍华德很满意。

安妮似乎并不嫉妒，反而感到非常害怕。亨利开始抱怨安妮"变得任性和固执"。托马斯·克伦威尔也很害怕，他不得不告诉安妮不要与国王作对，否则他们俩都会遭殃。

克伦威尔是第一个遭殃的人。在亨利与安妮结婚6个月后,克伦威尔面对亨利的困境无动于衷。1540年夏,亨利耗尽了耐心,于是朝克伦威尔释放怒意。1540年6月10日,克伦威尔被逮捕并押送到伦敦塔。同一天,他被指控犯有叛国和信奉异教罪。这是一个莫须有的罪名,但为了陷害克伦威尔,亨利对此事追究到底。7月28日,克伦威尔在陶尔希尔被处决。

这份日期为1540年7月9日的文件说明了亨利与克利夫斯的安妮两人婚姻被取消的情况。亨利未能与安妮完婚,但他后来很喜欢安妮,离婚后经常去看她。

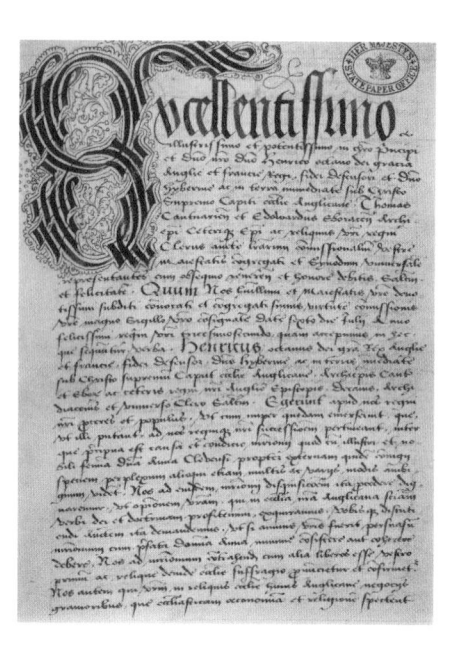

1542年,凯瑟琳·霍华德被指控通奸并被斩首,她当时还不到17岁。这幅插图显示出,凯瑟琳衣着豪华地被驳船押往伦敦塔监禁。

王室形象

安妮最后的快乐

离婚后的安妮仍然留在不列颠。亨利每年给她4000英镑,这在当时是一笔巨款。他还送给安妮两座庄园和一座属于她自己的城堡。这对安妮来说是一个美好的结局;她人生中第一次获得了财富和独立。最重要的是,她摆脱了危险。

在接下来的17年里,直到她1557年去世,安妮过着女庄园主奢华的生活。她为朋友们举办盛大的宴会,每天从巨大的新衣柜中挑选不同的礼服,尽情享受着每一分每一秒。

霍尔拜因为朴素的克利夫斯的安妮画了一幅肖像,目的是让亨利相信她的"美貌"。这幅画十分成功,直到国王见到安妮本人。

亨利已经开始设法结束他那令人讨厌的第四次婚姻。他把安妮送到里士满宫,承诺两天后与她会合,但他从此再也没有出现。与此同时,他还在追求凯瑟琳·霍华德。每天晚上,人们都能看到国王乘坐驳船沿着泰晤士河驶向兰贝斯(Lambeth)——凯瑟琳住在那里。

在里士满,安妮变得越来越焦躁不安。1540年7月6日,亨利的大臣们来询问她是否同意离婚时,安妮如释重负地松了一口气。安妮担心情况会更糟,所以她迫不及待地选择了离婚。三天后,她与亨利的婚姻宣告结束。

1540年7月28日,亨利八世与安妮离婚后不到三周,就同凯瑟琳·霍华德结婚。亨利以为自己终于获得了幸福,但他错了,因为他在一开始就没有看清凯瑟琳。凯瑟琳·霍华德是个只知道一味玩乐的女郎,总是在寻找刺激,且毫不在意如何得到这种刺激。在与亨利结婚之前，凯瑟琳就已经失去了处女之身，在勾引这位年老多病的国王时，凯瑟琳的世俗脾性让她占据有利地位。

凯瑟琳假装无视亨利肥胖的身躯，他的腰围有54英寸（约1.4米）。她还忽略了他腿上的溃疡渗液。亨利过去可以整晚跳舞，整天骑马，而他现在几乎不能走路。凯瑟琳也没有在意这一点。相反，她奉承他，迎合亨利的虚荣心。亨利被凯瑟琳迷住了。他在公众场合大出风头，不管谁在看，都要亲吻和抚摸她。他称凯瑟琳是那"无刺的玫瑰"，对她宠爱有加，给她送上丰厚的礼物。1541年，亨利向她赠送了珠宝，包括52颗钻石、756颗珍珠和18颗红宝石，更不用说还有毛皮、天鹅绒、锦缎和其他装饰品。

亨利喜欢向凯瑟琳炫耀。1541年7月，亨利带着她在不列颠东部和北部各郡"巡游"，或者说是旅行，但凯瑟琳受到了惊吓。当他们"巡游"到达约克郡的庞蒂弗拉克特时，她以前的情人之一弗朗西斯·德勒姆（Francis Dereham）出现了。德勒姆对凯瑟琳了如指掌，凯瑟琳不想亨利国王发现自己的秘密，所以她不得不答应德勒姆的要求，招他进宫。1541年8月27日，德勒姆成为凯瑟琳的私人秘书。

凯瑟琳以为这下德勒姆满意了，但她错了。弗朗西斯·德勒姆是那种管不住自己嘴巴的纨绔子弟。德勒姆开始吹嘘自己比亨利国王先认识凯瑟琳，每个人都明白他所说的"认识"是什么意思。凯瑟琳过去的所作所为迟早会暴露。

盲目的爱

而这一刻来得太早。1541年10月，坎特伯雷大主教托马斯·克朗默（Thomas Cranmer）收到了关于凯瑟琳婚前生活具体情况的消息。这些消息来自曾在诺福克郡与凯瑟琳生活在一起的一个仆人。克朗默决定调查此事，他与消息传递者倾心交谈，知道了一切。

听到凯瑟琳与弗朗西斯·德勒姆性交的过程，克朗默脸色大变。他听说凯瑟琳的另一个情人——音乐家亨利·马诺克斯（Henry Manox）吹嘘说他知道凯瑟琳身上有一个印记，除了她丈夫，其他男人没权看。克朗默把马诺克斯说的事告诉了亨利国王，国王一个字都不信。他说，这只是邪恶的流言蜚语。但以防万一，国王要求克朗默继续调查。与此同时，亨利命令凯瑟琳留在她的房间。他确信，这些传言

统治行为

心上人的悲惨结局

凯瑟琳没有得到审判,因为如果亨利审判凯瑟琳,他自己的愚蠢行为也会在法庭上暴露。亨利看起来就像一个老傻瓜,对阴险荡妇的诡计信以为真。然而,1542年1月16日,议会指控凯瑟琳,判她有罪并处以死刑。

在恐惧之中,凯瑟琳瘫倒在地。卫兵来押送她去伦敦塔,她拒绝前往,挣扎着被抬上驳船,然后沿着泰晤士河到达阴森可怕的监狱。驳船靠岸时,凯瑟琳已经处于崩溃的边缘。

三天后,即1542年2月13日,她被带到了格林塔。她几乎无法行走。不知道刽子手用了什么方法,才把她的头架在垫头木上,然后迅速砍下她的头。

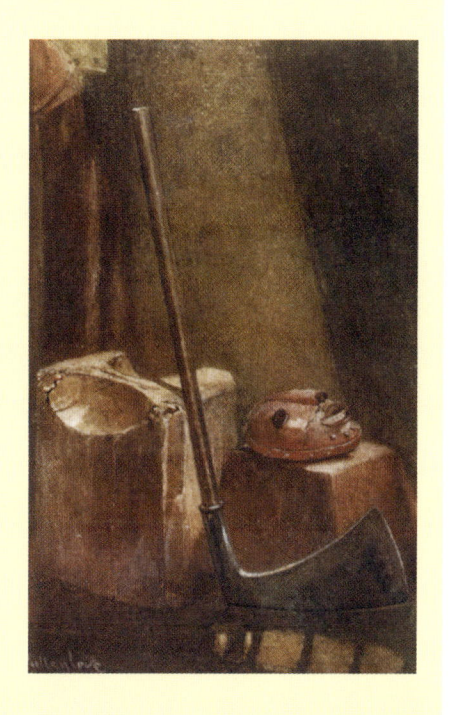

斧头通常用于斩首,1542年凯瑟琳·霍华德就丧命于刀斧之下。

都是假的。

但事实并非如此。克朗默的进一步调查证实了他之前所了解的一切。亨利受到了极大的打击。他坐在议事厅的宝座上,当众哭泣。他把自己关在位于萨里郡奥特兰兹(Oatlands)的宫殿里。他为自己破碎的幸福而悲痛欲绝。

凯瑟琳被指控"行为不端",她歇斯底里,号啕大哭,猛烈地挥舞手脚,她的侍从们担心她会自杀。平静下来后,凯瑟琳意识到她只能祈求亨利原谅她,除此以外,没有其他希望。

凯瑟琳等待着，直到亨利在去做祷告的路上经过她的住处附近。她冲过卫兵，向国王跑去，但凯瑟琳无法接近他。还没等凯瑟琳和亨利说话，卫兵们就把她抓住。凯瑟琳尖叫着、挣扎着被带回住处，再也没有见过亨利。

为了得到证据，克朗默无情地盘问凯瑟琳和她的情人们，但他并没有从凯瑟琳那里得到多少信息。每当克朗默试图盘问她时，凯瑟琳就痛哭流涕，歇斯底里。然而，她确实提到在婚前认识的另一个男人——托马斯·卡尔佩珀（Thomas Culpepper），他还在亨利的宫廷里，是国王枢密院（Privy Chamber）的一名绅士。卡尔佩珀立即被逮捕，从他的房间里搜查出凯瑟琳写给他的一封情书。

克兰默在寻找新的证据。他盘问凯瑟琳的侍从之一罗克福德夫人，她透露出所有关于凯瑟琳和卡尔佩珀恋情的细节。罗克福德夫人称这对情人在庞蒂弗拉克特和其他地方享受云雨之欢时，她在卧室门外盯梢。婚前发生性行为已经是道德败坏，在庞蒂弗拉克特与情人发生性关系意味着凯瑟琳犯了通奸罪，她只有死路一条。

1541年12月10日，托马斯·卡尔佩珀和弗朗西斯·德勒姆被处决。之后，他们的头颅被插在伦敦桥的长矛上。凯瑟琳王后则在两个月后被处决。

终于迎来持久的爱情

亨利国王好不容易得到了教训。他再也不会和年轻女孩结婚来寻找幸福。1543年，他与凯瑟琳·帕尔（Catherine Parr）走进婚姻的殿堂，这次他的选择很明智。凯瑟琳·帕尔是个成熟的女人，有过两任丈夫。1543年她31岁，比亨利小20多岁。她头脑冷静，讨人喜

这幅精美的肖像画描绘的是亨利的第六位也是最后一位妻子凯瑟琳·帕尔，她于1543年嫁给亨利。这幅画是根据汉斯·霍尔拜因的画作创作的，同年霍尔拜因在伦敦流行的鼠疫中去世。

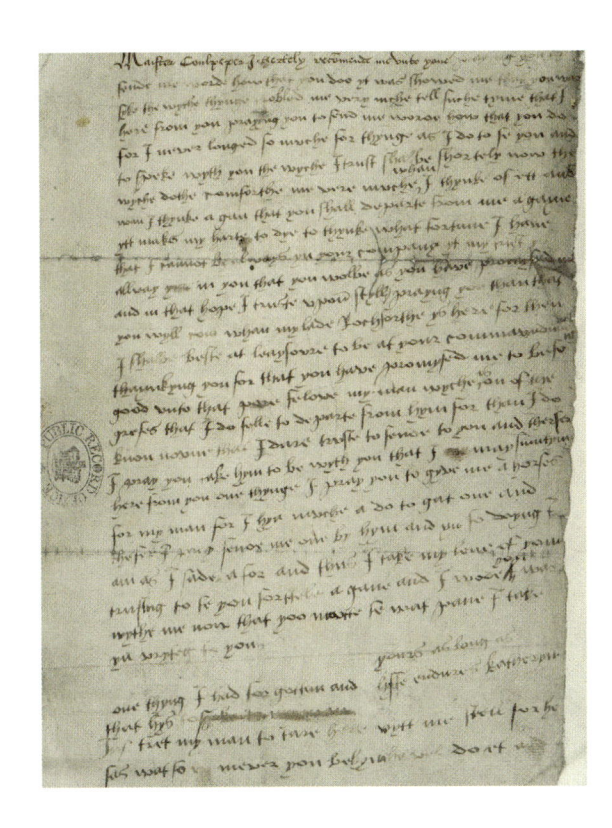

这封信由凯瑟琳·霍华德写给托马斯·卡尔佩珀。因为她几乎是文盲,这封信可能是口述的,信的内容奔放而又深情。在她被指控犯有通奸罪时,这封信成了对她不利的重要证据。

欢,心地善良。1543年7月12日,亨利第六次也是最后一次结婚。在接下来的四年里,凯瑟琳·帕尔为国王和三个孩子营造了一个幸福的家。这是他们之前都不曾想到的事。

夫妻俩在一起只相处了四年。1546年年底,亨利国王的健康状况堪忧,连走路都很艰难。他不得不通过机械滑轮上下楼梯。亨利已经奄奄一息。

逝去,但从未被遗忘

亨利躺在病床上,凯瑟琳一直陪伴着他。国王与阿拉贡的凯瑟琳所生的女儿玛丽公主也在一旁守候。两人都非常伤心,于是亨利让他们离开。对凯瑟琳来说,离开是对的,因为亨利国王在临终前呼唤的不是她的名字,而是简·西摩,亨利曾经爱过简·西摩,但十年前失去了她。亨利国王于1547年1月28日与世长辞,之后被埋葬在温莎的圣乔治小教堂,与简相邻。

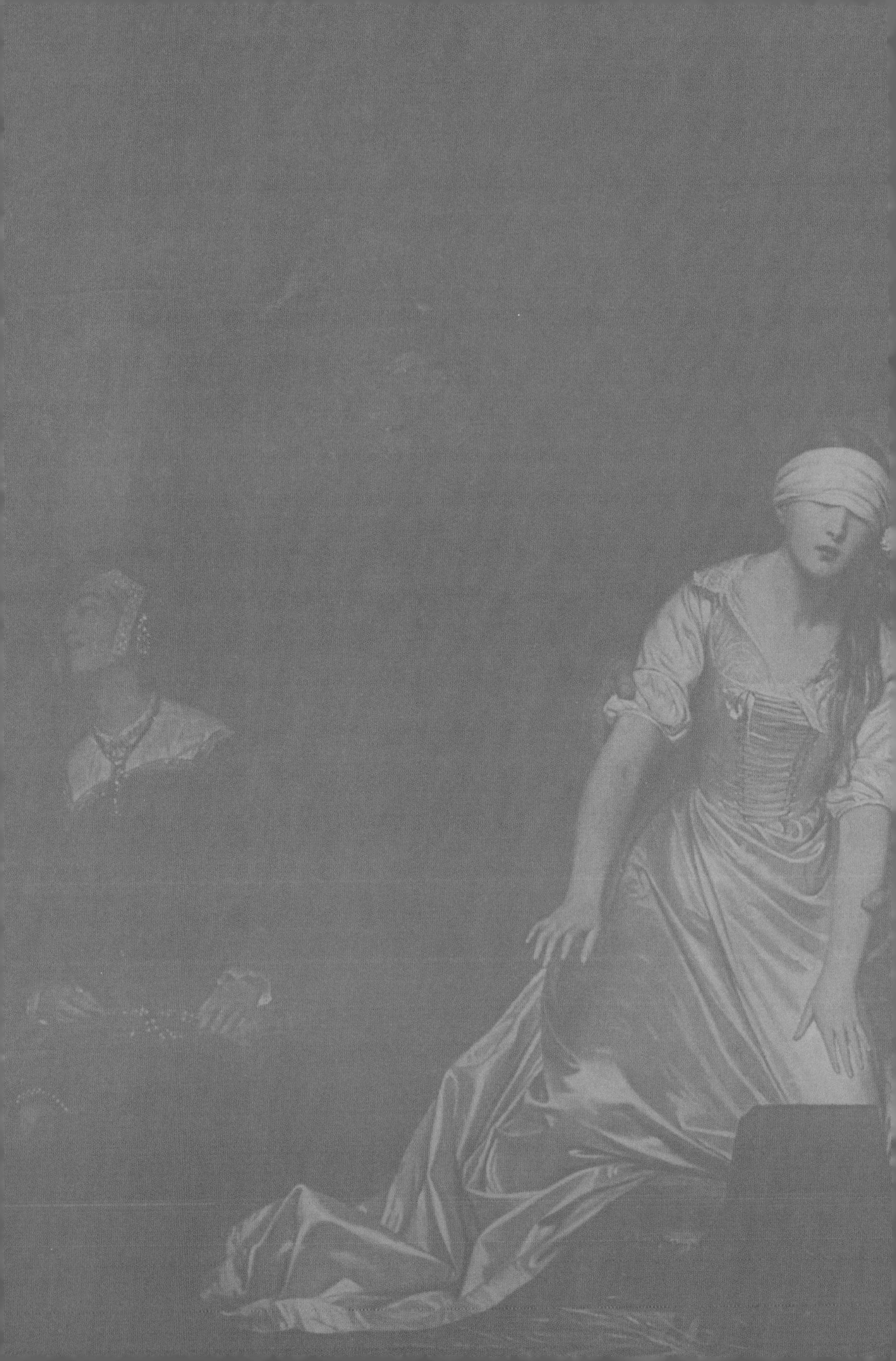

第八章
都铎王朝
第三部分

动乱、惊恐和致命疾病

这幅画描绘了悲惨的简·格雷（Jane Grey）女士被处决时的情景，她是1553年英格兰王位继承阴谋的受害者。

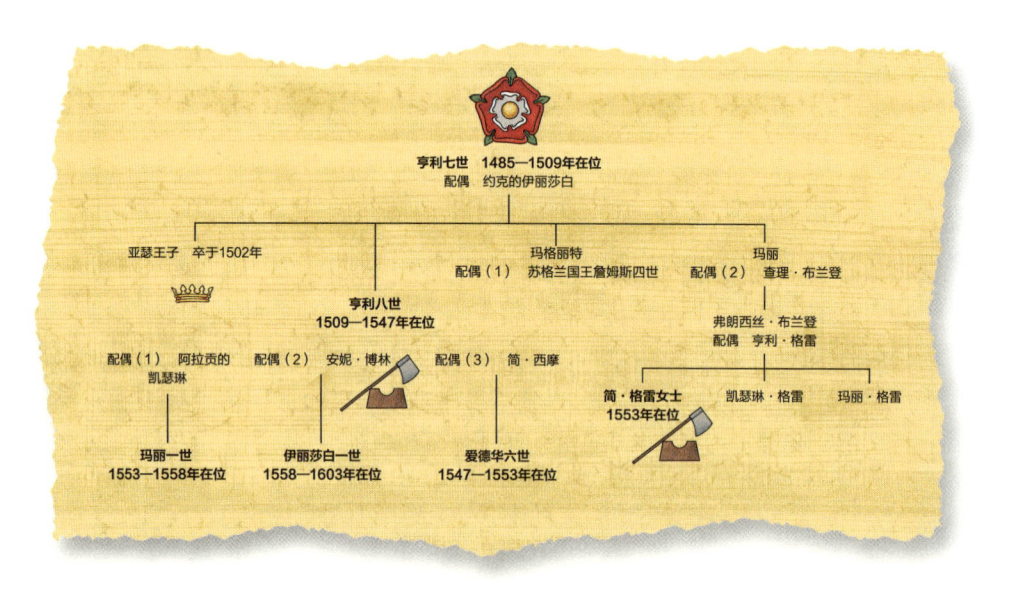

```
                         亨利七世  1485—1509年在位
                         配偶 约克的伊丽莎白

   亚瑟王子 卒于1502年      玛格丽特                    玛丽
                      配偶（1）苏格兰国王詹姆斯四世    配偶（2）查理·布兰登
           亨利八世
           1509—1547年在位                        弗朗西丝·布兰登
                                                配偶 亨利·格雷

配偶（1）    配偶（2）      配偶（3）
阿拉贡的    安妮·博林      简·西摩      简·格雷女士    凯瑟琳·格雷   玛丽·格雷
凯瑟琳                              1553年在位

玛丽一世      伊丽莎白一世      爱德华六世
1553—1558年在位  1558—1603年在位  1547—1553年在位
```

新国王爱德华六世是个9岁的男孩。他的继承人是他同父异母的姐姐玛丽和伊丽莎白。31岁的玛丽是阿拉贡的凯瑟琳的女儿，14岁的伊丽莎白则是安妮·博林的女儿。

这正是亨利八世想要避免的情况。为了能有一个儿子继承他的王位，他毁掉了自己的两任妻子。现在，都铎王朝的王位掌握在一个男孩、一个女人和一个女孩的手中。亨利前两次混乱的婚姻已经影响到了他的两个女儿，虽然这种影响目前还不明显。

遭受痛苦的公主们

玛丽公主曾经是一个聪明、美丽的孩子，深受父亲的宠爱。但父亲与母亲的斗争给她带来了严重的伤害。亨利去世时，玛丽31岁，她精神上受到了很大的创伤。缺少家庭关爱的她非常渴望爱情。当时，罗马天主教在英格兰已被取缔，但玛丽仍然是一个虔诚的天主教徒，而这导致了可怕的错误和玛丽悲伤、孤独的结局。

伊丽莎白公主本会走上和玛丽相同的道路。但多年的混乱使她变得坚韧而不是软弱。13岁的她非常精明，也非常警觉。当她父亲杀死她母亲时，她还不到3岁。伊丽莎白9岁时，她曾经的好友凯瑟琳·霍华德被斩首。此后，伊丽莎白开始相信，婚姻是危险的，男人是危险的。这种恐惧感将影响伊丽莎白的余生。

阴谋者"保护"小国王

国王爱德华六世也面临难题，他太年轻了，不能独自统治英格兰，需要护国公来协助。这让两个野心勃勃的人有机会抓住他们梦寐以求的权力。这两个人是爱德华六世的舅舅：爱德华·西摩（Edward Seymour）和托马斯·西摩（Thomas Seymour）。

爱德华·西摩速战速决。亨利八世去世后两天，他就任命亲信担任王室委员会成员。然后，在他们的帮助下，爱德华·西摩宣布自己为英格兰护国公。接下来，西摩授予自己一个尊贵的头衔——萨默塞特公爵。

与此同时，西摩的弟弟托马斯正在谋划自己的权力之路。他想要走后门，如果他能与王室攀上关系，他将获得财富，并在政府中享有发言权。

托马斯·西摩有三种方式与王室结盟——他可以娶玛丽公主、伊丽莎白公主或亨利八世的遗孀凯瑟琳·帕尔。但玛丽和伊丽莎白断然拒绝了他。因为她们是公主，与托马

爱德华·西摩速战速决。亨利八世去世后两天，他就任命亲信担任王室委员会成员。

霍尔拜因创作的另一幅都铎家族画像，爱德华六世的画像。他在1547年继承了父亲亨利八世的王位。都铎家族的血统有问题——爱德华是家族里第三个早逝的男孩，年仅15岁就离开了人世。

斯·西摩这样的后起之秀结婚会有损她们的王室尊严。因此，托马斯的目光聚焦在凯瑟琳·帕尔身上。事实上，在凯瑟琳·帕尔嫁给亨利国王之前，她已经和托马斯订婚了。现在托马斯又把凯瑟琳吸引住了。两人于1547年5月秘密结婚。托马斯·西摩取得了初步成功。

婚后，西摩依旧拈花惹草。西摩特别爱慕伊丽莎白，经常穿着暴露地去她的卧室。他与伊丽莎白经常玩一些带有挑逗意味的游戏。西摩并没有试图掩盖他的所作所为。在宫廷里，他对伊丽莎白非常关注，以至于让怀孕的凯瑟琳心生嫉妒。

可怜的凯瑟琳在1548年9月5日死于分娩。托马斯与王室宝贵的关系也随之不复存在，这让他变得很绝望。1549年1月的一个晚上，人们在爱德华国王的卧室外发现了他，他手里拿着一把冒烟的手枪。小国王的宠物狗死在他的脚下。唯一合理的解释是托马斯想杀死国王。

护国公爱德华·西摩从来不相信他那阴险的弟弟，现在除掉他的机会来了。托马斯被指控犯有叛国罪，他的哥哥一声令下，托马斯于1549年3月20日被处决。

兄弟形同陌路

爱德华·西摩给自己树立了很多敌人。他因在1547年夺取权力而受到憎恨。他的敌人中最致命的是沃里克伯爵约翰·达德利（John Dudley）。达德利是个冷静的家伙。他很狡猾，很聪明，比爱德华·西摩更无情。他一直以来都在策划推翻护国公西摩。1549年10月6日，他展开了行动。

达德利带着一支小规模的武装军队来到了泰晤士河附近的汉普顿宫。当时，爱德华国王和西摩也在那里。护国公把小国王推上一艘驳船，命令船夫顺流而下，快速划向温莎。爱德华国王安全到达。西摩知道自己的厄运将至。八天后，他自首并被关进伦敦塔。

随后，西摩被指控挪用公款和非法夺取权力。他被处以罚款，且不再担任护国公。达德利将他释放，允许他多活一段时间，因为达德利知道这位前护国公迟早会失手，可能会被指控犯有更严重的罪行，足以让他被判处死刑。

1552年，达德利如愿以偿。信奉天主教的玛丽公主拒绝与新教教堂仪式有任何关系。王室委员会试图打压她，但她不愿屈服。爱德华·西摩对玛丽有好感并支

持她。就这样，约翰·达德利抓住机会，谴责西摩想在英格兰恢复罗马天主教会。为了支持这一点，他指控西摩密谋反对王室委员会。

这一指控带来了致命的伤害。西摩被认定有罪并被判处死刑。爱德华国王大为震惊。他恳求达德利放西摩一条生路。达德利没有理会国王的请求，爱德华·西摩于1552年1月22日被处决。

诺森伯兰公爵约翰·达德利，密谋取代合法的王位继承人玛丽公主。他的阴谋最终导致了灾难。他自己、他的儿子吉尔福德·达德利和他的妻子简·格雷女士都被处决了。

英格兰濒临破产

西摩兄弟两人都被处决了，约翰·达德利就可以为所欲为了。他授予自己和支持者头衔。他成了诺森伯兰公爵。达德利和他的亲信掠夺了修道院和大学图书馆的财富。他们每年掠夺的王室财产高达3万英镑，多得惊人。在他们掠夺完后，英格兰几乎破产了。

与此同时，14岁的爱德华国王感到压力重重。西摩兄弟对他施加压力，但约翰·达德利更恶毒，他是一个彻头彻尾的野蛮人，像对待木偶一样对待小国王，无情地欺负他，毫不留情地胁迫他。他还不断纠缠爱德华国王，强迫他签署文件和法令。爱德华在任何事情上都没有发言权，而达德利大权在握。

1553年1月底，爱德华得了重病。他发高烧，肺部充血，几乎无法呼吸。玛丽

简·西摩的兄弟爱德华·西摩成为护国公以辅佐她的儿子——爱德华六世。但冷酷无情、野心勃勃的约翰·达德利要比爱德华·西摩技高一筹。爱德华·西摩被指控犯有叛国罪,于1552年被押送到伦敦塔并被处决。

公主来探望他时，爱德华都没有认出她。15岁的爱德华显然已经奄奄一息。约翰·达德利警惕起来。如果爱德华离世，信奉天主教的玛丽将成为女王，而这意味着达德利会丧失现有的权力。达德利不打算让这种情况发生。

迅速结婚以促成阴谋

为抓住权力，达德利策划了邪恶的阴谋。他安排了三桩婚事。简·格雷女士、凯瑟琳和玛丽姐妹是都铎王朝成员，是亨利八世的妹妹玛丽的后裔。简·格雷在这三人中位高权重。达德利让简·格雷嫁给自己的儿子吉尔福德·达德利（Guildford Dudley），凯瑟琳和玛丽嫁给有权有势的贵族，这些贵族都是达德利的盟友。事成之后，达德利去找爱德华国王，威逼他同意如果玛丽公主成为女王，那将是英格兰的一场灾难的说法。可怜的爱德华疾病缠身，无力抵抗。在达德利的命令下，小国王更改了王位继承者。现在，他的继承人是简·格雷女士。

但达德利对爱德华的折磨尚未结束。小国王的样子非常可怕，他看起来像一具骷髅。他的肺部已经被肺结核侵蚀了，身体上到处都是脓疮。达德利决定让小国王活下来。他叫来一个庸医，给爱德华服用了砷，这种极端的治疗方法能让小国王再存活一段时间。达德利认为，这段时间刚好可以用来诱

这是1554年处决简·格雷女士的死刑令。诺森伯兰公爵的阴谋失败后，玛丽女王对是否处决格雷女士有所顾虑，但发生了反对玛丽与西班牙腓力结婚的暴乱，这意味着玛丽必须处决简·格雷以绝后患。

骗玛丽和伊丽莎白。他邀请两人到伦敦的格林尼治（Greenwich）去看望她们垂死的弟弟。

伊丽莎白立即意识到这是一个陷阱，拒绝一同前往。她的猜想是正确的，达德利打算囚禁她和玛丽。玛丽就不那么精明了，她出发去了伦敦。但当她到达离首都还有25英里（约40千米）的霍德斯顿（Hoddesdon）时，她收到警告，告诉她达德利不怀好意。玛丽逃到了她在诺福克的寓所肯宁厅（Kenninghall）。那里距离伦敦85英里（约137千米），更加安全。

伊丽莎白和玛丽的逃跑挫败了达德利的计划，但他对此也无能为力。1553年7月6日深夜，爱德华六世去世。临终时，他已经虚弱得无法说话，甚至无法咳嗽。

臣民忠于玛丽

约翰·达德利陷入困境。在诺福克，贵族们在军队的护送下，赶来支持玛丽公主。很快，玛丽的军队壮大到3万人。1553年7月9日，达德利宣布简·格雷女士成为女王，但支持玛丽的人数在不断增加。

玛丽在弗拉姆林汉（Framlingham）的要塞受到保护。达德利从伦敦出发去抓捕她。达德利离开后，他的支持者们变得非常害怕，他们把自己关在伦敦塔里。简·格雷女士和她的丈夫也在里面。

"女王万岁！"

在向弗拉姆林汉进军的过程中，达德利的境况越来越糟。他的部队开始有人逃跑。他听说伦敦市民已经宣布支持玛丽，而他自己成了反叛者，达德利意识到自己的计划无望实现。一夜之间，他的权力消失了。达德利把帽子抛向空中，歇斯底里地喊道："玛丽女王万岁！"说这话时，泪水顺着他的脸颊流了下来。玛丽成为女王，是英格兰历史上第一位掌权的女王。

约翰·达德利于1553年7月21日被捕，被指控犯有叛国罪。在4000名士兵的看守下，

约翰·达德利于7月21日被捕，被指控犯有叛国罪。在4000名士兵的看守下，他被押送回伦敦。

虽然玛丽一世后来获得了"血腥玛丽"的绰号，但作为英格兰有史以来第一位掌权的女王，她一开始表现得非常仁慈：赦免关押在伦敦塔中的五名囚犯。

他被押送回伦敦。英格兰人民已经开始憎恨达德利。一路上，人们在他前往首都的路上排队等候，嘲笑他、咒骂他，还朝他投掷石块，人们挥舞着拳头，高声辱骂。到达伦敦后，达德利被关进伦敦塔。

玛丽获胜

与此同时，1553年8月3日，玛丽女王入驻伦敦，一路高唱凯歌。人们聚集在一起为她欢呼。有些人喜极而泣，欢呼声震耳欲聋。英格兰的任何一位君主都没得到过如此热烈的欢迎。

玛丽当天精心挑选了衣服。她的长袍是象征王室的紫色，脖子上戴满了珠宝，甚至她的马也用金丝织布装饰。但她已经37岁了，看起来甚至更老。她所有的苦难现在都显现在她那苍白又有皱纹的脸上。玛丽不是一个残忍的女人，她试图看到每个人的优点，非常宽容。但她无法忘记在父亲和弟弟统治时期自己所承受的一切。

欢呼雀跃的伦敦人很快就会发现,玛丽女王会在统治期间复仇,而这次受害的将会是她的臣民。

女王心善

玛丽一世非常高兴。她以广施仁慈的做法来开启自己的统治,这是典型的做法。她赦免了伦敦塔中的五名囚犯。玛丽的大臣们期望她能惩罚那些试图骗取她王位的阴谋家,但他们的期望最后落空,女王几乎赦免了所有犯人。1553年8月22日,约翰·达德利和他的两个亲信被处决。

怀亚特起义对伦敦人来说是一次可怕的经历。这次起义是为了抗议玛丽女王和西班牙的腓力联姻。图中怀亚特的军队正在集结,准备向被围困的伦敦进攻。

但是，如何处理只在位九天的"女王"简·格雷女士呢？又该怎样处置她的丈夫吉尔福德·达德利呢？人们期待夫妻两人很快也会被斩首。但玛丽并没有处决他们，仍把他们囚禁在伦敦塔中。

玛丽的主要目的是让英格兰恢复罗马天主教会的统治。不幸的是，她不了解自己的臣民是坚定的新教徒。他们不希望与天主教徒或教皇有任何关系。而这就是女王和臣民之间发生重大冲突的导火索。玛丽的婚姻计划泄露后，冲突变得更加严重，因为玛丽准备与西班牙国王查理的儿子腓力结婚，他是一个天主教徒，而且是外国人。

玛丽并不能像她想象的那样可以自由选择伴侣。所谓的"西班牙婚姻"遭到了强烈的反对。议会反对这场婚姻，玛丽的大臣也表示反对，英格兰新教教会的主教们也不赞成。最重要的是，民众也反对。但愚蠢的玛丽女王无视他们。1553年10月29日，她宣布与腓力订婚。她说，她将"永不改变"，"而且是完全爱他……"

恐慌蔓延

恐慌的浪潮在英格兰蔓延。可怕的消息迅速传开：一支8000人的西班牙军队正在向英格兰进军，西班牙人试图占领伦敦塔、英格兰海军的船只和英格兰港口。

当然，所有故事都是假的。但是，全国上下都在策划起义。起义的领导人物是托马斯·怀亚特（Thomas Wyatt）爵士，起义军准备进军伦敦。怀亚特计划到了伦敦就用武力来逼迫玛丽女王放弃"西班牙婚姻"。

1554年1月25日，怀亚特和支持者动身前往伦敦。伦敦局势混乱。进城的每个大门都有人监视。玛丽女王下令摧毁泰晤士河上的所有桥梁。士兵们把守着街道，律师、教士和商人在长袍里面穿上锁子甲来保护自己。

唯一没有惊慌失措的是玛丽女王本人。她拒绝离开伦敦。她告诉伦敦人："优秀的臣民们，振作起来，像真正的男人一样，坚定反抗……我们的敌人，不要害怕他们，因为我向你们保证，我一点儿都不怕！"

女王的话暂时提振了伦敦人的信心，但恐慌很快又回来了。按照玛丽的命令，桥梁已被摧毁。但在1554年2月6日晚上，托马斯·怀亚特游过了冰冷的泰晤士河。他找到了一条船作为浮动平台，修复了其中一座桥。

统治行为

无辜者之死

玛丽曾希望留简·格雷女士和吉尔福德·达德利一条生路。但是，女王不再心软。怀亚特投降一天之后，女王就签署了两人的死刑令。1554年2月12日，吉尔福德·达德利首先被处决。

后来，一位编年史家写道："达德利的尸体被扔进马车里，他的头用布包起来，之后被拉到伦敦塔里的小教堂，在那里，格雷女士……亲眼看见达德利的尸体从马车里被抬出来……"

17岁的简·格雷女士带着尊严勇敢地死去。编年史家继续写道："她把……手套和手帕，还有她的书给了她的侍女……她解开长袍。刽子手走到她身边帮助她……递给她一块漂亮的手帕蒙住眼睛。

"格雷女士碰到了垫头木，她说：'我要做什么？这是哪里？'其中一个侍从引导她，她把头放在垫头木上，舒展身体，说道：'主啊，我把灵魂交到你手里！'之后就被处决了。"

这幅插图是想象简·格雷女士被处决的情景。通常情况下，斧头砍向罪犯颈部的后方，而不是侧方。

伦敦市中心的激战

之后，大约7000名叛乱者又一次在伦敦游行示威。1554年2月17日，示威者到达了伦敦城门口。在那里，10000名士兵和1500名骑兵严阵以待，重型大炮整装待发。

随着反叛者一步步逼近，士兵们的队形散开了。怀亚特率领的400人组成的先头部队冲上前去。但这是一个陷阱，怀亚特身后的敌军迅速合拢。现在，怀亚特不得不在伦敦的街道上进行战斗，只有一小部分人可以帮助他。起初，他没有遇到抵抗。但当他到达查令十字街（Charing Cross）时，他遇到了女王卫队。但女王卫队并没有同怀亚特作战。为了安全起见，他们跑到附近的白厅宫。怀亚特和他的部队紧随其后，他们朝宫殿的窗户连续放箭。

宫殿内的玛丽女王听到了打斗的声音，女王的其中一位高级指挥官——爱德华·库尔特尼（Edward Courtenay）吓得浑身颤抖。

女王轻蔑地对他说："那你跪下祈祷吧。我敢说，我们不久就会听到好消息。"

捷报很快传来。玛丽的一支骑兵部队袭击了怀亚特和他的士兵。很快，怀亚特的士兵就被杀害。街道上满是鲜血。最后，只有为数不多的几个人存活下来，托马斯·怀亚特投降了。

尽管玛丽很勇猛，但怀亚特领导的起义还是让她深受震撼。她意识到自己不能再这样慈悲下去。这次玛丽没有赦免叛乱者。

现如今，伦敦塔不再是一个恐怖和死亡之地，而是伦敦最受欢迎的旅游景点之一。曾经有很多人被斩首的断头台矗立的地方被标记出来，供游客参观。

尽管玛丽很勇猛，但怀亚特领导的起义还是让她深受震撼。她意识到自己不能再这样慈悲下去。这次玛丽没有赦免叛乱者。近200名叛乱者被处决。伦敦一日就有46名罪犯被绞死。简·格雷女士和吉尔福德·达德利也很快被处决。

不幸的格雷女士难免一死，但她却是无辜的受害者。而玛丽女王同父异母的妹妹——伊丽莎白公主的情况可就不是这样了，至少玛丽不这样认为。伊丽莎白拒绝和玛丽联络让玛丽心生怀疑。伊丽莎白从不去宫廷，也不参加天主教弥撒。玛丽相信伊丽莎白和托马斯·怀亚特以及叛乱者是同谋。

玛丽一世年轻时性感妩媚，但是懊恼、沮丧还有失败的婚姻让她充满怨恨，和上任之前相比，玛丽看起来十分苍老。她特别喜欢珠宝、精美的织锦，还有精致的蕾丝飞边和衣领。

伊丽莎白深得民心

1554年3月17日，伊丽莎白被捕并被押往伦敦塔。但她声称自己对怀亚特的起义毫不知情。因为没有发现指控伊丽莎白的确凿证据，两个月后，伊丽莎白被释放。她在看管下乘驳船离开伦敦塔，之后被关押在牛津郡伍德斯托克镇（Woodstock）的一所小屋内。

玛丽一世看到伊丽莎白深得民心十分吃惊。一路上，人们在河两岸列队，大声欢呼。教堂的钟声响起，礼炮齐放表示庆贺。妇女们专门为伊丽莎白烘焙了蛋糕。没多久，驳船上就高高地堆满了礼物。

与此同时，怀亚特起义的领导者被施以重罚。其中一人是萨福克伯爵，他于1554年2月23日被斩首。怀亚特本人被施以绞刑，并被开膛、肢解。

议会成员也曾强烈反对女王和西班牙人结婚。但是怀亚特被处决的那一天，他们屈服了。王室婚姻法案生效。愤怒的议员们咬牙切齿，只好告诉玛丽女王英格兰欢迎腓力。

统治行为

遗憾自责的懦夫

在玛丽一世统治期间，共有大约300人在火刑柱上被烧死。大多数都是平民百姓，还有一些是达官显贵。亨利八世和爱德华六世在位时期的坎特伯雷大主教托马斯·克朗默于1556年3月21日被烧死，而他生前非常害怕这样的结局。

为了避免丧命于火刑柱，克朗默承认自己成为新教徒是错误的，甚至还签署了忏悔书。但无论如何，结局无法改变，他最终还是被烧死了。他意识到自己是那么胆小懦弱，他决定弥补过错。篝火点燃后，他把手放进火焰中，直至整只手被完全烧掉。那是他用来签署忏悔书的手。

托马斯·克朗默在亨利八世统治时期担任坎特伯雷大主教。图片中的他位于伦敦塔的叛徒之门，随后他英勇地被烧死在火刑柱上。

玛丽一世是虔诚的天主教徒，她渴望恢复罗马教皇对英格兰教会的管辖权，在她统治期间，大约有300名新教徒因违抗她的旨意而被烧死在火刑柱上。

不情愿的新郎

腓力对这桩婚事并不满意。他最不愿意的就是娶一个比他大11岁,而且干瘦衰老的女王,但他不得不答应,因为他的父亲查理国王想让西班牙与英格兰结盟。这样一来,查理就可以得到英格兰的资金和军队,帮助他与法兰西作战。

玛丽对这一切一无所知。她想象两人的婚姻伟大而又浪漫,她渴望爱情,期待着炫耀她年轻英俊的丈夫。玛丽认为,腓力是上帝赐给她的。可怜的玛丽。这一切都只是个梦。

1554年5月4日,腓力从西班牙动身前往英格兰,路上花费了很长时间。直到7月21日,腓力才第一次见到玛丽。这次见面不是很愉快。腓力发现玛丽令人反感,不想靠近她。但他忍受着,没把自己的真实情感表现出来。

1554年7月25日,腓力和玛丽在温切斯特大教堂结婚。没过几天,玛丽就怀孕了——至少她是这样认为的。为了迎接新生儿,王室做了大量的准备工作。胎儿刚显示出生命迹象,王室就举行宗教仪式来庆祝女王胎动。玛丽坐在那里,感到自豪和开心。她让自己鼓起的腹部露出来,这样一来,所有人都能看到她怀孕了。

西班牙的腓力比玛丽一世小11岁,他同意与玛丽政治联姻,尽管十分不情愿。后来,腓力二世成了玛丽同父异母的妹妹伊丽莎白一世的死敌,因为伊丽莎白是新教徒。

"血腥玛丽"

但是，玛丽在英格兰恢复天主教的计划并不是一帆风顺的。玛丽遇到了非常多的抵抗，以至于玛丽决定将违抗者当众烧死，而这是错误的。民众不满地怒吼着，他们的愤怒随着每一次火刑愈演愈烈，他们对玛丽一世的憎恨越来越深。现在，女王有了一个新名字——"血腥玛丽"。

腓力试图阻止火刑的再次发生，不像玛丽，他意识到烧死的人越多，民众的憎恨也就越深。然而，就算是为了腓力，玛丽也不罢手。火刑继续进行下去。

女王遭受打击

一场可怕的羞辱在等着玛丽。玛丽的产期大约在1555年5月23日。但是产期过了之后也不见胎儿诞生。6月底，有人称玛丽根本没有怀孕，身孕是她虚构的。

起初，玛丽不相信。但是几个月过去了，一点儿动静也没有，玛丽只好无奈地承认是自己错了。她没有怀上孩子，变得十分沮丧。就在玛丽最需要腓力的时候，腓力决定离开英格兰。玛丽乞求他不要走，但腓力受够了英格兰、英格兰人还有英格兰女王。1555年8月22日，他回到了自己的领地——西属尼德兰。玛丽眼睁睁地看着腓力离开，痛哭流涕。

自由快乐的丈夫

很快，就有流言蜚语传到英格兰，称腓力在尼德兰过得很潇洒。他参加宴会、出席婚礼，一直跳舞跳到清晨。他还同其他女人厮混——总之，他就像从监狱里被释放出来一样。没人敢告诉玛丽关于腓力的事，还有其他事他们也不敢告诉女王。玛丽的医生发现了她"怀孕"的真正情况：玛丽的子宫里长了肿瘤。

腓力继续向玛丽保证他很快就会返回英格兰，但他毫无此意。玛丽变得越来越抑郁，她无法履行女王的职责。玛丽独自躲起来，为腓力悼念，就好像他已经死了。

女王的开心事

时光飞逝，还是没有传来腓力要回来的消息。1556年，腓力的父亲查理国王放弃了西班牙王位。腓力成为西班牙国王腓力二世，并且在美洲拥有广阔富饶的帝国。

腓力需要钱财来保卫他广阔的领土，为了获得这笔钱，他必须返回英格兰。1557年，腓力终于回到了英格兰。玛丽高兴地迎接了他，但喜悦之情很快退去。腓力一得到他所需要的金钱、军队和船只就离开了。玛丽再也没有见到他。她所得到的安慰是自己又怀孕了，但这又是一次臆想中的怀孕。腓力在英格兰的时候没有接近过他的妻子。真相是，玛丽的肿瘤已经复发。

令人讨厌的君主的终结

1558年11月，玛丽已经奄奄一息。玛丽数小时里一直处于昏迷状态。苏醒后，她说在梦中看到了小孩子。一位神父来为她做最后的仪式，正当他祷告时，玛丽离世了。

万人憎恨的"血腥玛丽"死亡的消息传出后，英格兰举国欢庆，人们在街上唱歌跳舞，敲钟庆贺。此后许多年，英格兰把玛丽去世的日子，即11月17日，定为公共假日。

玛丽数小时里一直处于昏迷状态。苏醒后，她说在梦中看到了小孩子。一位神父来为她做最后的仪式。正当他祷告时，玛丽离世了。"血腥玛丽"死亡的消息传出后，英格兰举国欢庆。

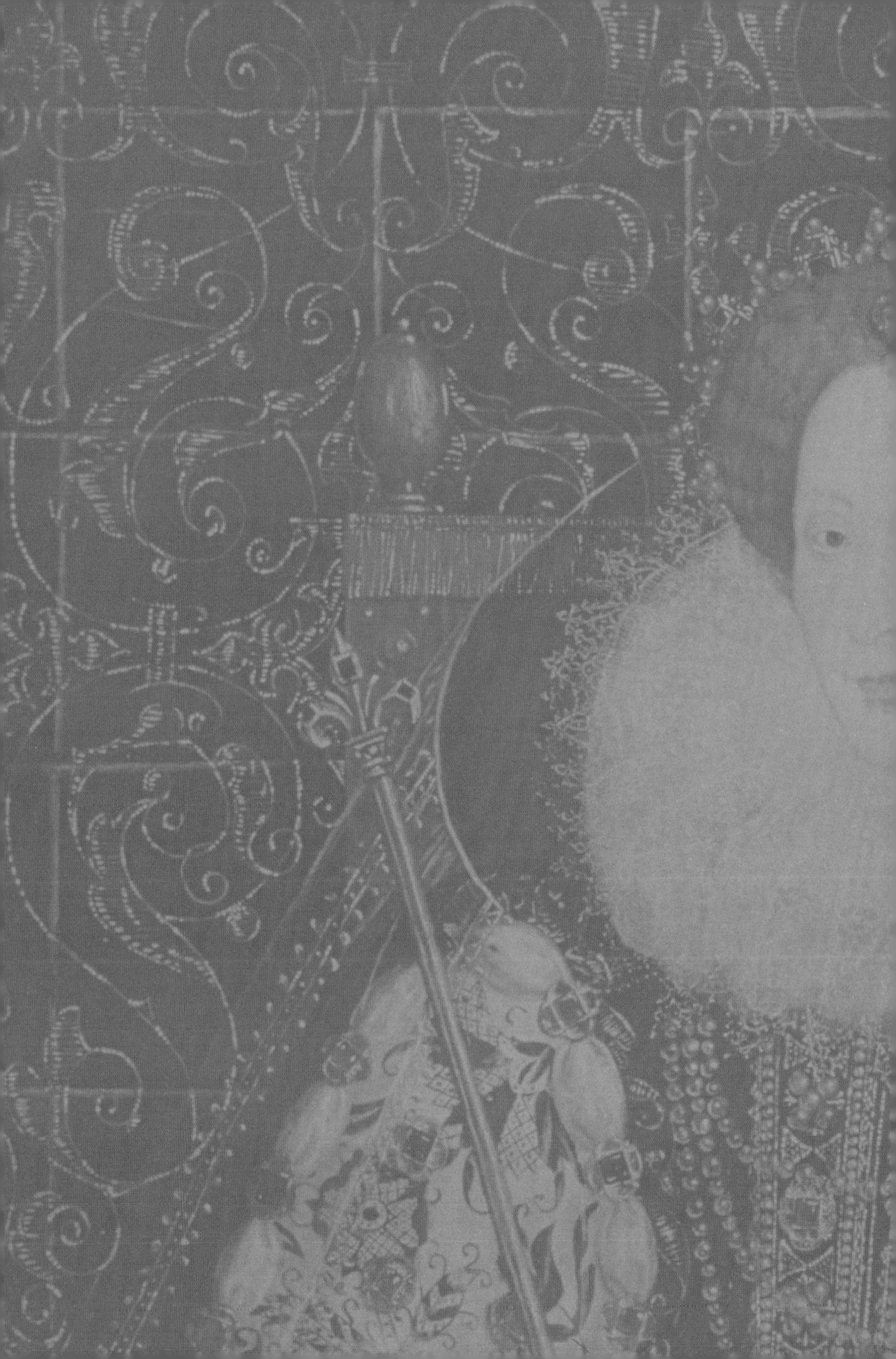

第九章
都铎王朝
第四部分

荣耀之神血迹斑斑

伊丽莎白一世奢华的刺绣长袍和华丽的珠宝掩盖了她能力上的弱点,使她显得更加强大。

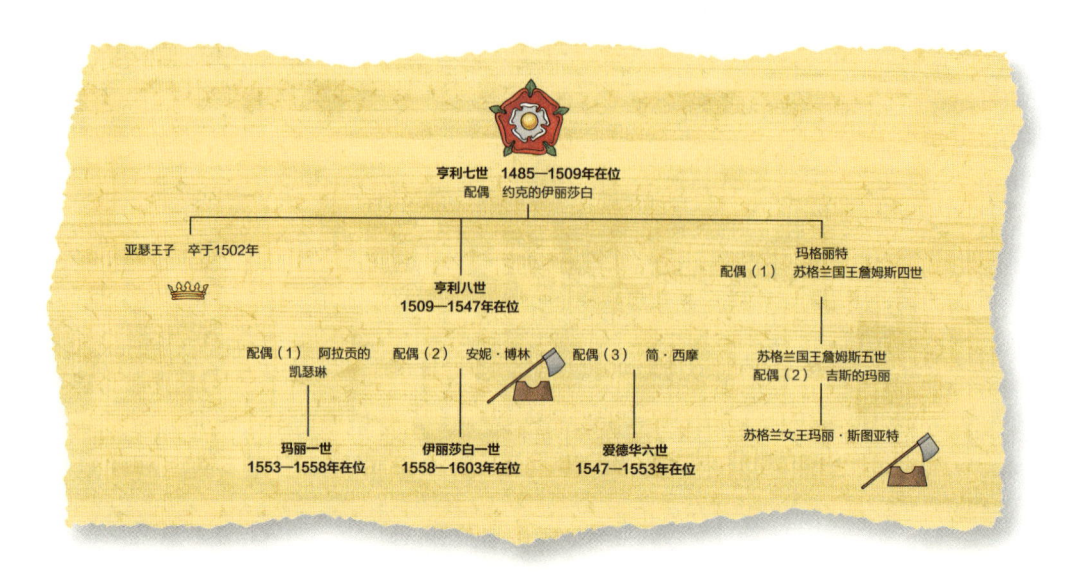

```
                        亨利七世  1485—1509年在位
                        配偶  约克的伊丽莎白

亚瑟王子 辛于1502年                              玛格丽特
                                              配偶（1）苏格兰国王詹姆斯四世
                  亨利八世
                  1509—1547年在位

  配偶（1）阿拉贡的   配偶（2）安妮·博林   配偶（3）简·西摩    苏格兰国王詹姆斯五世
         凯瑟琳                                          配偶（2）吉斯的玛丽

                                                        苏格兰女王玛丽·斯图亚特
        玛丽一世        伊丽莎白一世       爱德华六世
        1553—1558年在位  1558—1603年在位   1547—1553年在位
```

现在，年仅25岁的伊丽莎白是英格兰女王。她登上王位的过程十分危险。玛丽女王曾追捕伊丽莎白，并将她囚禁在伦敦塔中。

西班牙国王查理希望伊丽莎白被处决。英格兰天主教徒认为她是新教徒，对她心怀憎恨。对他们来说，她不仅是私生子，还靠非法手段夺取王位。

但是，如果说伊丽莎白在登基前就面临着生命危险，那么登基后对她来说就更加危险了。因为有更多的敌人在等着报复她。在英格兰北部边境，苏格兰人正在制造麻烦。法兰西和西班牙的天主教徒国王想入侵英格兰，把伊丽莎白赶下王位。教皇庇护五世（Pius V）也公开宣称自己与伊丽莎白为敌，并在1570年开除她的教籍。

宽容赢得了人民的支持

国内外的天主教徒并不是伊丽莎白面临的唯一难题。英格兰弱小贫穷，武装力量不敌其他国家。25年的宗教争端让英格兰民众精疲力尽，无所适从。数百人因其信仰而被处决。现在，他们期待着伊丽莎白一世能为存在已久的问题找到一剂良方。

幸运的是，伊丽莎白就是他们要找的人。在宗教方面，她没有打压任何教派，而是采取中立的态度。伊丽莎白本身对宗教没有任何兴趣，所以，她当然也不会因为宗教信仰迫害任何人。

宗教宽容是伊丽莎白讨臣民喜欢的一个重要原因。她举办盛大的演出，此前没有任何一位君主公开露面这么多次。

伊丽莎白告诉议会："我们这些王室成员就如同站在举世瞩目的舞台上一样。"

王室形象

荣耀之神，童贞女王

看到女王周游英格兰，没有人会猜到王室已经破产。陪同女王的廷臣们衣着华丽，他们的马也都穿着漂亮的衣服。而位于中央的，是伊丽莎白女王本人。她坐着华丽的轿子，身着奢华的锦缎长袍，身上佩戴着精美的装饰品和耀眼的珠宝。

这一场景来源于一份关于伊丽莎白一世的手稿，画面中女王正在一场游行途中。

无论她走到哪里，人们都争相去看她。他们对伊丽莎白骑马经过的壮观景象感到激动。他们开始把女王看成偶像而不是一般人，这正是伊丽莎白想要的。

1581年，弗朗西斯·德雷克爵士环游世界后，伊丽莎白在他的战舰"金鹿"号的甲板上为其授勋的场景。

> 此外，剧作家、艺术家和叙事诗作家都在创作中塑造了伊丽莎白的神秘形象。例如，埃德蒙·斯宾塞（Edmund Spenser）把女王描绘成"荣耀之神"，即他的幻想作品《仙后》（The Faerie Queene）中的女主角。艺术家们为她创作了令人眼花缭乱的画像——画像里她满身珠宝，衣着华丽。伊丽莎白还是著名水手——弗朗西斯·德雷克（Francis Drake）爵士和约翰·霍金斯（John Hawkins）爵士的灵感源泉。他们驶过大西洋，去袭击和掠夺西班牙在美洲的殖民地。西班牙人称他们为海盗，而英格兰人则视他们为英雄，欢迎他们凯旋。
>
> 伊丽莎白被盛况和荣耀环绕，展现出光荣女王的形象，这是一项伟大的宣传工作。但有一件事，伊丽莎白不会为她的人民做，那就是结婚。大臣们不断地对她唠叨，说君主必须有王位继承人。她声称自己已经"嫁"给了英格兰，宁愿保持"童贞女王"的身份。

女王害怕结婚

尽管伊丽莎白拒绝考虑结婚事宜，但还是有人想要同她订立婚约，而伊丽莎白让这些求婚者感到不安。其中一人是阿朗松（Alençon）公爵弗朗索瓦（François），他用了几年时间劝女王嫁给他。阿朗松比伊丽莎白小21岁，他身材矮胖，长相丑陋，脸上有伤疤，鼻子还是畸形的。可尽管如此，他似乎还是想象女王愿意嫁给他，女王把他称作"癞蛤蟆"。但伊丽莎白没有表态，只是想让他死心。最后，伊丽莎白40岁的时候，这个可怜的男人还是想要娶她。他终究没有成功，其他求婚者也都求婚失败。伊丽莎白把所有求婚者都打发走了。

伊丽莎白这样做有几个原因。首先，她害怕结婚，也害怕生孩子。16世纪，分娩对女人来说还是十分危险的。伊丽莎白曾在1537年看见简·西摩产后去世，1548年凯瑟琳·帕尔也是同样的原因离开人世。

但伊丽莎白害怕的不止这些。她的父亲亨利八世处决了他的两任妻子，先是她的母亲——安妮·博林，再是第五任妻子——凯瑟琳·霍华德，霍华德从小就与伊丽莎白是好友。伊丽莎白同父异母的姐姐玛丽女王因为嫁给西班牙的腓力而成为臣民的公敌。看到这些，伊丽莎白这么害怕婚姻也就不足为奇了。

单相思

伊丽莎白害怕婚姻的另外一个原因是她早在成为女王之前就已经有心上人了。罗伯特·达德利自儿时起就认识伊丽莎白，两人青梅竹马，但是达德利的家族历史很不光彩。他的父亲诺森伯兰特公爵约翰·达德利因密谋骗取玛丽女王的王位而被斩首。他的祖父埃德蒙·达德利在1519年因犯叛国罪也被斩首。

在这样的家族背景下，罗伯特·达德利无论如何也没有机会与伊丽莎白结婚。女王把罗伯特当作自己在宫廷里最亲近的伴侣，还赐给他贡品和头衔——莱斯特伯爵。但罗伯特·达德利能得到的也只有这些。另外，达德利与埃米·罗布萨特于1550年结婚。他把埃米藏匿在牛津郡，而自己却花上大把时间待在宫廷里。伊丽莎白可能根本不知道有埃米这个人。

丑闻让婚姻化为乌有

但是，在1560年9月8日，埃米·罗布萨特（Amy Robsart）离奇身亡。她的仆人们外出一天后回来，发现她死在台阶下面。埃米的脖子断了，有可能是自杀：她一直以来备受乳腺癌的折磨。但是谣言很快就传开了。据说，埃米是被谋杀的，因为这样一来，达德利就可以迎娶女王了。众所周知，达德利时不时会去看望他的妻子。就在她死之前，埃米也许是期望见到自己的丈夫，所以定制了一条新裙子。依据传闻，达德利在探望埃米期间将她杀害。虽然一切都只是猜测，但是流言蜚语太过强大，伊丽莎白不得不让达德利离开宫廷。一段时间过后，达德利回来了，又成为伊丽莎白的宠臣，但两人绝不可能结婚。

即便如此，达德利好像还是想迎娶女王。1563年，伊丽莎白建议达德利娶她的表妹——苏格兰女王玛丽。当时，玛丽是伊丽莎白之后

埃米·罗布萨特是莱斯特伯爵的妻子，死在台阶下面。有人称埃米是被人谋杀的，因为这样一来，她的丈夫就可以迎娶女王了。

埃米·罗布萨特离奇身亡。她的仆人们外出一天后回来，发现她死在台阶下面。她的脖子断了，有可能是自杀……

1568年，苏格兰女王玛丽被囚禁在利文湖城堡，她被迫退位。之后她成功逃出城堡，但是除了英格兰，其他地方都不安全。而在英格兰，她成了伊丽莎白的囚犯。

的王位继承人。所以如果达德利头脑精明的话，他本可以成为英格兰国王，但是他并没有这样做。他拒绝娶玛丽为妻，更愿意留在伦敦，希望离伊丽莎白近一点。

统治行为

爱情、妒忌、复仇和谋杀

苏格兰女王玛丽经常被描绘成美艳动人的年轻女子，但这并不是真的。玛丽不是一个浪漫的女英雄，而是一个愚笨鲁莽的大傻瓜。她几乎能把所有事都搞砸，绝对不是16世纪苏格兰人想要的女王。当时苏格兰一直动荡不安，领主不服约束，玛丽的所作所为让事态变得更加混乱。比如，在1565年，她嫁给了达恩利（Darnley）勋爵亨利·斯图亚特，而苏格兰领主憎恨他。玛丽做的不止这些。她将领主们厌恶的人变成宫廷"宠臣"，这样做导致了许多不合时宜的结果。

玛丽女王的"宠臣"之一是她的意大利秘书戴维·里齐奥（David Rizzio）。玛丽的丈夫达恩利勋爵对里齐奥很嫉妒，他认为里齐奥是玛丽的情人。因此，达恩利与其他人密谋将里齐奥杀死。1566年3月9日晚，谋杀发生在爱丁堡的圣十字架宫（Holyrood House）。当达恩利勋爵和其他密谋者冲进房间时，怀孕6个月的女王正与里齐奥还有她的一位女伴一起用餐。达恩利勋爵和其他密谋者抓住戴维·里齐奥，并把他拖走，这个意大利人试图抓住玛丽的裙子，尖叫着"救我，我的夫人，救我！"玛丽也无能为力，因为当里齐奥被拖到另一个房间时，一名凶手一直用手枪指着她。

有人拿出匕首，刺了里齐奥56刀，他死在一片血泊中。后来，密谋者把玛丽作为囚犯，但她设法保住了自己的脑袋。她通过承诺赦免来安抚他们。谋杀案发生两天后，她设法从小教堂里的地下通道逃出圣十字架宫，小教堂里有苏格兰王室墓室。之后，她策马飞奔20英里（约32千米）逃到邓巴（Dunbar），那里很安全。

很快就有流言蜚语说，玛丽想通过杀死达恩利来为里齐奥报仇。但事实比这更糟糕，玛丽已经爱上了一位苏格兰贵族詹姆斯·赫伯恩（James Hepburn）——博斯韦尔（Bothwell）伯爵。这是她想除掉达恩利勋爵的另一个原因。

博斯韦尔似乎策划了针对达恩利的谋杀。1567年2月10日晚，玛丽离开了她在爱丁堡附近的寓所柯

苏格兰女王玛丽是密谋废黜并杀害伊丽莎白，之后取代她登上英格兰王位的关键人物。

克·欧菲尔德（Kirk o'Field）去参加婚礼，达恩利因身体不适留在家里。

夜里的某个时候，柯克·欧菲尔德发生了巨大的爆炸，建筑物被夷为平地。达恩利没有在爆炸中丧生。他试图逃跑，但密谋者在等着他。后来，人们发现达恩利死在屋外。他是被勒死的。三个月后，玛丽嫁给了博斯韦尔。当时她怀着一对双胞胎。但是，苏格兰勋爵们憎恨博斯韦尔。这场婚姻是导致玛丽最终失败的因素。玛丽不得不离开苏格兰，博斯韦尔也是。

这幅19世纪的插画描绘了1566年戴维·里齐奥遭到谋杀的场景。凶手是玛丽的丈夫——嫉妒的达恩利勋爵和难以管控的贵族。

> 1567年7月24日，在利文湖城堡（Loch Leven Castle），玛丽被迫退位。后来，她不幸流产。苏格兰现在是一个危险之地。因此，玛丽前往英格兰。她于1568年5月16日抵达英格兰。博斯韦尔逃到了丹麦，他们再也没有见过对方。博斯韦尔疯了，1578年死在丹麦的一所监狱里。

玛丽的麻烦

苏格兰女王玛丽是个棘手问题。她是天主教徒，所以法兰西人和西班牙人希望将伊丽莎白赶下王位，立玛丽为英格兰女王。英格兰的天主教徒也是这样想的。在1568年，矛盾激化，玛丽被迫退位后逃亡南部，她在那里得到了伊丽莎白的保护。

伊丽莎白给予玛丽庇护。玛丽想让伊丽莎白帮助她重拾苏格兰王位。伊丽莎白同意考虑一下，但是她并不想这样做。流亡的玛丽在苏格兰会比在英格兰招致更多麻烦，所以伊丽莎白故意拖延时间，一直没有给出明确的答复。

玛丽多次提出自己的计划。最后，她的计划被儿子——苏格兰国王詹姆斯六世阻止了。詹姆斯六世生来冷酷狡诈，他不想让母亲成为自己的绊脚石。毕竟，

伯利（Burghley）勋爵威廉·塞西尔（William Cecil）曾服务于玛丽一世和伊丽莎白女王。伊丽莎白女王于1558年加冕时任命他为国务大臣。女王执政40年来，伯利一直是主要的政策制定者，直至他去世。

詹姆斯六世是排在玛丽之后的英格兰王位第二顺位继承人。如果他把握良机，就能同时得到两个王位。

安全，但永无自由

如果玛丽不回到苏格兰的话，伊丽莎白将如何处置她呢？伊丽莎白决定必须将玛丽软禁。她将会衣食无忧，有仆人服侍，但会受到监视。奉命监视玛丽的英格兰密探会浏览她收到的每一封信和每一条消息。最重要的是，他们会查出发信人是谁。

当然，天主教徒和其他同情者可能会试图拯救玛丽。以防万一，伊丽莎白不时地让玛丽从一个住处搬到另一个住处。天主教徒们几次试图营救玛丽，但都没有成功。

伊丽莎白的国务大臣弗朗西斯·沃尔辛厄姆（Francis Walsingham）爵士的主要工作就是挫败天主教徒的营救行动。沃尔辛厄姆实际上是一个秘密特工，而且是一个非常出色的特工。他在外国宫廷安插了53名特工，另有18人在欧洲为他工作。沃尔辛厄姆的间谍从42个欧洲城镇为他提供充足的情报。因此，他总是比那些希望玛丽自由、伊丽莎白死亡的阴谋家们领先一步。沃尔辛厄姆憎恨玛丽，称她为"那个魔鬼般的女人"。他的人生目标就是要摧毁玛丽。

玛丽总是声称她对针对伊丽莎白的阴谋一无所知。但事实是，她深陷这场阴谋之中。第一个针对伊丽莎白的重大阴谋案发生在1571年。意大利佛罗伦萨的天主教徒银行家罗伯特·里多尔菲（Robert Ridolfi）策划了这起阴谋。里多尔菲希望看到玛丽登上英格兰王位，她在欧洲的支持者也是如此。这些支持者包括西班牙的腓力二世和教皇本人。

伊丽莎白的敌人策划阴谋

里多尔菲计划率领一支6000人的军队入侵英格兰。同时，英格兰东部诺福克郡的叛乱者将绑架伊丽莎白，把她作为人质。他们还计划玛丽同诺福克公爵——天主教徒托马斯·霍华德结婚。两人将一起统治英格兰和苏格兰。

人们普遍认为苏格兰女王玛丽美丽动人,可事实并非如此。1587年玛丽被处决后成为悲剧性的女英雄。事实上,玛丽是一个愚蠢、缺乏王室尊严、嗜爱政治阴谋的人。

但是里多尔菲亲手埋葬了自己的阴谋。他逢人就讲自己的阴谋，以至于阴谋被泄漏了出去。因此，伊丽莎白的国务大臣伯利（Burghley）勋爵威廉·塞西尔（William Cecil）得知了他的阴谋。塞西尔派人监视里多尔菲。他的密探掌握了里多尔菲发出的消息和信件。信件是用密码写成的，但密码被破解了，所有信息都泄漏了。

仁慈女王救了玛丽

里多尔菲的阴谋从未付诸实行。之后，诺福克公爵被指控犯有叛国罪，于1572年被处决。但是里多尔菲逃脱了惩罚，玛丽也是。伊丽莎白的大臣们都祈求女王处决苏格兰女王，但是她拒绝了。英格兰女王不喜欢杀戮——尤其是对王室成员。伊丽莎白实在无法说服自己签下苏格兰女王的死刑令。

然而，这可能不是明智之举。只要玛丽还活着，针对伊丽莎白女王的阴谋就会继续。于是弗朗西斯·沃尔辛厄姆爵士开始盘算起来。据说，他变成了双面间谍，开始策划针对英格兰女王的"阴谋"。沃尔辛厄姆的阴谋把玛丽也拉了进来，因为他知道玛丽是一个爱慕虚荣、愚蠢无知，喜欢成为事件焦点的人。沃尔辛厄姆确定玛丽会中计，然后自己就可以抓住她的把柄。当她的罪行暴露时，伊丽莎白就会处决她。

沃尔辛厄姆的阴谋不同于其他间谍行动。他计划除掉玛丽一事与西班牙准备入侵英格兰同时发生。自伊丽莎白成为英格兰女王起，西班牙的腓力就想要入侵英格兰。现在，机会来了。

腓力不知道的是他的安全屏障已经被击破。英格兰在西班牙的间谍对腓力的庞大舰队——无敌舰队了如指掌。但是，考虑到沃尔辛厄姆针对伊丽莎白的阴谋，英格兰现在处于双重危机之中。

陷入爱情的傻子

沃尔辛厄姆需要替罪羊来引导这起阴谋朝既定方向发展。安东尼·巴宾顿（Anthony Babington）爵士是最佳人选。1586年，巴宾顿只有25岁，还是一个秘密的天主教徒。对巴宾顿这样的年轻人来说，爱上苏格兰女王是一种时尚。巴宾顿被玛丽迷得神魂颠倒。

一天,巴宾顿收到了玛丽的来信。得到玛丽这等美人的关注让他受宠若惊,巴宾顿确实被冲昏了头脑。可这其实是玛丽的花招,巴宾顿中计了。他开始和苏格兰女王联络,两人偷偷传递信件和包裹。信件内容是关于英格兰天主教秘密活动的最新消息。

> 一天,巴宾顿收到了玛丽的来信,这让他受宠若惊。可这其实是玛丽的花招,巴宾顿中计了。

1586年5月末,玛丽的间谍——约翰·巴拉德(John Ballard)告诉了巴宾顿一个秘密计划,那就是英格兰的天主教徒将会举行起义,英格兰将遭到侵略,伊丽莎白会被谋杀,玛丽会从软禁中获释并登上英格兰王位。

起初,巴宾顿听到这一切吓坏了,他决定离开英格兰。他认为,最好在别国策划针对伊丽莎白的阴谋。但是,巴宾顿需要从沃尔辛厄姆那里得到专门的旅行证件才能离开英格兰。

1586年,因密谋针对伊丽莎白,玛丽在北安普顿郡的福瑟林海城堡(Fotheringhay Castle)接受审判。她质疑法庭对她的审判权,辩称自己无罪,但还是被判处死刑。

一个叫罗伯特·波莱（Robert Poley）的人愿意帮助巴宾顿得到他想要的证件。波莱是沃尔辛厄姆的一个间谍。他与巴宾顿结为朋友，巴宾顿很信任他。但这可不是明智之举，因为波莱可以从巴宾顿那里得到阴谋的细节信息，再传递给沃尔辛厄姆。

与此同时，巴宾顿写信告诉玛丽这场阴谋。当然，在这封信到达苏格兰女王手中之前沃尔辛厄姆就已经看过了。沃尔辛厄姆设计了一个万无一失的方法来给玛丽传递信件：把信藏在啤酒桶中。当玛丽给巴宾顿回信时，信就这样被秘密地寄出去。沃尔辛厄姆看到这封信后就知道一切尽在掌控之中，他在信上画了一个绞刑架。

巴宾顿躲在伦敦附近的圣约翰森林，但沃尔辛厄姆的间谍很快就找到了他。巴

位于爱丁堡的圣十字架宫是苏格兰女王玛丽的官邸。这座王宫始建于詹姆斯四世（1473—1513年）统治时期，后来又经历了多次翻新和扩建。

宾顿被押送到伦敦塔，这个年轻人被吓傻了。间谍很快就发现巴宾顿为了保命什么都敢说，可以出卖任何人。

在审判中，巴宾顿把所有的责任都推给约翰·巴拉德，而这对他没有好处。巴宾顿还是会被判处绞刑，并被开膛和肢解，巴拉德也是如此。巴宾顿对这一可怕结局感到恐惧，他向伊丽莎白求情。只要能帮他摆脱罪行，他愿意付1000英镑的巨款，但这根本行不通。

1586年9月20日，巴宾顿和巴拉德被拖过伦敦的街道，来到一个专门建造的巨大绞刑架前。巴宾顿被迫看着巴拉德遭受刑罚的折磨。在这个可怕的过程中，巴宾顿不知怎的找到了勇气，他没有跪下来祈祷，而是站得笔直，手里拿着帽子。当轮到他时，他勇敢地死去。伊丽莎白听说刽子手们采用如此残酷的手段时感到非常震惊。其他七名阴谋者也在等待处决。伊丽莎白命令，与巴拉德和巴宾顿不同，他们不应该在活着的时候从绞刑架上被拉下来。只有在他们死后，才能被开膛和肢解。

1586年10月14日，苏格兰女王玛丽在北安普敦郡的福瑟林海城堡（Fotheringhay Castle）接受审判。她自始至终都在反抗。玛丽抗议说，法庭无权审判她。

她说："我是在得到援助承诺的前提下来到这个王国的，这个承诺是帮助我对抗敌人，而不是让我成为臣民。难道该由我为几个绝望之徒的犯罪行为负责吗？我对他们的阴谋毫不知情，我不是共犯。"

当然，她是在撒谎。法官们没有被打动。玛丽被认定犯有叛国罪并被判处死刑。伊丽莎白的秘书威廉·戴维森（William Davison）起草了死刑令。可以预料到的是，伊丽莎白拒绝签字。但沃尔辛厄姆、伯利和其他大臣并不打算让玛丽逃避惩罚。

他们一直抱怨，恳求伊丽莎白杀死玛丽。他们争辩说，如果让玛丽活下来，其他潜在的叛国者也会以为即使犯了叛国罪也不必为此受到惩罚。他们还提醒女王说，不久之后，西班牙人就打算入侵英格兰。如果入侵成功，玛丽就会成为英格兰女王。

大臣们最终说服了伊丽莎白。一想到西班牙腓力二世的傀儡玛丽会代替自己，伊丽莎白就忍无可忍。她签署了玛丽的死刑令，1587年2月8日，苏格兰女王玛丽被按时处决。

伦敦各地敲响钟声，燃起篝火，庆祝玛丽被处决。但当女王得知玛丽死亡的消息时，她歇斯底里，号啕大哭，疯狂地挥动手脚。她指责大臣们，称他们是"罪犯"。但伯利勋爵告诉女王不要再演戏了。他说，没有人会相信她滑稽的表演，每个人都知道她憎恨玛丽，而且很高兴最后能除掉玛丽。

王室形象

断头台上的英勇行为

1587年2月8日，玛丽走进福瑟林海城堡主厅，她的侍从举着一个大十字架走在她前面。她身穿黑色礼服，下身穿着红色衬裙，头上和肩上环绕着面纱。有300人在等着看她被行刑。其中一位名叫罗伯特·温菲尔德（Robert Wynfielde）的人描述了当时的情景。

"她坚定地跪在垫子上，看不出对死亡的恐惧……她摸索着找到垫头木，低下头，把下巴放在垫头木上……她静静地趴在垫头木上，然后伸出双臂喊道：In manus tuas, Domine（哦，上帝，我把自己交在你手中）。

"玛丽躺在垫头木上一动不动，刽子手用一只手轻轻地扶着她……她挨了两斧头……刽子手砍下了她的头……

"……有个刽子手发现了她的小狗，它爬到了她的衣服下面。人们用了很大力气才把小狗拉出来，但小狗后来不愿离开死尸，而是来到她的头和她的肩膀之间，她的肩膀（被）血浸透了。"

西班牙惨败，数千人丧命

1588年，西班牙无敌舰队的132艘船离开西班牙，入侵英格兰。腓力二世确信他的"英格兰事业"将会成功，但他错了。英格兰海军有一个秘密武器。当"无敌舰队"于1588年7月31日进入英吉利海峡时，英格兰舰队与之保持距离，用炮火轰击西班牙船只。一些船只被击沉，许多船只被烧毁，数以千计的西班牙士兵遇难。

随后，英吉利海峡狂风大作。凶猛的飓风把西班牙人吹到英吉利海峡的东部。他们从那里艰难、缓慢地绕过苏格兰一端回到西班牙。132艘船中，只有60艘返航。舰队的30000名船员中，超过三分之一的人丧生。

英格兰人取得了一场巨大的、意想不到的胜利。他们在街上跳舞，点起篝火，燃放烟花来庆祝这场胜利。而伊丽莎白的庆祝活动相对平静，她在伦敦的圣保罗大教堂举行了感恩仪式。

尽管顾虑重重，伊丽莎白一世最终还是同意于1587年在福瑟林海城堡处决苏格兰女王玛丽。伊丽莎白女王用暴力的方式结束了玛丽在英格兰将近20年的流亡和监禁。

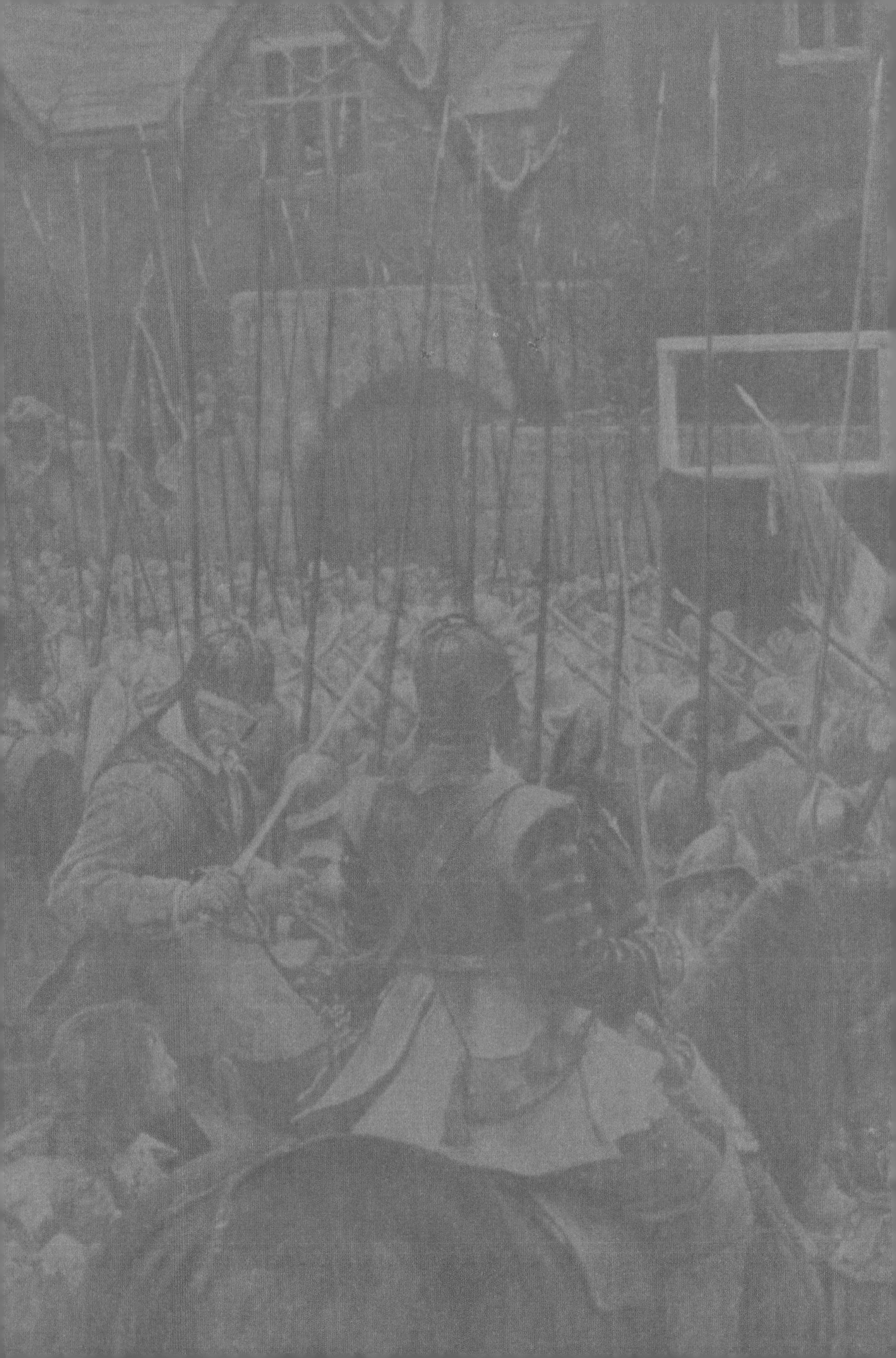

第十章
斯图亚特王朝
第一部分

圆颅党和弑君者

查理一世是第一个也是唯一一个被公开斩首的英国国王。为了在1649年1月30日处决查理一世,人们在伦敦的白厅搭建了专门的绞刑架。

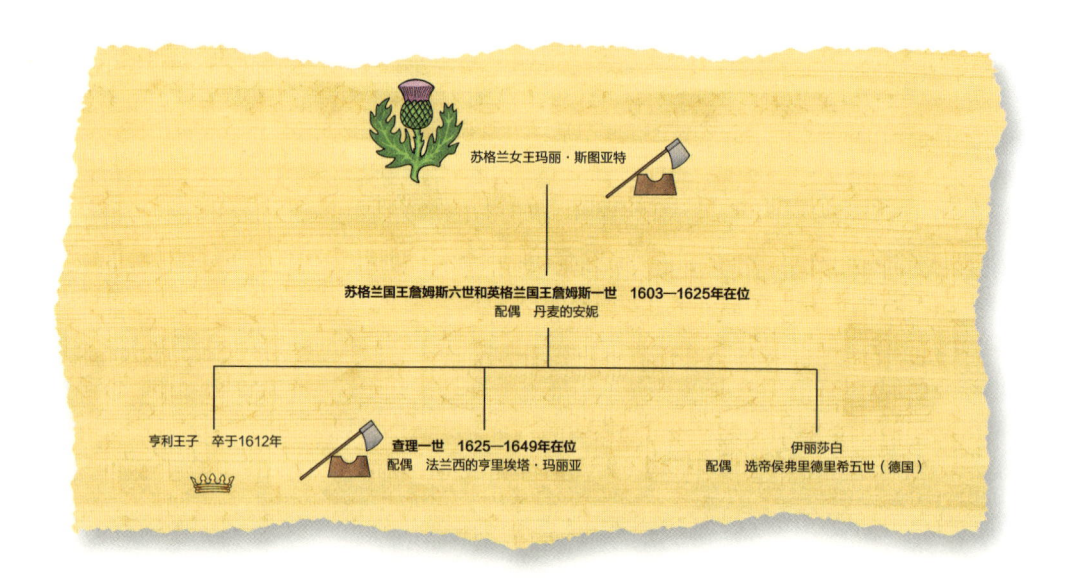

```
                    苏格兰女王玛丽·斯图亚特

       苏格兰国王詹姆斯六世和英格兰国王詹姆斯一世  1603—1625年在位
                        配偶  丹麦的安妮

   ┌──────────────────┬──────────────────────────┐
   亨利王子 卒于1612年    查理一世 1625—1649年在位         伊丽莎白
                     配偶 法兰西的亨里埃塔·玛丽亚      配偶 选帝侯弗里德里希五世（德国）
```

伊丽莎白一世的寿命比都铎王朝其他任何君主的寿命都长。她掉光了头发和牙齿，但她胆量犹存。1601年，伊丽莎白一世68岁，她心爱的埃塞克斯（Essex）伯爵罗伯特·德弗罗（Robert Devereux）背叛了她。

伊丽莎白大发雷霆……怒不可遏，她宣布自己要走上伦敦的街头，看看是否有叛乱分子敢向她开枪。大臣们勉强阻止了她。

到1602年末，伊丽莎白身体状况不佳。她拒绝进食，也不愿意吃药。她甚至拒绝上床睡觉，她认为如果睡觉的话就会死去。伊丽莎白的时日不多了。1603年3月24日，伊丽莎白坐在椅子上去世，她是都铎王朝的最后一位君主。在最后一刻，她才指定了继承人——苏格兰的詹姆斯六世。在英格兰王位和苏格兰王位合并的历史性事件中，詹姆斯六世成为英格兰的詹姆斯一世，是斯图亚特王朝的第一位君主。

热烈欢迎新国王

1603年5月，詹姆斯启程赶往伦敦。他非常渴望来到伦敦，以至于用了不到4小时的时间就骑行了40英里（约64千米），这在当时是非常快的速度。实在太快了，在去伦敦的路上，詹姆斯从马上跌下，摔伤了自己。御医诊断他摔伤了锁骨。

詹姆斯最终到达伦敦，他受到热烈的欢迎。成千上万的人出来迎接他们的新国王进城。庆祝活动一直持续到深夜。但是，兴奋之情很快就消失了，因为民众发现他们的新君主不仅长相怪异，而且个人品位和习惯也令人厌恶。

王室形象

丑陋古怪、令人反感的君主

英格兰人发现詹姆斯国王非常奇怪。他看起来令人毛骨悚然。他的腿纤细瘦弱，舌头很大，吃饭或说话时舌头会打滑，还流口水。他不经常洗澡，手上总是有黑色的污垢。他看起来很邋遢，整日衣冠不整。

詹姆斯很害怕被人暗杀。一两个世纪以前，许多苏格兰国王都被谋杀了。因此，他总是穿着防匕首的棉衣，看上去十分臃肿。这还不够，詹姆斯一世还有令人震惊的习惯。他在公共场合手淫，喜欢开粗俗的玩笑。在廷臣面前，他会说"该死的家伙！我将脱下我的马裤，你们也将看到我的屁股"之类的话。

但抛开令人不快的外表和习惯不谈，在当时，詹姆斯一世对宗教持包容态度，而同时代的许多人则不然。英格兰新教徒厌恶罗马天主教徒。天主教徒担心受到迫害，许多人都躲了起来。詹姆斯决定结束这一切。他颁布法令，允许天主教徒公开信仰。但如此多的罗马天主教徒出现在公开场合让詹姆斯感到很害怕。他又匆忙撤回了法令，事情回到了原点。

在这幅插图中，詹姆斯一世看起来比现实生活中更整洁、更干净。他几乎没有洗过澡，所以浑身发痒，体味难闻。

野心勃勃的阴谋失败

然而,詹姆斯一世很快发现,自己终将失败。一群失望的天主教徒策划了著名的1605年火药阴谋案。这场阴谋野心勃勃,目的只有一个,就是在詹姆斯一世和大臣们出席议会的时候炸掉会场。

这起阴谋从未变成现实。有人在议会地下室发现了盖伊·福克斯(Guy Fawkes)和炸药,人赃俱获。阴谋分子以犯叛国罪被处以绞刑,并被开膛和肢解。自那时起,英格兰每年11月5日就会庆祝盖伊·福克斯日。福克斯的人形靶竖立在街上。孩子们会向路人说:"施舍点喽。"英格兰全境都会举行焰火表演。

盖伊·福克斯带着几桶火药被当场抓住。虽然他不是"火药阴谋"的领导者,但他的人形靶从此成为每年11月5日英格兰纪念活动的焦点。

詹姆斯相信巫术的作用。在伊丽莎白女王时代已经有一部《巫术法》（Witchcraft Act）。但詹姆斯觉得这还不够，于是他修改了该法令，将食人列入巫术。

"如果任何人召唤或求助于恶灵……或从坟墓中挖掘出任何死尸，包括尸体的皮肤、骨头或其他任何部分，用于任何形式的巫术……他们也要受到死亡的惩罚。"

国王喜欢绅士

虽然詹姆斯娶妻生子，但他是同性恋者。他曾在宫廷狂躁地寻求俊美男青年做情人。当詹姆斯爱上一个人，他就会在对方的脸颊留下湿乎乎的吻，还会在大庭广众之下爱抚对方。

受到这等"王室礼遇"的人是俊俏的乔治·维利尔斯（George Villiers），他成了白金汉（Buckingham）公爵。狡猾的维利尔斯知道，成为国王的情人不仅能够获得尊贵的头衔，还能够获得财富和权力。詹姆斯爱慕维利尔斯，在公共场合爱抚他，和他调情。詹姆斯称呼他为"小甜心"，在写给维利尔斯的信中，詹姆斯国王称呼他为"亲爱的"。白金汉公爵因公出国期间，詹姆斯写信给他说："我把甜心的照片挂在蓝丝带上，放在我的衬衣下面，靠近我的心。"

但并非所有人都接受国王的求爱。例如，当詹姆斯在霍兰（Holland）伯爵嘴里"流口水"之后，伯爵转过身去吐出口水。詹姆斯的廷臣们在一旁看着，感到恶心。后来，历史学家托马斯·巴宾顿·麦考莱（Thomas Babington Macaulay）称詹姆斯一世是"一个神经质的流涎的傻子"。他的说法并没错。

"君权神授"

英格兰人几乎可以忍受这一切。毕竟，他们之前也见过奇特的国王，而且英格兰并未因之覆灭。但是，他们不能忍受的是詹姆斯从苏格兰带来的一个非常危险的观念——"君权神授"。这种观念意味着是上帝任命詹姆斯为国王的。只有上帝才能审判他的所作所为。詹姆斯认为自己凌驾于法律之上，并在1610年告诉议会：

英格兰国王詹姆斯一世和苏格兰国王詹姆斯六世是同一人。这幅插图显示他身穿御礼袍,手持宝球和权杖。宝球和权杖是象征王权的御宝的一部分。

"君主制是世上至高无上的东西。就像对上帝提出异议是亵渎一样……臣民对国王提出异议是在煽动叛乱……国王不仅是上帝在世间的副手,坐在上帝的宝座上,甚至被上帝称为神。"

詹姆斯此番话令人震惊。英格兰国王以前从未被允许这样行事。议会及其前身,即英格兰男爵委员会,为争取向君主提出建议的权利进行了长期斗争。现在,詹姆斯一世告诉议会可以"下地狱了",而选择他的"小甜心"——白金汉公爵作为他唯一的顾问。

用公共资产维持奢华生活

国王的财产本是由议会授予的,但詹姆斯绕过议会,通过其他方式获得资金:他对进口商品征税,强迫贵族阶层接受贷款,并将政府职位卖给出价最高的人。而这些行为都是违法的。

议会很生气。但他们安心等待,国王迟早会耗尽资产。到时候,议会就有机会反击。国王花钱如流水。他的加冕典礼花费了2万英镑。妻子安妮王后在昂贵的衣服和珠宝上大肆挥霍。詹姆斯把现金一把一把地送给廷臣们。宫廷里的娱乐活动总是很奢侈,最受欢迎的是开销巨大的假面舞会,而詹姆斯国王的宫廷举办了很多场假面舞会。

> 国王迟早会耗尽资产。到时候,议会就有机会反击。国王花钱如流水。他的加冕典礼花费了2万英镑。妻子安妮王后在昂贵的衣服和珠宝上大肆挥霍。

国王突然破产

最终,在1621年,詹姆斯急需用钱,以至于他被迫召集议会。议员们先发制人。长期以来,他们一直为詹姆斯对罗马天主教徒的偏袒感到愤怒。他们希望英国能彻底成为新教国家。最重要的是,他们希望结束詹姆斯与天主教国家西班牙的友谊。他们以"抗议书"的形式提出的要求被载入议会日志。詹姆斯很生气。他派人去找那本日志,并撕掉了印有抗议书的那几页。议会知道他们可以用抗议书做些什么。

突然之间，詹姆斯国王屈服了。1624年，他给了议会想要的一切：在外交政策上有发言权；结束对天主教徒的偏袒；甚至包括发动战争的权力。

詹姆斯对议会说："我根据你们的建议决定参战，你们自己……可以处置资金。我绝不会插手。"

议会最终取得了胜利，并投票同意拨款3万英镑的巨额财产给国王。詹姆斯的转变是惊人的，但这是有原因的。虽然他当时只有57岁，但已经年老体衰。他曾患过一次中风。他正在衰老，活不了多久。让议会得到他们想要的东西是获得平静生活的唯一途径。1625年3月27日，詹姆斯在他位于赫特福德郡的乡间别墅西奥波尔斯（Theobalds）去世。

13年前，詹姆斯的继承人亨利王子死于伤寒。这对他的父母甚至整个英国来说都是一个悲剧性的损失。

18岁的亨利是一个阳光的男青年。他知道如何与时俱进，知道和议会合作而不是对抗。他是一个虔诚的新教徒。如果亨利能够继承王位，他父亲带来的所有问题都可以解决。但事与愿违。

矮子国王

英国没有迎来亨利，而是得到了詹姆斯国王的翻版——查理一世，詹姆斯的次子。查理个子非常矮，只有4英尺7英寸（约1.4米）。他顽固不化、腼腆羞怯、动作迟缓、愚笨无知，还有口吃的毛病。糟糕的是，他把白金汉公爵当作自己的情人。更糟糕的是，查理也是"君权神授"的拥护者。查理说道："我必须声明，我的所作所为是上帝的旨意。"这就好像是他的父亲詹姆斯在说话。议会听后十分难堪。

1626年2月2日，查理加冕当天，出现了各种不祥之兆。查理权杖上鸽子的翅膀掉了下来，加冕戒指上的珠宝也掉了，最吓人的是发生了地震。迷信的人们开始猜测会有麻烦发生。

当然会有麻烦了。詹姆斯一世统治期间，议会与国王展开了激烈的争吵。但是，他们对国王还是很忠诚。查理统治期间的议会就大不相同了。议会成员全部都是极端的新教清教徒。他们不愿意忍受查理国王或是任何其他国王。对他们来说,所有国王都是暴君。

画中的查理一世衣着讲究,戴着长假发和宽檐帽。画家把马画成低着头的,马夫斜靠在马的另一侧。这样就可以掩盖国王的真实身高,他只有4英尺7英寸高。

"我们恨公爵"

这让查理处于非常危险的境地。他动用和父亲一样的诡计，让情况变得更糟糕。他对民众征税——有些税款是非法的。他依恋白金汉公爵，实际上，公爵控制着国王，也控制着英国。

许多人都憎恨白金汉公爵。人们创作民谣诽谤他。粗俗的民谣被传唱。1628年6月28日，一群暴徒聚集在伦敦，举行了名为"我们恨公爵"会议。聚集地附近有一家戏院，一场演出刚刚结束。有人发现公爵的医生约翰·兰贝（John Lambe）从戏院走出来。暴徒们嚎叫起来，兰贝见状急忙逃跑。他从一个酒馆跑到另一个酒馆，拼命地寻求保护。但暴徒们追上了他，他们抓住兰贝，在人行道上把他打死。

谋杀公爵的医生的意义仅次于谋杀公爵本人。但这对约翰·费尔顿（John Felton）来说还不够，他和白金汉公爵有私人恩怨。

> 许多人都憎恨白金汉公爵乔治·维利尔斯。人们创作民谣诽谤他。粗俗的民谣被传唱。1628年6月28日，一群暴徒聚集在伦敦，举行了名为"我们恨公爵"会议。

英雄杀手

1627年，白金汉公爵不同意费尔顿成为海军上校，而且还侮辱他。费尔顿发誓要报仇。1628年8月23日，费尔顿在朴次茅斯（Portsmouth）的灰狗旅馆外等着白金汉公爵。公爵刚刚吃完早餐，费尔顿就冲了上去，在他胸口捅了一刀。这一刀足以使他毙命。白金汉公爵倒在地上，奄奄一息。

约翰·费尔顿对白金汉公爵怀恨在心，遂将其谋杀。那些不想让公爵控制查理国王的人对他的死拍手称快，费尔顿成了国家英雄。

1642年，查理一世来到议会大厅，希望逮捕指控他滥用王权的五个人，但失败了。后来形成了一个传统，那就是不允许君主进入下议院。

约翰·费尔顿因谋杀罪被处以绞刑，但他成了国家英雄。伦敦人听说白金汉公爵死了，欢呼雀跃。议会也很高兴，因为他们多年来一直想除掉白金汉公爵。现在公爵走了，查理国王只能靠自己了。

此时，国王与议会的矛盾达到了顶点，双方势必会发生冲突。1629年3月2日，查理的支持者和反对者居然在下议院会议厅里大打出手。

查理很快就制止了这种情况。他解散了议会，在无议会的情况下统治了11年。他仿照詹姆斯国王的做法来保证资金流入。在他的筹款计划中有一种名为"船费"的税收最令人憎恨。船费本应是沿海城镇在国家危险时期为建造船只而支付的税款。但当查理要求征收该税款时，国家并没有处于危难中。他甚至还要求内陆城镇也缴纳船费。

然而，光靠船费是不够的。1640年，查理需要30万英镑向叛乱的苏格兰人发起战争。他召集了议会，但是议会的看法并没有改变：国王必须停止征税，他必须严厉对待天主教徒，大臣必须受议会制约。之前的分歧还是没有解决，查理国王拒绝让步，所以只好再次解散议会。

查理继续征收船费和其他税款。议会对国王的憎恨与日俱增，逐渐失去了耐心。1641年11月23日，下议院以159票对148票的微弱优势通过了《大抗议书》(Grand Remonstrance)。

《大抗议书》由约翰·皮姆（John Pym）和其他四名议会成员起草，列举了查理国王滥用权力的多种行为。大约六个星期后，即1642年1月4日，查理国王率领一支强大的士兵卫队亲自来到下议院，目的是逮捕《大抗议书》的五名起草者，并指控他们犯有叛国罪。

查理对下议院议长威廉·伦索尔（William Lenthall）说："议长先生，请允许我借用一下你的椅子。"

议长的椅子在一个高高的台子上。国王走上前去，扫视了一下面前的人。约翰·皮姆和他的四个朋友不在那里。有人警告他们那天不要去下议院。

查理问伦索尔他们在哪里。伦索尔回答说："禀告陛下，按下议院的指示，我只是这里的仆人。"换句话说，伦索尔不打算透露任何消息。

国王知道他已经输了，就说道："好吧，既然我看到所有的鸟都飞走了，我确实希望你能在它们回来后尽快把它们送到我那里。"然后他就离开了。约翰·皮姆和其他人一周后回来，但没人打算把他们交给查理国王。

保王党对战圆颅党

现在看来，内战势必要爆发。查理国王和王后亨里埃塔·玛丽亚（Henrietta Maria）以及他们的孩子从伦敦逃到位于萨里郡的汉普顿宫，那里更安全。英国第三次也是最后一次内战开始于1642年8月22日。当天，查理国王在诺丁汉郡"举起王室旗帜"。现在的局势是国王的支持者——保王党，对战议会——圆颅党。

查理国王和保王党一开始很顺利。他们在沃里克郡的埃奇希尔镇（Edgehill）首战告捷。但之后，双方势均力敌，战役大多以平局告终，围攻持续了很长时间。

内战中，有些人支持国王，有些人支持议会，还有许多人无法做主。国王和议会都实行征兵制：年轻人被强行征去打仗。1643年，议会领导人之一奥利弗·克伦威尔（Oliver Cromwell）招募了一支妇女队伍，称之为"少女部队"。她们的任

英国内战期间,保王党的一个据点受到攻击,画面中一名妇女捂住耳朵以躲避炮火声。内战通常被认为是最凶残的战争:这场战争让成千上万的平民百姓胆战心惊。

务是"鼓动年轻人"为议会作战。

许多士兵不想参战。一群士兵在一家酒馆袭击了征兵官员——尤里斯(Eures)中尉。他们强迫尤里斯从连接酒馆招牌的横梁上爬出来,之后又殴打他,有人向他投掷石块,然后他被扔到一堆垃圾上。但他还没有死,跟跟跄跄地走出来。但袭击者发现了他,并凶残地殴打他的头部,直到他死亡。

统治行为

勇敢的布里利亚娜

丈夫在外征战沙场,妇女们留下来保卫家园。哈雷(Harley)夫人布里利亚娜(Brilliana)的家园布兰普顿布莱恩(Brampton Bryan)位于英格兰西部的赫里福德郡，被保王党军队围困了六周。哈特福德（Hartford）侯爵率领的保王党军队命令她投降，但她拒绝了。

不久，哈雷夫人、她的仆人和追随者就陷入恐惧。因为他们没有充足的食物。保王党士兵进入她家周围的庄园。他们偷走了奶牛、绵羊和阉割了的公牛，烧毁了房屋和农舍。他们杀死了其中一个仆人——爱德华·摩根（Edward Morgan）。哈雷夫人的厨师也被枪杀了。

保王党军队用大炮轰击她的住所，毁坏了大部分的屋顶。雨水漏了进来，房子里的每个房间都被浸湿。

哈雷夫人进行了反击。她只有50名士兵，但她命令他们摧毁保王党军队的防御设施。哈雷夫人偷回了保王党军队抢走的许多食物。但在这场斗争之中，哈雷夫人失去了生命。1643年10月29日，她中风发作，两天后去世。最后，保王党军队放弃并撤退了。

新模范军冲锋队

奥利弗·克伦威尔是一位乡村绅士和农场主。他与亨利八世遭逢厄运的大臣托马斯·克伦威尔是一家人。他从一开始就参加了内战，并且很快就发现了议会军队的致命弱点——没有经过训练，缺乏纪律性。议会不可能凭借这样一支军队赢得战争。

1645年，克伦威尔开始着手创建一支新模范军队，这支军队更加专业。他们刻苦训练、顽强拼搏，具有很强的战斗力。所有这些努力让议会军队大为改观。1645年6月14日，新模范军在北安普敦郡的内斯比（Naseby）战役中获胜。这是查理国王末日的开始。出于安全考虑，他逃到了赫里福德，但他知道自己大势已去。

国王利用苏格兰人的怜悯

查理剪短头发、戴上假胡子。之后，他伪装成仆人，逃往北方，到达苏格兰。

在苏格兰，查理停下脚步。作为苏格兰国王和英格兰国王，查理希望苏格兰人愿意帮助他。但是苏格兰长老会毫无此意，除非查理同意他们提出的要求——将长老会信仰强加于英格兰。但对查理来说，这是不可能的。长老会认为，国王应该对人民负责，人民在这片土地上拥有最高权力。像查理这样信奉君权神授的君主觉得受到了侮辱，他是不会咽下这口气的，所以他拒绝了。苏格兰人失去了耐心，把他交还给英格兰人。

> 查理剪短头发、戴上假胡子。之后，他伪装成仆人，逃往北方，到达苏格兰。在苏格兰，查理停下脚步。作为苏格兰国王……查理希望苏格兰人愿意帮助他。

议会在汉普顿宫将查理逮捕。查理担心卫兵会杀了他，于是在1647年11月11日，他逃脱了。查理以最快的速度骑马南下。三天后，他到达英格兰南部海岸的怀特岛（Wight）上的卡里斯布鲁克城堡（Carisbrooke Castle）。他在那里向城堡管

内战重演是一项在英国重现历史社团中非常受欢迎的活动。重现17世纪的场景需要对服装、发饰和武器进行大量细致的研究。

理者请求庇护，管理者让他进去了。

一年以后，即1648年12月1日，议会军队来到卡里斯布鲁克城堡。他们强迫查理国王和他们一起走。最终查理被关进了英格兰南部海岸的赫斯特城堡（Hurst Castle）。他的房间狭小昏暗，只开了一扇窗户。

英国首次由臣民进行王室审判

同时，奥利弗·克伦威尔已经下令在伦敦的威斯敏斯特宫审判国王。之前，没有任何一位英国国王被自己的臣民审判过。审判于1649年1月20日开庭。

查理被指控"出于邪恶的目的……建立不受约束的暴政……对议会和其所代表的民众发起恶意的战争，属于叛国"。法官拒绝称呼查理为国王，而是直呼其名"查理·斯图亚特"。

查理没有为自己辩护，因为他不承认法庭有任何权力审判他。

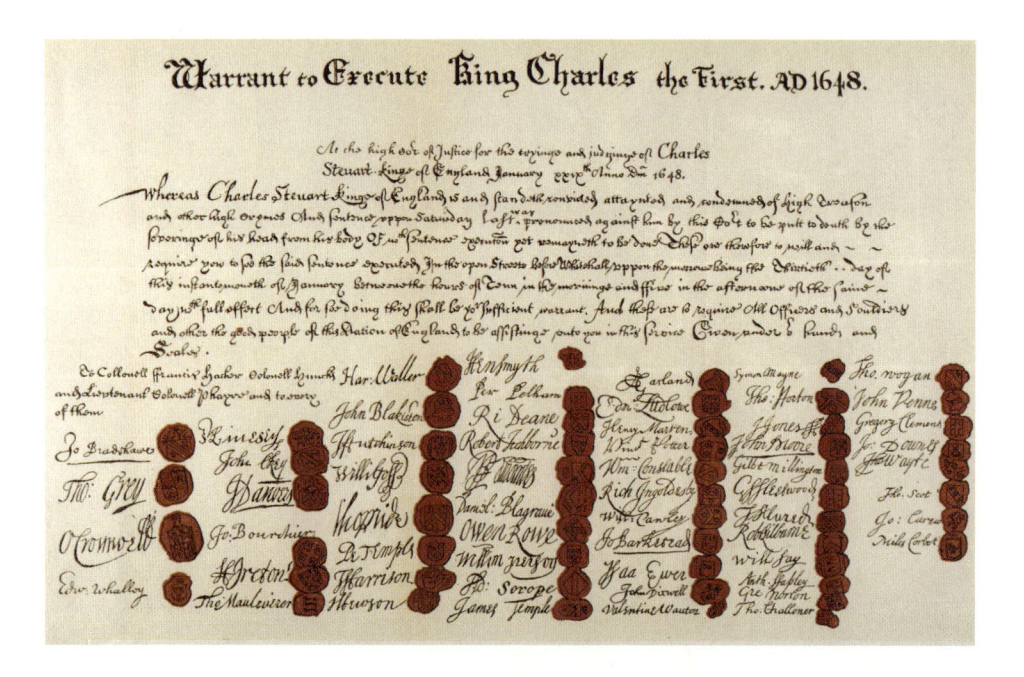

包括奥利弗·克伦威尔在内的59名议会军士兵，签署了查理一世的死刑令。还有很多人被召集到威斯敏斯特宫去参加对查理的审判，但判处国王死刑这一想法让大多数人心生畏惧。

这幅画作由维多利亚时代的艺术家匿名创作,描绘了未来的护国公奥利弗·克伦威尔,他凝视着被处决的查理一世的尸体。在放进棺材前,国王的头颅和尸体应该已经连在一起了。

统治行为

英格兰女狙击手

查理国王拒绝女性参战。但还是有女性这样做了。其中有一位农场主的女儿,名叫简·恩格比(Jane Engleby)。1644年,恩格比伪装成男性,在马斯顿荒原(Marston Moor)战役中与丈夫并肩作战。其他女性则在切斯特(Chester)、莱斯特和其他城镇中充当狙击手。还有一位是温德姆(Wyndham)夫人。在萨默塞特郡的布里奇沃特(Bridgewater)围攻中,她朝圆颅党领袖之一奥利弗·克伦威尔盲目扫射,但最后脱靶了。如果她能击中克伦威尔,内战可能会出现转折。

1644年7月2日,保王党在马斯顿荒原战役中战败,损失了他们在英格兰北部的军事力量。鲁珀特王子(Prince Rupert)的士兵们惨败,不得不藏匿在豆荚田里。

查理说："我想知道你们有什么权力传唤我到这里。我想知道你们有什么合法的权利……记住，我是你们的国王，你们合法的国王……世上任何高级司法机构都不能审判国王。"

法庭没有动摇。现在剩下的任务就是认定查理有罪并做出判决。法院最终判处国王死刑。包括奥利弗·克伦威尔在内的59名士兵签署了死刑令。伦敦白厅宫的宴会厅外搭建了一个大型断头台。

1649年1月30日天寒地冻。查理想要两件衬衫保暖，因为他说："天气太冷了，我可能会冻得发抖，台下的观众可能以为我怕死呢。"

查理被押上了断头台。一大群人在那里观看。从他对臣民的讲话中可以明显地看到，他依然相信君权神授："我必须告诉你们，（人民的）自由在于政府，在于最大限度保护他们生命和财产安全的法律。这并不是意味着人民要与政府平分权力。因为臣民与君主完全不同。"

查理把他的头放在垫头木上。刽子手举起斧头，一击砍下了国王的头。一位目击者写道，刽子手行刑时，"在场的数千人发出叹息，这是我以前从未听到过的，而且我希望以后也不会听到！"

八天后，议会废除了国王的头衔和职务。1649年5月19日，君主制也被废除了。这是英国在历史上第一次也是唯一一次成为共和国。

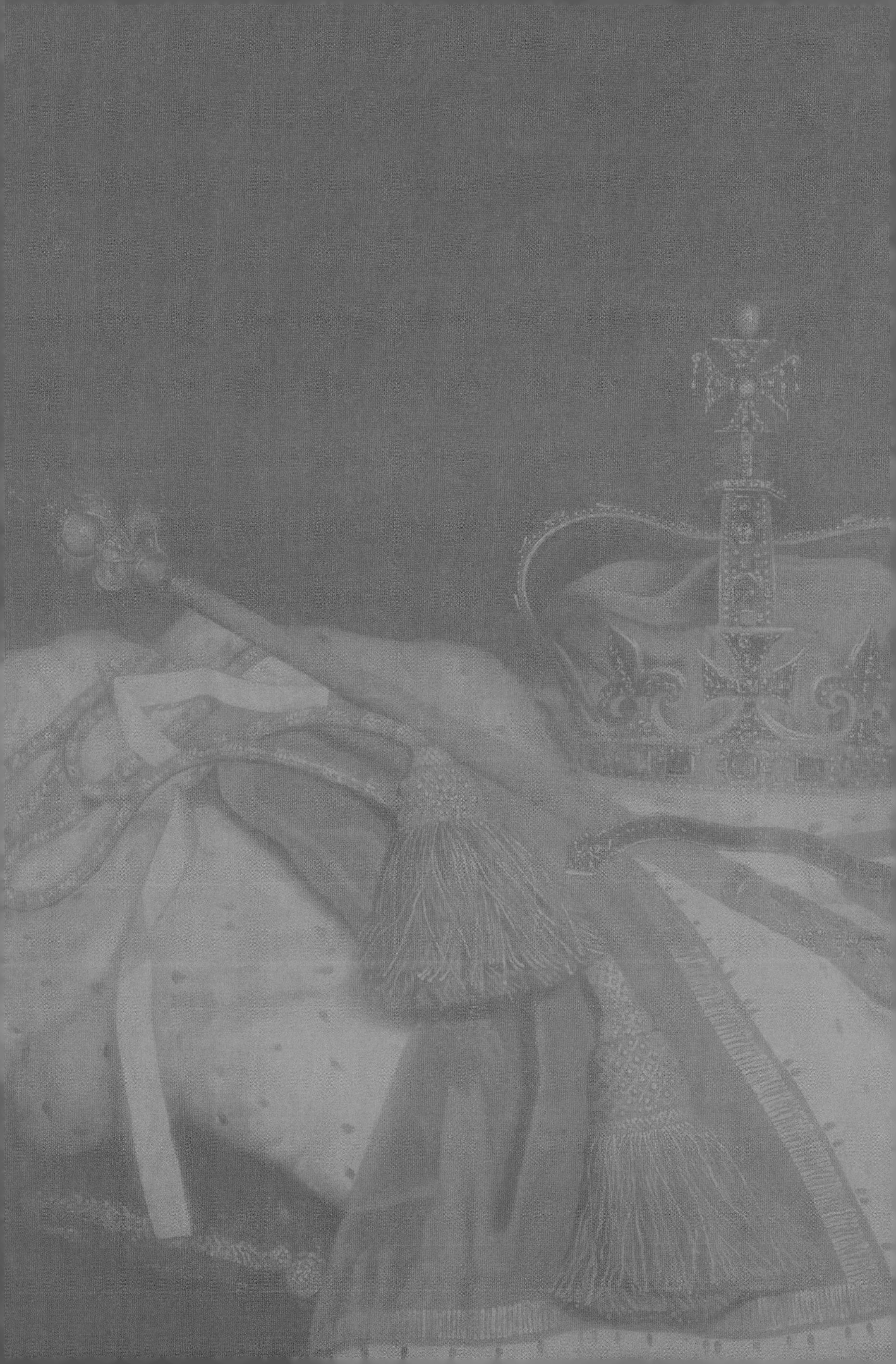

第十一章
斯图亚特王朝
第二部分

不怎么快乐的君主

查理二世加冕时使用的王冠、宝球、宝剑和其他御宝都是重新制作的。因为之前的御宝都被议会拿去卖了。

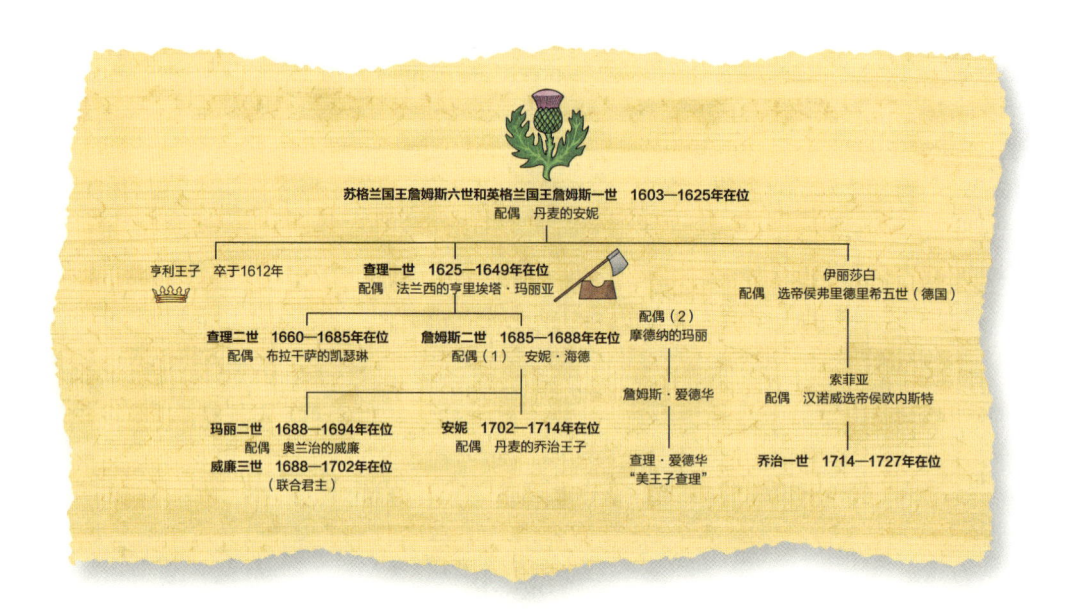

```
                                    ╱╲
                                   ╱  ╲
                          苏格兰国王詹姆斯六世和英格兰国王詹姆斯一世   1603—1625年在位
                                    配偶  丹麦的安妮

    亨利王子  卒于1612年    查理一世  1625—1649年在位                                伊丽莎白
                          配偶  法兰西的亨里埃塔·玛丽亚                        配偶  选帝侯弗里德里希五世（德国）
                                                       配偶（2）
                                                       摩德纳的玛丽
           查理二世  1660—1685年在位   詹姆斯二世  1685—1688年在位
           配偶  布拉干萨的凯瑟琳       配偶（1）  安妮·海德
                                                       詹姆斯·爱德华                 索菲亚
                                                                              配偶  汉诺威选帝侯欧内斯特
           玛丽二世  1688—1694年在位    安妮  1702—1714年在位
           配偶  奥兰治的威廉           配偶  丹麦的乔治王子  查理·爱德华    乔治一世  1714—1727年在位
           威廉三世  1688—1702年在位                      "美王子查理"
                  （联合君主）
```

英吉利共和国由议会统治，议会由清教徒主宰。恪守教规的清教徒试图清除残余天主教势力的繁文缛节，来洗清国家的罪恶。

清教徒教规规定，通奸意味着死刑。如果一个人在决斗中杀死了他的对手，那么他可能会被指控谋杀。清教徒专门把说脏话、赌博和酗酒的人列为惩罚对象。他们在星期日和斋戒日关闭公共场所。对说脏话的人罚款，处罚金额取决于谁骂了人。公爵罚30先令，男爵罚20先令，乡绅罚10先令，其他人罚3先令4便士。这只是针对第一次触犯教规，下一次处罚金额会翻倍。

禁止娱乐活动

清教徒总是在寻找邪恶行为和发生邪恶行为的可能性。这就是为什么戏院——"罪恶和不道德的窝点"被关闭。传统的消遣活动（如捕熊和斗鸡）也被制止。"粗俗又带有异教性质的"五朔节花柱[①]舞也被禁止。

清教徒禁止人们穿任何款式的染色衣物。穿带有花边、缎带或装饰性纽扣的衣服是

---

① 英国庆祝五朔节时常绕此柱舞蹈、游戏。——译者注

违法的。清教徒对长发也很反感。在清教徒的统治下,英国民众过着压抑悲惨的生活。

民众怀念王室"魅力"

但是清教徒废除君主制的时候犯了一个大错误。君主制和对君主的爱戴已经深深根植于英国传统中。君主制确实有着某种魅力。1657年,由于人们非常怀念君主制,议会提出了一个不同寻常的要求:他们邀请当时的护国公奥利弗·克伦威尔担任国王。克伦威尔对这一想法一笑置之。他知道人们不想要一个老国王:他们想要真正的国王。这个国王就是被放逐的查理王子——国王查理一世的儿子。

除此之外,清教主义还有一个严重的弱点,那就是它紧紧依靠克伦威尔一人。克伦威尔于1658年去世后,清教徒的政权就分崩离析了。

"闲人"统治下的英国进入无政府状态

护国公克伦威尔的继任者是他的儿子理查德。理查德·克伦威尔和他的父亲有所不同。在他执政的8个月里,英国陷入无政府状态。最糟糕的是,许多士兵没有工资。他们开始在英国四处游荡,偷窃食物、金钱和其他必需品。

理查德·克伦威尔毫无用处,以至于得到了"闲人"这个绰号。他知道自己能力不足,所以他逃跑

查理二世在伍斯特战役中被打败,1651年10月14日,他在逃亡过程中为躲避追兵被迫躲在一棵橡树上。今天,数百家英国酒馆据此取名为"王家橡树"。

了。1659年5月16日，克伦威尔从伦敦消失了。他先是逃到巴黎，之后逃到意大利。他甚至取了一个假名字：约翰·克拉克（John Clark）。他的妻子再也没有见过他。

"闲人"走了，没有人统治英国了。当务之急是让国王回来。为了夺回王位，查理已经等了11年。1651年，他曾试图通过武力夺取王位，但最终失败了。9月3日，查理的军队在伍斯特战役中被打败后，查理不得不逃亡。奥利弗·克伦威尔张贴了一则告示，悬赏1000英镑捉拿查理。查理被迫躲在一棵橡树上以躲避追兵。今天，许多名为"王家橡树"的英国酒馆就是暗指这一历史事件。

国王凯旋

1651年查理战败后，伪装了自己，他涂黑脸，穿上一套破旧的衣服。克伦威尔的手下紧追不舍，查理从一个城镇逃到另一个城镇，然后成功航行到法兰西。九年后，查理最终迎来了高光时刻：军队中的高级军官蒙克（Monck）将军邀请他回国加冕为王。1660年5月29日是查理的30岁生日，他回到英国。成千上万的伦

查理二世在流亡11年后迎来了一个高光时刻：他正划船驶向多佛尔，在那里，他恢复王位后再次登上英国土地。查理收到了臣民喜悦的问候。

敦人出来欢迎他。日记作者约翰·伊夫林（John Evelyn）写道：

"场面十分热闹，全军两万多人挥舞着宝剑，欢呼雀跃，喜悦之情难以言表。道路上铺满了鲜花，钟声响起，街道上挂满壁毯，喷泉里流淌着美酒。

"……号角声、音乐声响起，街道上人潮涌动……所以他们从下午两点到晚上九点，花了七个小时才经过伦敦城。"

那天晚上，人们在泰晤士河上点亮彩灯，燃放烟花。观众们挤进小船或驳船。伊夫林写道，船只很多，"（从河上）走过去都没问题"。

查理国王用自己的方式来庆祝凯旋。9个月后，即1661年2月，他的众多情妇之一——芭芭拉·维利尔斯（Barbara Villiers）生下了一个女儿，起名为安妮·帕尔默（Anne Palmer），是国王15个私生子中的一个。

"漂亮、机智的内尔"

找情妇几乎是查理在流亡期间唯一的娱乐。他并不是特别挑剔，任何身材苗条、相貌美艳的女人，只要能引起他的注意，就会被邀请同床。其中最谦卑、最讨人喜欢的是内尔·格温（Nell Gwynn）。她来自伦敦东区的贫民窟。她的第一份工作是在伦敦的富人区卖鱼。妓院老板罗斯夫人看中了她。因此，年仅12（或13）岁的内尔就成了一名妓女。

但她不是普通的妓女。内尔·格温活泼、有趣，又富有魅力。后来，日记作者塞缪尔·佩皮斯（Samuel Pepys）称她为

内尔·格温是查理二世众多情妇中最著名又最不自负的一个。查理第一次见她是在伦敦的戏院，当时她在观众席中卖橙子。之后，内尔成为英国第一位女演员。

"漂亮、机智的内尔"，这个称呼很适合她。内尔很有野心，她并不打算在妓院里继续当一个可有可无的女孩。伦敦的舞台给了她继续前进的机会。

查理国王回来后，戏院重新开张。他们上演了新编排的、性感露骨的"复辟"喜剧。这些下流粗俗、粗制滥造、挑动色情的剧目让严苛守旧的清教徒大加责难。但查理国王喜欢这些戏剧。1663年创立的"国王戏院"是最新开张的戏院之一，查理是那里的常客。在那里，他第一次见到了内尔·格温，当时她在观众席卖橙子。

在座的每个男人几乎都向迷人的内尔投来欣赏的目光。内尔善于调情，俘获了几个情人。其中之一是演员查理·哈特（Charles Hart）。他意识到内尔会成为一个出色的女演员。当时，英国舞台上鲜少有女演员，过去女性角色都是由男性扮演的。

内尔毁了情敌的爱情之夜

另一个女演员莫尔·戴维斯（Moll Davis），也是查理国王的情妇之一。莫尔与内尔彼此憎恨。因此，内尔耍鬼把戏来报复莫尔。1668年初的一个夜晚，莫尔正准备和查理国王睡觉。但在几小时前，内尔曾邀请莫尔吃她准备的蜜饯。莫尔不知道，这些蜜饯中含有大量的泻药贾拉普①。

当天晚上，贾拉普发挥药效，莫尔出现了剧烈的腹泻，没有和国王有亲密的接触。国王是怎么想的，我们不得而知。但他也许被这个把戏以及耍把戏的年轻女子逗乐了。很快，内尔就成了他的另一个情妇。

另一个"恶作剧"发生在1671年，有人试图从伦敦塔盗走王室珠宝。这个"恶作剧"更有戏剧性，迎合了查理的低级趣味。偷盗未遂者是托马斯·布拉德（Thomas Blood）上校——爱尔兰铁匠的儿子。布拉德曾经历过惊心动魄的时刻。1670年，他绑架了爱尔兰总督奥蒙德（Ormonde）公爵。布拉德被判处死刑，最后一分钟的缓刑时间到了，他即将在伦敦的泰伯恩（Tyburn）刑场被绞死，就在这时，布拉德逃走了。有人悬赏1000英镑捉拿他。但他没有被抓住，反而着手偷窃王室珠宝。

---

① 指球根牵牛的块根或由块根制成的泻药。——译者注

布拉德兄弟

布拉德上校把自己伪装成一个牧师。他花时间与伦敦塔珍宝馆的馆长塔尔博特·爱德华兹（Talbot Edwards）交好。两人之间友谊深厚，并且同意结为亲家。婚礼本应于1671年5月9日在伦敦塔举行。

那天，布拉德与两名同伙来到伦敦塔。塔尔博特·爱德华兹没有怀疑，直到布拉德从他的长袍下拿出大头槌开始打他的头。之后爱德华兹倒在地上不省人事。

布拉德抓住了国王的王冠，用大头槌将其压扁，以便装进他的长袍口袋。其中一个同伙掠夺了宝球，藏在自己的马裤里。与此同时，另一个同伙试图将权杖锉成两节。

就在这时，爱德华兹的儿子威思（Wythe）不期而至。当他发现父亲躺在地上血流不止时，他拉响了警报。这时，布拉德和他的同伙们想要逃走，但没等他们逃走就被抓住了。

> 布拉德上校抓住了国王的王冠，用大头槌将其压扁，以便装进他的长袍口袋。其中一个同伙掠夺了宝球，藏在自己的马裤里。

取悦"快乐君主"

查理国王得知事情经过以后，觉得好笑，就赦免了布拉德。他还每年给布拉德一笔500英镑的抚恤金，并邀请他到宫廷。而在"快乐君主"查理重新登上王位以后，这只是英国"欢闹嬉戏"的冰山一角。

但是，"快乐君主"的统治并不是那么有趣。查理针对那些签署了他父亲死刑令的人发起残酷的复仇行动。1660年10月20日，杀害先王的10人在位于伦敦的泰伯恩刑场被处绞刑，并被开膛和肢解。其中一名士兵，在即将被开膛的时候猛然坐起来，攻击了行刑者。

统治行为

死后也要被复仇

查理对死者也进行了报复。之前死去的清教徒的尸体被挖出来，然后被扔进坑里。其中包括奥利弗·克伦威尔和约翰·布拉德肖（John Bradshaw）。布拉德肖曾是审判查理一世的主审法官。查理对这两人有特别的惩罚。

1661年1月30日，他们的尸体被装进囚笼，之后被拖到伦敦大理石拱门附近的泰伯恩刑场。在那里，他们被吊在绞刑架上，直到太阳落山。之后，他们的头被砍下，插在威斯敏斯特大厅顶层的杆子上。克伦威尔的头颅插在上面25年，直到被强风吹落。

查理二世年轻时的画像，他在父亲查理一世被处决的前一年，即1648年，逃亡法兰西。

用巧妙的诡计推翻议会

查理国王还要结清其他宿怨。他一生的主要目标是"绝不再踏上旅途"。为了抓牢好不容易才等来的王位，查理愿意做任何事。最重要的就是除掉议会。

国王的钱财一直需要议会来提供。如果议会不喜欢国王的政策，就会拒绝为国王出钱。查理的解决办法是建立自己的财产库。1670年，查理与法王路易十四签署了《多佛尔条约》①。议会误以为查理签署这一条约是为了协助法王在欧洲作战。但是，其中有一项秘密条款：路易同意支付查理大笔钱款。这让议会起了疑心。查理撒谎说，没有秘密条款，但说话时他的手在发抖。

尽管如此，路易的钱款帮助查理实现了他的目的。他在1681年解散议会，余生都没有议会帮助他统治国家。这是一石二鸟的做法。一方面，议会再也不能以拒绝支付钱款来要挟国王。另一方面，议会也不能阻止国王的兄弟——约克公爵詹姆斯继承王位。

詹姆斯是罗马天主教徒。如果他成为英国国王，必定试图让英国皈依天主教会。这在议会中引起了轩然大波。议会几次想要把詹姆斯从继承者行列中剔除，但都未能成功。詹姆斯最有力的支持者就是查理国王。查理争辩道，詹姆斯是合法继承人，因此必须成为国王。

策划阴谋

但是，反对查理的阴谋也在酝酿中。1678年，两个高明的骗子泰特斯·奥茨（Titus Oates）和伊斯雷尔·汤奇（Israel Tonge）决定煽动事端。他们编造了天主教阴谋案（Popish plot）②，这起阴谋全都是谎言，根本不存在。但是人们非常紧张，以至于所有人都认为这是真的。

"阴谋家"是天主教耶稣会士，他们策划杀害查理国王，以确保信奉天主教的詹姆斯成为国王。之后，一位伦敦治安法官得知了天主教阴谋案。他仔细调查，得出结论，发现整个阴谋案充斥着谎言。与前人一样，泰特斯·奥茨因犯伪证罪受到了审判，被判处终身监禁。

接下来，1683年，一群密谋者策划了另一起"麦酒店阴谋案"（Rye House

---

① 在1670年5月签订的这份《多佛尔条约》中，英、法两国承诺联合打击荷兰，而且双方均不能与荷兰单独媾和。——译者注

② 1678年9月，泰特斯·奥茨和伊斯雷尔·汤奇声称，他们要揭露一起耶稣会士为确保信仰天主教的约克公爵詹姆斯继承王位而试图暗杀查理二世的阴谋，这其实是他们的谎言。详见：[英]约翰·坎农（编），孙立田、庞玉洁等（译）：《牛津英格兰历史辞典》，北京：人民出版社，2018，1130页。——译者注

泰特斯·奥茨受到的惩罚远比如插图所示的戴上颈手枷更残酷。他被判犯有伪证罪，于1685年遭终身监禁，但在1688年詹姆斯二世遭废黜后被释放。

统治行为

施虐狂杰弗里斯的残暴法令

蒙茅斯（Monmouth）叛乱的领袖被处决并不意味着复仇行动已经结束。更加可怕的惩罚接踵而至。在一连串的审判中，300名蒙茅斯叛乱的支持者被判处死刑。其中一位是70岁的莱尔（Lisle）夫人爱丽丝，她因庇护两名叛军而被烧死。

这些审判被称为"血腥审判"。詹姆斯二世最残暴的代理人之一——乔治·杰弗里斯（George Jeffreys）主持了在布里斯托尔举行的审判。他早就以嗜血的虐待狂而闻名。杰弗里斯甚至从这次行动中获利。他向一些叛乱者出售赦免令，赚了一笔钱。但有数百人被鞭打，还有数百人被运往美洲殖民地，这在当时是一种可怕的惩罚。这是一次大规模的复仇行动。

杰弗里斯法官在"血腥审判"中做出的判决仍被认为是异常残忍的。

Plot）。这一次，他们不是要虚张声势，而是要付诸实践。他们的目标不仅是詹姆斯，还有查理国王。他们认为，这样就会避免一个信奉天主教的国王登上英国王位。

密谋者之一是查理国王的第一个私生子蒙茅斯公爵詹姆斯。他爱慕虚荣、愚蠢至极但却野心勃勃。蒙茅斯公爵自己想称王，认为杀害查理和詹姆斯是个不错的

赫特福德郡霍德斯顿附近的麦酒店，是1683年共和党人策划杀害查理二世和他的兄弟约克公爵詹姆斯的地方。在阴谋家们的计划中，当天，查理二世和约克公爵詹姆斯将在从纽马基特赛马场回来的路上被杀害。

办法。

阴谋发生在赫特福德郡霍德斯顿的麦酒店。查理国王是个热衷于赛马的人，是纽马基特（Newmarket）赛马场的常客。在从伦敦前往纽马基特的路上，有一条靠近麦酒店的狭窄小道。密谋者打算埋伏在这里，等查理国王和他的兄弟詹姆斯从赛马场回来的时候将他们杀害。

但事情并没有按计划进行。当时，纽马基特突发大火，赛马取消了。这意味着查理和詹姆斯要提前离开纽马基特，沿着小路骑马返回。当然，这也救了他们的命。

阴谋家们被逮捕。其中，埃塞克斯伯爵在审判前自杀了。但其他三人被判犯有叛国罪。有人怀疑许多证据都是编造的，而且一些原告证人作了伪证。尽管如此，阴谋家们还是被斩首了——除了蒙茅斯公爵。查理国王太喜欢他了，所以没有惩罚他。

天主教徒詹姆斯二世试图让英国回到罗马天主教皇的管辖之下，这引起了社会动荡和多起暴力抗议。詹姆斯逃脱了他父亲查理一世被处死的命运，但却被迫终身流亡。

新国王，旧叛乱

两年后，即1685年2月6日，查理去世。正如詹姆斯一直希望的那样，他登上了王位。但此后不久，蒙茅斯公爵又试图夺取王位。他领导了一场针对新国王的武装叛乱。1685年7月6日，蒙茅斯公爵的军队在萨默塞特郡塞奇摩尔（Sedgemoor）战役惨败。蒙茅斯公爵设法从战场上逃跑。

一周后，人们发现蒙茅斯公爵躲藏在一条沟里。他被指控犯有叛国罪，并于7月15日被处决。但刽子手杰克·凯奇（Jack Ketch）搞砸了，他在蒙茅斯公爵的脖子上砍了五次。即使如此，也没有杀死他，他的身体仍在抽搐。凯奇厌恶地撇下斧头。他说："我不能这样做，我辜负了自己的内心。"最后，他用一把刀砍下了蒙茅斯公爵的头。

尽管查理国王努力争取让詹姆斯继位，但他很清楚詹姆斯继位后会发生什么。他预言詹姆斯会在三年内毁掉自己。结果确实如此。

詹姆斯登上王位后立即让英国重新皈依天主教会。他让天主教徒担任重要的政府职位和其他官职，新教徒们怒不可遏。詹姆斯还与教皇展开谈判，让他管辖英国教会，新教徒们愤怒得咬牙切齿。

詹姆斯的两个女儿——玛丽和安妮给了反对者一丝安慰。玛丽和安妮都是新教徒。玛丽嫁给了著名的荷兰新教徒——奥兰治的威廉（William of Orange）。因此，新教徒们不得不暂时忍受推行天主教的詹姆斯，因为王位迟早会由信奉新教的女王——也许是两位女王所接替。

意外的惊喜

后来，在1688年发生的一件事改变了整个局面。6月10日，詹姆斯国王的第二任妻子摩德纳的玛丽（Mary of Modena）婚后15年生下了一个儿子——詹姆斯·爱德华。詹姆斯·爱德华在父母婚后这么久才出生，让所有人都感到惊讶。这也让詹姆斯二世的敌人提高了警惕。

詹姆斯·爱德华现在是他父亲的王位继承人，这意味着英国王位将一直由天主教徒继承。新教徒们忍无可忍，他们认为詹姆斯必须离开。于是，七位杰出的英国人向奥兰治的威廉发出密信。他们希望威廉率军到英国，将詹姆斯驱逐。

必须拯救英国

这是绝望之举。毫无疑问，这些人是在叛国。但是，为了把英国从天主教的"威胁"中拯救出来，没有人会指责他们的行为。

1688年11月5日，奥兰治的威廉在德文（Devon）的托贝镇（Torbay）登陆。当他向伦敦挺进时，詹姆斯的军队却撤退了。在撤退过程中，他们开始逃跑。詹姆斯知道他正处于失败的边缘。他非常害怕，以为自己会像父亲查理一世一样被斩首。

詹姆斯试图逃跑。1688年12月11日，他尝试穿越英吉利海峡到法兰西。尽管伪装成女人，他还是被渔民认出来了，渔民又把他带回了英国。

这幅画描绘的是威廉三世和玛丽二世联合执政。因为詹姆斯二世实行"教皇"政策而使英国受到天主教的威胁，威廉受议会邀请来拯救英国。

威廉和议会都不希望詹姆斯回来。他们更希望詹姆斯能够逃到流亡之地。詹姆斯尝试逃跑的机会还有很多。1688年圣诞节当天，詹姆斯第二次尝试，他成功逃到了法兰西。

要么成王，要么离开

现在，王位属于詹姆斯的女儿玛丽，只不过她的丈夫威廉不愿意退居幕后，他也想成为国

> 现在，王位属于玛丽——只不过她的丈夫威廉不愿意退居幕后。

王。威廉威胁议会，要么让他成为国王，要么就没他这个人，他会回国，让英国自作自受。

尽管玛丽是真正的王位继承人，但议会不得不同意威廉的意见。议会也不能撇开玛丽，所以王位属于威廉和玛丽两个人。他们成为国王威廉三世和女王玛丽二世。这是英国第一次也是唯一一次同时拥有两位君主。

然而，议会同意联合执政并不是没有条件的。他们已经受够了那些大肆宣扬君权神授、为所欲为的君主。

1689年，议会创立"君主立宪制"，解决了这个问题。这种制度意味着君主失去了某些权力，比如，发动战争和增加税收的权力。他们收入的唯一来源是议会。用委婉的方式来描述君主立宪制就是君主在位但不统治。它的真正含义是议会"限制"了君主，这样一来，君主就不能再胡作非为了。

威廉和玛丽的首要任务是彻底摆脱前任詹姆斯二世。1690年，詹姆斯率军来到爱尔兰。但在7月1日的博因河（R.Boyne）战役中威廉轻而易举地击败了他。詹

图中走下台阶的"女人"根本不是女性，而是伪装成女人逃亡的詹姆斯二世。尽管詹姆斯把自己伪装起来，他第一次试图逃跑时还是被认了出来，但第二次他得到别人的帮助成功逃跑了。

姆斯逃回法兰西，再也没有试图入侵。

1689年，苏格兰人曾试图为詹姆斯而战。他们反抗新上任的国王和女王，但被打败了，英格兰人非常蔑视他们。苏格兰的王公贵族被命令宣布效忠于威廉和玛丽。宣誓的最后期限是1692年的元旦。但发生了一个可怕的误会，正因为这个误会，发生了一场令人震惊的屠杀。

苏格兰人因为格伦科（Glencoe）大屠杀从未原谅国王威廉。威廉面临的问题也越来越严重。他没有孩子，并且在女王玛丽1694年死于天花之后，连生育的希望也没有了。威廉心碎了。外表上，他是个冷酷的人。但当他得知玛丽感染了天花时，他哭倒在地。这给他带来了非常大的打击，他吓得呆若木鸡。

威廉拒绝再婚。这意味着玛丽的妹妹安妮将成为他的继承人。与玛丽不同，安妮有很多子嗣——总共17个。但是所有的孩子年幼时就离开了人世。最后一个孩子——格洛斯特公爵威廉，比其他孩子活得久一些。但在1700年，11岁的威廉也死了。他患有脑水症，身体虚弱，行动迟缓，而且很愚蠢。但只要威廉三世活着，他就是斯图亚特王朝新教徒君主的最后希望。

统治行为

小错误导致大屠杀

1692年1月发生的灾难性事件完全是地点上的小错误，以及后来的恶劣天气导致的。麦克唐纳（MacDonald）家族的首领阿利斯代尔·麦克伊恩（Alisdair McIain）去向威廉和玛丽宣誓效忠，可他搞错了地点，到了威廉堡。发现错误后，他出发前往正确的地点——因弗雷里（Inverary），但暴风雪耽误了他。直到1月6日他才到达因弗雷里。

政府不听任何借口或解释，而是采取了野蛮的报复行动。1692年2月13日，在格伦科，阿盖尔（Argyll）军团的士兵屠杀了麦克唐纳家族。他们用枪、刀和棍子将他们杀死。他们的指挥官罗伯特·坎贝尔（Robert Campbell）把七名俘虏排成一排，依次向他们开枪，然后用刺刀干掉他们。

阿利斯代尔·麦克伊恩在下床时被击中背部。死者的尸体被涂上粪便，之后被扔进附近的河里。士兵们咬掉阿利斯代尔·麦克伊恩妻子的手指，掠夺走她的戒指。

1692年，苏格兰高地格伦科发生了英国境内最令人震惊的大屠杀。当时，麦克唐纳家族遭到阿盖尔军团的屠杀。

苏格兰民众向英雄鼹鼠致敬

两年之后，即1702年2月21日，威廉三世在伦敦附近的里士满公园骑马，他的马被鼹鼠丘绊倒了，威廉摔了下来。起初，威廉的医生诊断他只是摔断了锁骨。但是，这场意外比摔断锁骨要严重得多。威廉的手变得肿胀，他无法签署文件，不得不用印章来代替。他的医生尝试了所有治疗方案——蟹眼粉、珍珠酒和挥发盐，可是都不起作用。1702年3月8日，威廉去世。之后几个世纪，苏格兰人都向鼹鼠致敬，称其为"身穿黑色燕尾服的小绅士"，因为鼹鼠帮苏格兰人除掉了他们憎恨的国王。

安妮女王是詹姆斯二世的第二个女儿，是斯图亚特王朝的最后一位君主。1694年，大姐玛丽二世去世后，安妮放弃了她的继承权，允许她的姐夫威廉三世继承王位。1702年威廉三世去世后，她继承了王位。

安妮女王——女同性恋

1702年，朴素沉闷、固执己见的安妮继承了王位，她是斯图亚特王朝最后一位君主。虽然她已经结婚并生下很多子嗣，但安妮可能是女同性恋。她所有的亲密伙伴都是女性。有人粗略地写了一份关于安妮"取向"的小册子：

> 大名鼎鼎的安妮女王
> 在大不列颠王权摇摆不定之时
> 教堂旁，深爱着
> 那个肮脏的女仆

安妮女王被最著名的女伴——莫尔伯勒（Marlborough）公爵夫人萨拉·丘吉尔（Sarah Churchill）主宰。萨拉·丘吉尔是一个思想坚定的女人，也是温斯顿·丘吉尔（Winston Churchill）的祖先。

萨拉和丈夫约翰随心所欲地利用安妮女王。安妮和萨拉曾是儿时的朋友。萨拉利用她们的友谊夺取了各种头衔和奖赏。这些头衔带来了大量的金钱和土地。萨拉还为她的丈夫打造了公爵领地，他在1689年成为莫尔伯勒公爵。后来，当安妮成为女王时，公爵四次出征法兰西都赢得了辉煌的胜利。由此，他一举成名，成为英国最伟大的战士。作为奖赏，安妮下令专门为他在牛津郡建造了布莱尼姆宫（Blenheim Palace）。

游戏出错

安妮女王不喜欢盛大的场面，讨厌王室宫廷的繁文缛节。因此，她与萨拉·丘吉尔以玩游戏的方式来放松。安妮称自己为"弗里曼夫人"，萨拉称自己为"莫利夫人"。她们假装自己不是女王和臣民，而是两个喜欢闲聊和打牌的普通妇女。

而这是个错误。萨拉对这个游戏很认真。安妮像一个朴素而笨拙的小姑娘，萨拉是个美人，她自己也知道这一点。所以没过多久，她就大胆地使唤女王，仗势欺人。

这种情况不可能长久持续下去。1707年，安妮和萨拉大吵了一架。萨拉在愤怒中冲出宫廷。两人的争吵很激烈，以至于萨拉和她的丈夫离开了英国，直到安妮死后才回来。

但是有人一直等着接替萨拉·丘吉尔。阿比盖尔·马沙姆（Abigail Masham）夫人是萨拉的亲戚。事实上，正是萨拉安排马沙姆夫人为安妮女王的"侍寝女官"。萨拉很快就发现这是个错误。阿比盖尔·马沙姆用自己的方法投入安妮女王的怀抱，还向她讲述有关萨拉的可怕故事。

萨拉很生气。她写道："马沙姆夫人忘恩负义，是我把她从阁楼里带出来，让她不再挨饿。"

但阿比盖尔仍然是安妮女王七年间最亲密的伙伴。在那段时间里，她用金融交易赚取的利润填满了自己的口袋。她策划阴谋，赶走想要和女王成为朋友的人。但当安妮去世后，马沙姆夫人的权力一夜之间消失了。

安妮的健康状况一直都不好。多次流产和死产使她的身体状况更加糟糕。孩子们的死亡让她非常沮丧。1708年，她的丈夫，丹麦的乔治王子去世。

安妮没有子嗣不仅是个人问题，还是国家问题。事实上，这是个紧急问题。在斯图亚特王朝中天主教徒仍然存在，他们仍然想要夺取英国王位。为防止他们得逞，必须找到信奉新教的继承人。离得最近的是德国汉诺威的选帝侯夫人索菲亚(Sophia)。她的母亲伊丽莎白是国王詹姆斯一世的女儿，而詹姆斯一世是斯图亚特王朝的第一位君主。

> 安妮女王憎恨索菲亚。她甚至不允许人们在宫廷里提到她的名字。所以，索菲亚于1714年6月去世时，她很高兴。

安妮女王憎恨索菲亚。她甚至不允许人们在宫廷里提到她的名字。所以，索菲亚于1714年6月去世时，她很高兴，因为这样索菲亚就不会成为英国女王了。但不到两个月，安妮自己也一命呜呼。

德国人乔治获得王位

继承王位的是索菲亚的儿子乔治——英国汉诺威王朝的首位君主，他是汉诺威的选帝侯。乔治是新教徒，这也符合议会的期望。1715年，詹姆斯·爱德华·斯图亚特和他的追随者——詹姆斯党，试图夺取王位，但被乔治挫败。这件事足以让英国人忠于乔治。

但乔治并没有其他特质来吸引他的臣民。英国人已经忍受了坏国王、疯国王、专制者、篡位者和瘦弱者。但是，他们很快发现，汉诺威的乔治与之前的君主都不同。

安妮女王是斯图亚特王朝的最后一位君主。当她未能产生继承人时，这个国家陷入了激烈的争论。她的最终继任者乔治一世是王位的第52位继承人，至少他是个新教徒。

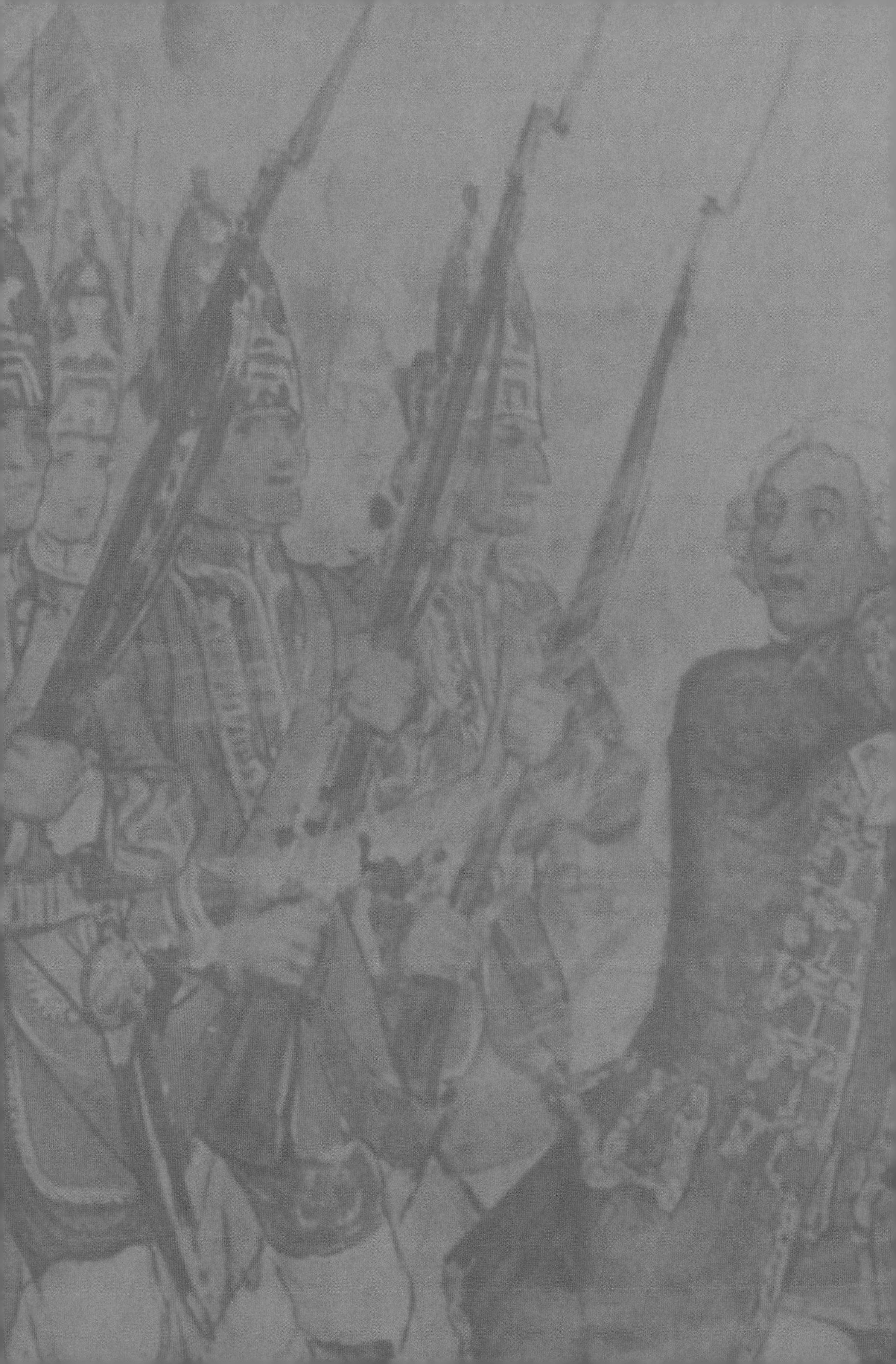

第十二章
汉诺威王朝
第一部分

情人与疯狂
——家族世仇

1743年,乔治二世是在德廷根(Dettingen)率军作战的最后一位英国国王。当时他60岁,要比插图中描绘的年老很多。

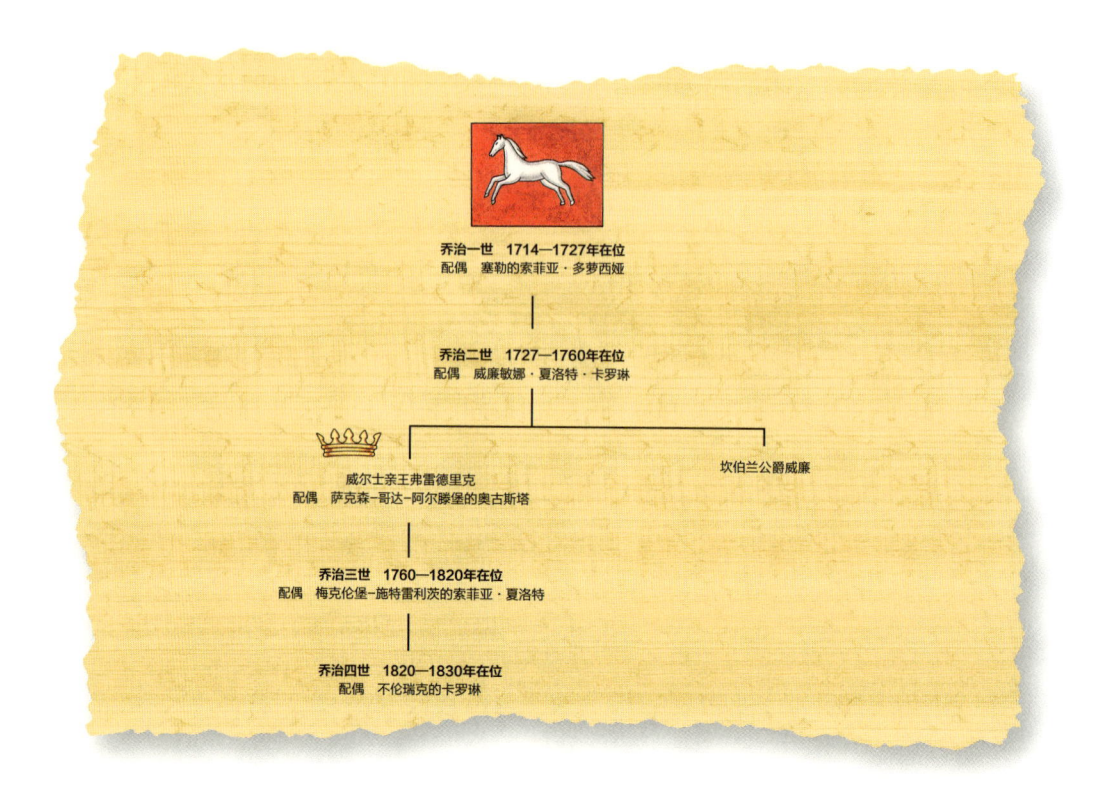

乔治一世 1714—1727年在位
配偶 塞勒的索菲亚·多萝西娅

乔治二世 1727—1760年在位
配偶 威廉敏娜·夏洛特·卡罗琳

威尔士亲王弗雷德里克
配偶 萨克森-哥达-阿尔滕堡的奥古斯塔

坎伯兰公爵威廉

乔治三世 1760—1820年在位
配偶 梅克伦堡-施特雷利茨的索菲亚·夏洛特

乔治四世 1820—1830年在位
配偶 不伦瑞克的卡罗琳

除了一人，其他所有汉诺威国王都是英国历史上最粗俗无礼的君主。他们的举止令人生厌，而且他们几乎不懂得如何做人。

当时的英国人都希望君主仁慈又有尊严，但是汉诺威人却不这样想。

更糟糕的是，乔治一世开创了一个可怕的家族传统。每一位汉诺威君主都与他的继承人发生过激烈的冲突。这可不仅仅是家庭争吵，而是充满仇恨的争夺。双方都带着故意伤害的目的，而且还都下手了。

野蛮人和可怕女友

英国人发现乔治一世的真实面目后非常震惊。乔治一世沉闷无趣，皮肤发红，眼睛凸出。他是一个粗野、笨拙，又没文化的野蛮人。他很少说英语，生活中只有三个兴趣：女人、马和食物。

乔治带着两个情妇来到英国，她们都非常丑陋。一个是梅卢西娜·冯·舒伦堡

（Melusina von Schulenberg），一个是夏洛特·索菲亚·凯尔曼斯（Charlotte Sophia Kelmanns）。乔治一世非常喜欢她们。他抓住一切机会在宫廷中炫耀她们。很快，这三个人成了英国的笑话。

两个情妇都滑稽可笑。舒伦堡将近60岁，瘦得像根芦苇，绰号是"五朔节花柱"。而凯尔曼斯则像一团巨大的、摇晃的脂肪，她被叫作"大象和城堡"，这个绰号取自伦敦南部的一个区。两人都被戏称为"丑陋的老怪物"。甚至还有关于凯尔曼斯更加下流的传言：人们普遍认为她是乔治一世同父异母的妹妹。

乔治一世是自亨利八世以来又一个离过婚的英国国王。他离婚的悲剧让爱八卦的人有了说不尽的闲言碎语。乔治1682年的婚姻从一开始就是一场灾难。乔治和他的妻子——塞勒的索菲亚·多萝西娅（Sophia Dorothea of Celle）从小就互相憎恨。他们的婚姻实则是一场交易：双方都因此获得了新土地。

这幅不列颠首位汉诺威君主——乔治一世的画像，是根据同时代的戈弗雷·耐勒（Godfrey Kneller）爵士的画作复制的。乔治一世身着御礼袍，头戴王冠，身披貂皮斗篷。

地狱中的婚姻

不幸的是，索菲亚·多萝西娅希望在婚姻中找到幸福，但她发现情况恰恰相反。乔治性格沉闷，脾气暴躁，开不起玩笑。相比之下，索菲亚是一个机灵聪颖的人。她非常漂亮、活泼、充满乐趣。乔治不理解她，也没有试着去理解她。他经常离开汉诺威去参战。而在家时,他更喜欢和情妇们乱来。

索菲亚太过年轻和急躁,无法忍受这种情况。1686年,她冲进乔治的书房,要求他把情妇们赶走,当时她还怀着第二个孩子。乔治勃然大怒,他抓住索菲亚,猛烈地摇晃她,几乎要把她勒死。索菲亚变得歇斯底里。幸运的是,她的女儿在1687年3月平安降生。

白马王子爱上王后

大约在这个时候,瑞典伯爵菲利普·冯·薛尼格斯马克(Philip von Königsmarck)来到了汉诺威宫廷。薛尼格斯马克拥有乔治所没有的一切。他当时22岁,非常英俊,极具魅力。男人喜欢他,女人爱慕他。薛尼格斯马克是一名军人,为了工作来到汉诺威。然而,他却成了索菲亚·多萝西娅的情人。两人在1688年汉诺威的舞会上互相着迷。薛尼格斯马克身穿粉色和银色的套装,看起来非常潇洒。索菲亚穿了一件漂亮的白色礼服,头戴鲜花。

这一切都非常浪漫,甚至是奇妙的。不久之后,薛尼格斯马克就无可救药地爱上了索菲亚。他每天都给她写热情洋溢的情书,有时一天写两封。索菲亚一直想把他送走,因为她知道有情夫是非常危险的。但最终,她放弃了抵抗。索菲亚和薛尼格斯马克在1691年成为恋人。爱八卦的人很快就知道了整个故事的来龙去脉。从这些人嘴里,乔治的家族也知道了这件事。他们一直监视着索菲亚。

恋人的悲剧

1694年7月1日晚,这对恋人在索菲亚的寓所——位于汉诺威的莱纳宫(Leine Palace)见面。薛尼格斯马克恳求索菲亚和他一起私奔。显然,有人看到他进了寓所,但没有人看到他出来。事实上,再也没有人见过薛尼格斯马克伯爵。

他出了什么事?有人说,乔治下令将他杀害,他的尸体被剁成了碎片。这些碎片据说被埋在王室乡村别墅赫伦豪森(Herrenhausen)的地板下。

乔治对索菲亚的报复非常恐怖。1694年12月28日,两人离婚。索菲亚被禁止见她的儿子和女儿,并被终身囚禁在阿尔登城堡(Castle of Ahlden)里。她在那

位于德国汉诺威的赫伦豪森宫是汉诺威选帝侯的夏季居所。它是由国王乔治一世的母亲索菲亚选帝侯夫人修建的，在1943年的空袭中被摧毁，2013年重建。

里待了32年，直到1726年去世。

乔治的余生一直被索菲娅·多萝西娅困扰着。他害怕索菲亚会从阿尔登城堡逃走。乔治销毁了关于他们离婚的所有文件，不允许任何人在他面前谈论索菲亚。

> 乔治对索菲亚的报复非常恐怖。两人于1694年离婚。索菲亚被禁止见她的儿子和女儿。

儿子超越父亲

乔治的儿子兼继承人乔治·奥古斯都最后一次见到母亲时只有11岁。但他从未忘记她，也从未原谅过他的父亲。当奥古斯都和他的妻子卡罗琳（Caroline）来到英国时，他把两幅索菲亚·多萝西娅的画像藏在他们的寓所。乔治·奥古斯都在英国非常受欢迎。与他的父亲不同，他讲英语。卡罗琳美丽而亲切。难怪英国人喜欢他们。

而乔治国王不受臣民喜欢。他们取笑乔治和他的情妇们。臣民们写了一些关于乔治的粗俗小册子，杂志上刊登的漫画让他们看起来滑稽可笑。但乔治·奥古斯都和卡罗琳没有遇到这种情况，他们无论走到哪里都非常受欢迎。

国王越来越嫉妒他们，于是猛烈反击。就在1717年圣诞节前，他命令乔治·奥古斯都和卡罗琳离开伦敦的圣詹姆斯宫（St. James's Palace）。更糟糕的是，国王命令他们把四个年幼的孩子留下。不幸的是，最小的孩子——一个男孩，很快就死了，他当时只有四个月大。尸检显示他的心脏有问题。即便如此，他的父母还是责怪乔治国王。

伦敦市中心的王室冲突

乔治·奥古斯都和卡罗琳在伦敦建立起属于他们自己的新家。不喜欢乔治国王及其大臣的人们经常在这里聚会。人们说，许多推翻乔治国王的阴谋都是在那里策划的。虽然这些阴谋实际上都没有付诸实践，但"王室宫廷"里的冲突加剧了父子之间的仇恨。

这对父子从未真正和解。他们偶尔在公众面前装作感情深厚，让大家相信一切都好。但事实并非如此。1726年11月2日，索菲亚·多萝西娅在阿尔登去世后，父子两人很难继续装样子。

消息传到伦敦后，乔治国王和他的情妇们一起去看戏。他表现得十分享受。18世纪不是一个充满温情的时代，而是一个残酷粗俗的时代。即便如此，观众们还是感到震惊。他们没有想到国家君主会表现得如此粗俗。

死亡预言

乔治国王和索菲亚·多萝西娅似乎被奇怪地联系在一起。乔治听说了一个关于他们的预言：如果其中一人

塞勒的索菲亚·多萝西娅美丽又活泼，但被后来的国王乔治一世所忽视。她因为不忠付出了可怕的代价——被终身监禁在阿尔登城堡。被关押32年后，她于1726年去世。

乔治二世的画像。在漫长的统治期间，乔治厌恶英国，没有在国内巡游太远，因为他更喜欢他心爱的汉诺威。乔治二世起初并不受欢迎，但最终赢得了臣民的尊重。

约翰·伍顿（John Wooton）以乡村为背景把罗伯特·沃波尔爵士描绘成乡村绅士。沃波尔通常被认为是不列颠的第一任首相，他担任首席大臣20年，为乔治一世和乔治二世效命。

离世，另一人不出一年也会离世。1727年6月，乔治国王回到了汉诺威选帝侯国进行访问。有人说，索菲亚·多萝西娅写的一封信被扔进了乔治国王的马车，这封信让他想起了那个预言。

那封信是对的。在去汉诺威的路上，国王中风了。他的扈从设法在6月11日安全抵达奥斯纳布吕克。但就在当晚，乔治国王去世了。

国王去世的消息花了四天时间才传到英国。首相罗伯特·沃波尔（Robert Walpole）从伦敦骑马到萨里郡的里士满，通知乔治·奥古斯都——当时的国王乔治二世。新国王接到这个消息时很平静。

新国王诅咒新王国

乔治二世首先下令将他母亲索菲亚·多萝西娅的画像拿出来，把这些画像挂在所有人都能看到的地方。新国王似乎比他的父亲更受欢迎。他更友好，更有风度。但这只是一种表象。事实上，乔治国王厌恶英国、英国人以及这里的一切。

他曾在愤怒中爆发，说道："我打心底里希望魔鬼能带走你们的首相，带走议会，带走整个岛屿，只要我能够离开这里，去汉诺威！"

当然，汉诺威是他的避难所。在那里，他可以摆脱"那该死的下议院"。他在汉诺威可以做一个专制君主，通过神权进行统治。

王后和沃波尔联手统治

美丽迷人、机智聪颖的卡罗琳王后是乔治的一大笔财富。他很爱卡罗琳。即使在公共场合，他也很难把手从她身上挪开。卡罗琳轻而易举地就可以控制他，但乔治不会让她这样做。他想让人们知道凡事都由他自己做主，但人们并不这样认为。

事实是，卡罗琳和首相罗伯特·沃波尔一起把国王玩弄于股掌之间。这两个人经常私下讨论最近的政治问题，并一起决定政策。然后，沃波尔会来到王宫参见乔治国王。卡罗琳王后则在房间里安静地刺绣。

沃波尔和国王开始交谈时，卡罗琳就躲在隐蔽的地方。王后和沃波尔事先安排了一套秘密手势。沃波尔一边与国王交谈，一边玩弄帽子。他有时吸一撮鼻烟，有时掏出手帕。卡罗琳通过举起扇子或穿针引线来回馈信号。乔治从未注意到他们之间的暗号。如果和沃波尔就政策达成一致,乔治就认为这都是他自己的主意。

但是,乔治和卡罗琳确实在某些方面达成一致。他们都厌恶自己的长子弗雷德里克(Frederick)王子。几乎在他1728年从汉诺威来到英国的时候,他们就开始讨厌他了。

温文尔雅的王子和他严酷粗俗的弟弟

问题是,弗雷德里克不是他父母想要的王位继承人。他不适合做军人,因为他更喜欢写诗而不是打仗,而且他还是个有天赋的音乐家。在乔治国王看来,弗雷德里克是个弱者。他更喜欢次子坎伯兰(Cumberland)公爵威廉。

威廉是个真正的军人,他非常粗野。在1745年詹姆斯党的第二次叛乱中,他因残忍而获得了可怕的声誉。那时,斯图亚特家族成员查理·爱德华——詹姆斯·爱德华的儿子试图夺回英国王位。查理被称为"美王子查理"。

这幅插图显示了卡洛登战役后被击败的詹姆斯党反叛者在陶尔希尔被处决的情景。乔治二世的次子坎伯兰公爵威廉在这场战役中取得了决定性胜利。

卡洛登大屠杀

1746年，叛乱以卡洛登（Culloden）战役告终，结局令人震惊。支持查理的成百上千的苏格兰高地人被屠杀。屠杀他们的主要是苏格兰低地士兵。后来还发生了处决和大屠杀。苏格兰人的家园遭到抢劫焚烧，全部被毁。

美王子查理在弗洛拉·麦克唐纳（Flora MacDonald）的帮助下，设法逃回欧洲。弗洛拉把查理伪装成一个爱尔兰纺纱女工，取名叫"贝蒂·伯克"（Betty Burke）。战役结束后，苏格兰人因威廉的残忍而将其称为"坎伯兰屠夫"。弗雷德里克大概不会像他弟弟那样行事，他心地太善良。弗洛拉·麦克唐纳被带到伦敦，关押在伦敦塔里，弗雷德里克去看望她并提供帮助。因为弗雷德里克，弗洛拉重获自由。

当然，这让国王非常不高兴。他讨厌的继承人居然帮助苏格兰敌人。很快，历史开始重演。乔治国王与弗雷德里克激烈地争吵。弗雷德里克被禁止进入父亲的宫廷和王宫。弗雷德里克和他的妻子奥古斯塔（Augusta）公主在宫廷中与父亲对立。当得知此事时，乔治国王勃然大怒。

乔治国王咆哮道："他是一个怪物，是有史以来最大的恶棍。我的长子是最蠢的人，最大的骗子……也是全世界最大的野兽。我极其希望他能离开这个世界！"

不受爱戴和不被哀悼

可悲的是，弗雷德里克很快就实现了他父亲的愿望。1751年，弗雷德里克突然患上重病。当他在自己的花园里劳作时，天上下起了雨，弗雷德里克被淋得浑身湿透。没过多久，他就患上了胸膜炎，之后恶化成肺炎。在1751年3月31日的晚上，他突然紧紧抓住自己的胸口，大叫起来："我觉得自己快死了！"几分钟后，弗雷德里克就不省人事。他当时44岁。

一位匿名诗人对弗雷德里克以及汉诺威家族做了最后的评价：

弗雷德里克躺在这里，
他曾经活着，现在已经死了。

> 如果是他的父亲，
> 我宁愿是他；
> 如果是他的兄弟，
> 总比是别人好。
> 如果是他的妹妹，
> 没有人会想念她。
> 如果是整整一代人，
> 总归对国家好。

当乔治国王得知儿子去世的消息时，他正在打牌；但他继续他的游戏。乔治很高兴他的儿子走了。弗雷德里克没有得到一个王位继承人应有的葬礼，人们怀疑这是乔治国王的命令。没有王室成员，也没有任何英国勋爵或主教参加弗雷德里克的葬礼，只有一个简短的仪式，连哀乐都没有。

这些微型画像描绘了乔治三世和他的王后夏洛特。两人于1761年结婚，二人相濡以沫，养育了一个大家庭，有15个孩子。乔治三世和其他英国君主不一样，他一生没有任何情妇。

弗雷德里克的继承人是他的长子——13岁的乔治王子-——未来的乔治三世。乔治被迫与他的祖父住在汉普顿宫。他是个倔强的孩子。国王经常抱怨他的孙子"不想取悦别人"。换句话说，他不愿意听从命令。乔治王子因为不听话，经常被打耳光。

铲除恶习

虽然年轻，但乔治王子通过观察他的父亲和祖父学到了很多。虽然他们都对自己的妻子很忠诚，但他们也都爱玩弄女性。于是年轻的乔治发誓，当他成为国王后，他将铲除王室恶习。王室成员将不会有情妇，宫廷中不得有不道德、赌博或奢侈行为。乔治三世以身作则。1760年，22岁的乔治成为国王时仍未结婚。但他立即放弃了年少时的爱人——萨拉·伦诺克斯（Sarah Lennox）女士。虽然萨拉是贵族（她的哥哥是里士满公爵），但她的地位还不足以让她成为王后。放弃萨拉给乔治带来了巨大的痛苦，但他也非常在意英国王室的尊严。他在1761年迎娶的女人地位很高：梅克伦堡-施特雷利茨（Mecklenburg-Strelitz）的夏洛特公主。在持续了57年的婚姻中，乔治国王对她一心一意。

乌合之众

乔治和夏洛特有15个孩子，七个儿子和八个女儿。但是，如果乔治认为他将通过众多后代重新恢复良好的传统家庭观念，那他就大错特错了。国王把女儿们留在家里，表面上是为了让她们远离所谓的邪恶世界。但他的儿子们却让他蒙羞。

其中一个儿子——克拉伦斯公爵威廉，在他只有13岁的时候就勾引了王后的两个未婚侍女。后来，他与情妇——已婚女演员多萝西娅·乔丹（Dorothea Jordan）有了十个私生子。另外一个儿子——坎伯兰公爵欧内斯特（Ernest），与自己的妹妹索菲（Sophie）公主生了一个孩子。最小的儿子爱德华——肯特公爵，与他的法国情妇洛朗（Laurent）夫人生活了30年。还有两个儿子性格古怪，行为不端，经常在上议院里胡作非为。有一次，他们因为出言不逊，手势粗鲁，不得不被赶走。

最坏的儿子

毫无疑问,最坏的儿子是长子威尔士亲王乔治。他几乎沾染了所有恶习。他爱慕虚荣,傲慢无礼,行事草率。他和一个又一个情妇同房,包括其他男人的妻子。他在17岁时就已经是赌博、喝酒和制造丑闻的老手。

这还不够,威尔士亲王还疯狂地挥霍。"花钱,花钱,花钱!"可能是他的座右铭。1787年,他欠债22万英镑。这不仅是个人问题,而且关乎王室威望。让商人和其他债权人敲打王位继承人的门来讨债看起来并不好。更糟糕的是,这些人拒绝再向他提供信贷。

乔治国王没有足够的资金来偿还儿子的债务。因此,议会不得不资助王子并支付他的账单。但王子并没有改正自己的恶习——远非如此,他不断挥霍,把自己看成花花公子,在衣服上花了一大笔钱。王子还喜欢建筑项目、珠宝、奢华的宴会和花钱如流水的女人。

威尔士亲王乔治——未来的摄政王兼乔治四世是每对王室夫妇都不喜欢的、令人尴尬的继承人,他是一个不负责任的叛徒,没有尊严,挥霍无度,自私自利且不讲道德。

王室形象

治疗——几乎死亡

乔治三世遭受奇怪的病痛折磨,第一个症状是下巴痛。国王疼得非常厉害,以至于无法入睡。接下来,他胃部不适,背部疼痛且呼吸困难。病情继续恶化,他的视力下降,还变成了聋子。他开始喋喋不休地说胡话。他对着树说话,与他死去的祖先交谈。不久,夏洛特王后开始害怕与她的丈夫单独相处。他脸上显露出青筋,眼神凶狠,口吐白沫。

奈杰尔·霍索恩(Nigel Hawthorne)在艾伦·贝内特(Alan Bennett)1991年的话剧《疯狂的乔治王》(*The Madness of George III*)以及后来改编的电影中真实再现了英国君主制带来的麻烦。

> 御医困惑不解。他们认为乔治是因为五年前在独立战争中丧失了美洲殖民地而大受影响。乔治因为失败深感沮丧，这可能影响了他的情绪。真实病因是否如此，无从知晓，但有一点似乎很明显：经御医诊断，国王已经疯了。但他们不知道如何治疗。于是，一个庸医——弗朗西斯·威利斯（Francis Willis）牧师被请来看病。威利斯的锦囊妙计是一种非常激烈的治疗方法。他首先把国王绑在一张椅子上，然后威胁他。乔治国王变得非常惊恐，他顿时痛哭流涕。
>
> 威利斯的治疗继续。每当乔治国王出现问题——吞咽困难、食欲不振或出汗时，威利斯就给他套上约束衣，把他绑在床上，让他待几个小时。
>
> 威利斯让国王的腿上起水疱，以"驱除邪气"。这些水疱给乔治国王带来了痛苦的折磨。威利斯把水疱除掉后，又给国王套上约束衣，这使得水疱复发了。不久后，乔治国王坚信威利斯想谋杀他。他开始祈求被治愈，如果无法被治愈，他就祈祷死亡。
>
> 但不知何故，乔治国王逐渐康复。1789年初，他开始停止讲疯话，显露出自己的个性，还能自己刮胡子了。吃饭时，他还能拿起刀和叉。很快，国王就恢复正常。

儿子打破了所有的规则

1784年，乔治王子犯下了最愚蠢的错误。他疯狂地爱上了玛丽亚·菲茨赫伯特（Maria Fitzherbert）夫人，一个两度守寡的平民。他要求她成为他的情妇。但玛丽亚是一个虔诚的罗马天主教徒，是一个受人尊敬的女人。她拒绝了。要么结婚，要么分手。于是乔治和玛丽亚在1785年秘密结婚。主持仪式的牧师为此从债务人监狱中被释放出来。

乔治的婚姻违反了英国非常重要的两项法律。一项是1701年的《王位继承法》，该法律规定，王位继承人不得与罗马天主教徒结婚。另一项是1772年的《王室成员婚姻法》，该法律禁止王室成员在未经君主许可的情况下在25岁之前结婚。乔治与玛丽亚结婚时是23岁。这段婚姻并没有阻止他与妻子过着开放式的婚姻。他

乔治四世的妻子不伦瑞克的卡罗琳比她的丈夫更令人气愤。这对夫妇在一起生活了不到一年,直到他们的女儿夏洛特公主于1796年出生。此后,卡罗琳开始走上公然通奸和制造绯闻的不归路。

不时地找新情妇，然后又四处游荡。但他总会回到玛丽亚身边，称她为"我心中的娇妻"。

毫无疑问，玛丽亚对王子很有帮助。她让他变得有教养，减少酗酒，还帮他改掉了一些粗野的习惯，比如在公共场合剔牙。

1788年，乔治国王病得很重。没有人知道病因。几个月来，他不得不忍受奇怪又痛苦的"江湖医术"，直到完全康复。

议会与王子达成协议

到1794年，威尔士亲王又陷入了大麻烦，他再次欠下了巨额债务。他破产了，负债63万英镑。他只能再次请求议会帮他偿还。议会同意了，但有附加条件。

乔治三世的儿子和他们的情妇给他留下了许多私生子，但他缺少一个合法的继承人来延续汉诺威王朝的统治。议会向威尔士亲王提出条件：他的债务由议会偿还，但他必须结婚并养育合法的王位继承人。

> 乔治三世的儿子和他们的情妇给他留下了许多私生子。但他缺少一个合法的继承人来让汉诺威王朝延续下去。

王子束手无策，他不得不接受议会提出的条件，因此菲茨赫伯特夫人必须离开。王子现在要迎娶父亲为他选择的妻子——不伦瑞克（Brunswick）的卡罗琳公主——乔治三世的外甥女，也是王子的表妹。但这可能是最糟糕的选择，她的家庭背景说明了一切。她来自一个不快乐的家庭，她的父母经常争吵，她的两个兄弟智力迟钝。

麻烦即将发生

卡罗琳从小到大一直被宠溺着。她满口脏话、爱慕虚荣、不服管教、放荡不羁。这就好像乔治国王让他的儿子娶一头野兽回家。

而乔治王子对这一切一无所知。在卡罗琳抵达英国参加婚礼之前，两人从未谋面。但是，初次见面时，卡罗琳就让乔治感到震惊。他气喘吁吁地对侍从马姆斯伯里勋爵说："哈里斯，我不太舒服，请给我拿一杯白兰地！"

但王子在格林尼治受到的惊吓与随后发生的事情相比不值一提。他不曾想到,英国有史以来最骇人听闻的王室丑闻即将上演。

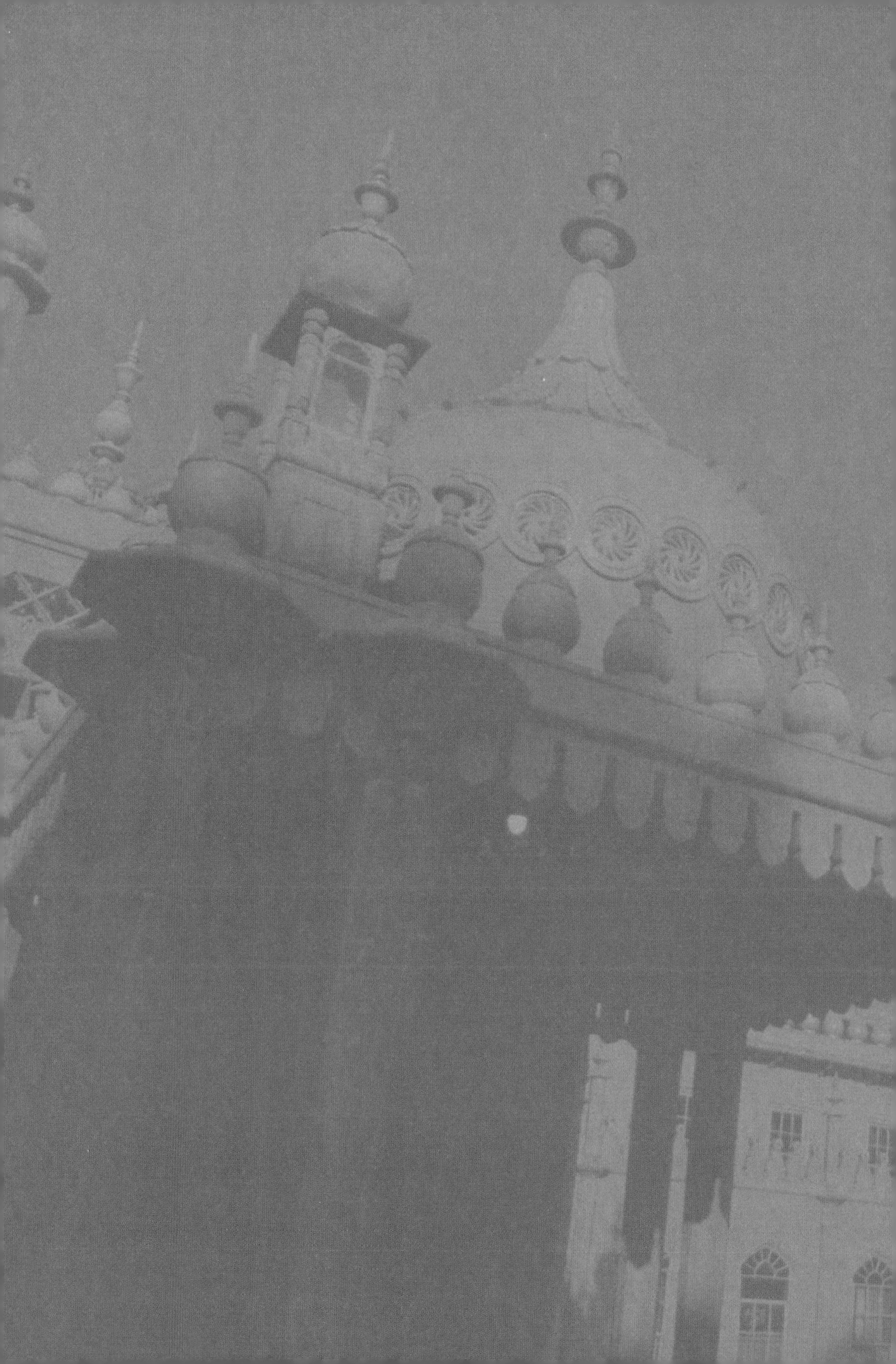

第十三章
汉诺威王朝
第二部分

王室斗争

乔治王子在东萨塞克斯郡布莱顿（Brighton）的异域风情寓所——王家穹顶宫（Royal Pavilion），深受东方建筑风格的影响，外部是印度风格，内部是中国风格。

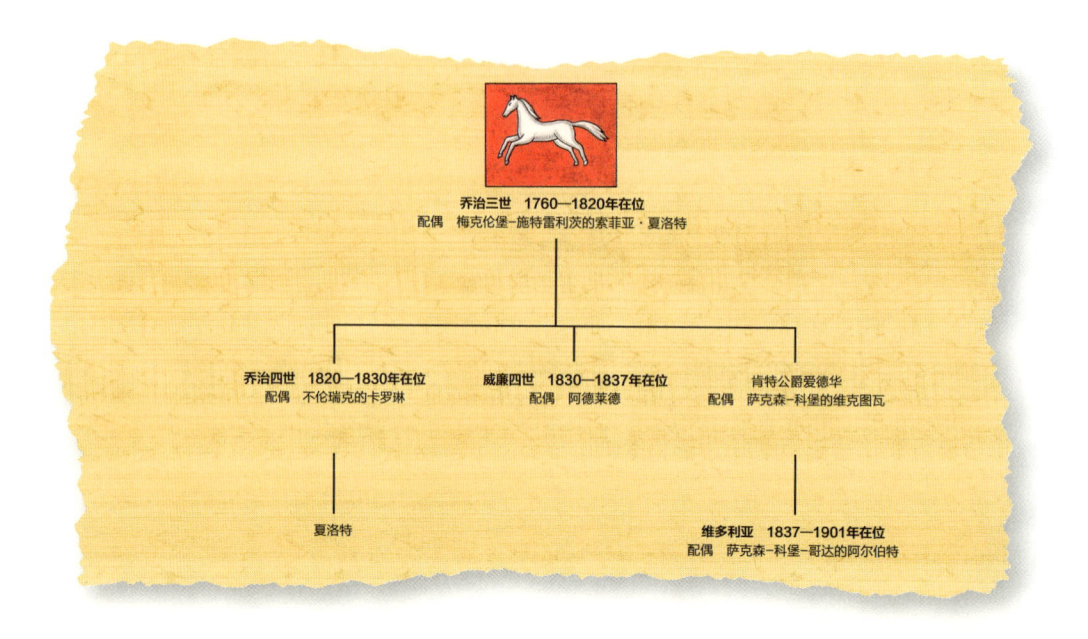

```
                    乔治三世  1760—1820年在位
                配偶  梅克伦堡-施特雷利茨的索菲亚·夏洛特


乔治四世  1820—1830年在位    威廉四世  1830—1837年在位    肯特公爵爱德华
配偶  不伦瑞克的卡罗琳         配偶  阿德莱德              配偶  萨克森-科堡的维克图瓦


    夏洛特                                          维多利亚  1837—1901年在位
                                              配偶  萨克森-科堡-哥达的阿尔伯特
```

一杯白兰地可能会暂时缓解惊吓，但酒醒过后，可怕的现实依然存在。初次见面时，乔治王子就对未来的新娘感到恐惧。

卡罗琳身穿长袍和披风，头戴海狸皮帽。袍子是死气沉沉的绿色，用缎子装饰，还点缀着花里胡哨的圆环和流苏。这是她的侍女为掩盖她肥胖的身躯所能做的最大努力。

衣着华丽的邋遢女人

卡罗琳的脸上化着浓妆。妆容下是她白皙的皮肤和红润的脸颊。她看起来像个小丑。而这还不是全部。乔治王子走近之后，发现卡罗琳散发着恶臭，她闻起来像是从没洗过澡。乔治王子惊呆了，他非常爱干净，而且经常洗澡。

不知何故，乔治王子设法使自己镇定下来，表现得很有风度，但这需要很大的努力。王子偕卡罗琳参加婚前晚宴时不得不再次自我克制。卡罗琳喋喋不休地谈论着最新的八卦，包括王子最近的情妇泽西（Jersey）夫人。她说话粗俗、难听、下流。

不一会儿，乔治再也无法忍受这种情况，他彻底喝醉了。1795年4月8日举行结婚典礼时，他仍旧宿醉未醒。乔治几乎是在醉酒中度过了新婚之夜，他睡在壁炉旁边的地板上。但不知何故，乔治履行了王室职责，可能他自己也不知道是如何做到的。新晋威尔士公主卡罗琳在新婚之夜怀孕了。

王室夫妇共同努力

事实上，卡罗琳对乔治的印象也不是很好。曾经，乔治是一个玉树临风、长相英俊的年轻人。但今非昔比。33岁的乔治因为多年的自我放纵失去了曾经优越的条件。卡罗琳看到他大腹便便的样子很是沮丧。

尽管对彼此都有明显的厌恶感，乔治和卡罗琳还是共同努力一起生活。1795年的夏秋两季，他们在英国南部海岸的布莱顿宫度过。这座豪华的东方风格建筑至今仍是布莱顿的主要景点之一。这曾经是乔治最奢华的寓所。乔治夫妇居住在那里时，他的酒友们同情人突然造访，这让安静的蜜月变成一场喧闹的酒会。

漫画家经常用漫画讽刺乔治王子。乔治经常暴饮暴食，导致身材肥大。他自认为是个花花公子，穿着异国情调的衣服。这幅同时代的漫画展示了他和一个同样肥胖的"朋友"在一起。

玛丽亚·菲茨赫伯特是国王乔治四世一生的挚爱。1785年，他未经父亲允许就娶了她，违反了法律。乔治时不时地离开她，与情妇们鬼混，但他总会回到玛丽亚身边。

这场酒会没有帮助乔治和卡罗琳学会容忍对方，而且很快他们就放弃这样做了。卡罗琳娇生惯养、不服管教又爱慕虚荣。曾经有人说过，除非对她严加管束，否则她会无法无天。但乔治并没有费心去管束她。

他们的女儿夏洛特公主于1796年1月7日出生后，乔治王子就设法逃离婚姻。夏洛特出生后没几天，她父亲就起草了一份遗嘱，剥夺了她的继承权。

乔治与泽西夫人发生关系后，再次对玛丽亚·菲茨赫伯特产生向往。在一种近乎歇斯底里的情绪下，他写信发誓要"永远爱天选之妻，她现在和将来都是我的"。另一封写给卡罗琳的信则完全不同，信的开头是"夫人"，接着他说希望两人永久分开。

乔治和卡罗琳再也没有住在一起。他们从未离婚，这也不是他们关系的终点。这对夫妇在接下来的25年里相互憎恨。

王后的浪漫冒险

卡罗琳不是那种能忍受乡下安静简朴生活的女人，在那里大家可能会忘记她。她粗俗又古怪，不适合住在乡下。但她确实搬到了乡下。她的新家在伦敦南部边缘的布莱克希思（Blackheath）。

没过多久，荒唐的卡罗琳就震惊了当地人。来探望她的"绅士"络绎不绝。许多关于卡罗琳通奸的故事开始流传。卡罗琳被一个叫威廉·奥斯汀（William Austin）的人抓住了把柄，他是船坞工人的小儿子，但他声称自己是她和乔治王子的儿子。幸运的是，政府调查人员证明了这个人在撒谎。他们继续搜寻有关卡罗琳性派对的证据。尽管有流言蜚语，但并不能证明什么。

优柔寡断的恋人

与此同时，乔治王子对玛丽亚·菲茨赫伯特的渴望渐渐退去。他有了新情妇，霍雷西娅·西摩（Horatia Seymour）夫人。之后，乔治又回到玛丽亚身边。她远离乔治四年，可能是为了给他一个教训。但在1801年，玛丽亚又同意和他一起生活。玛丽亚和乔治在一起生活了十年——这对爱找情妇的乔治来说可是个奇迹。但他又走了,这次是和另一个情妇赫特福德夫人一起。

国王疯了——彻底疯了

1811年,乔治三世疾病复发,他彻底疯了。疾病会剧烈发作。乔治拒绝进食,想象他的儿子奥克塔维厄斯王子(Augustus,于1783年4岁时去世)仍然活着。他失去了所有的时间感和空间感,生活在虚幻的世界里。他唯一记住的事好像是如何弹奏羽管键琴。

乔治这一次疾病复发治愈无望。1812年,御医宣布国王患有不可治愈的精神病。他被关在宫殿里,整天在房间里徘徊,喃喃自语,手中紧握着王冠御宝。

卡罗琳预感到大难临头

乔治王子最终被任命为摄政王。他于1811年2月5日宣誓就职。但他仍然要处理麻烦的卡罗琳。国王发疯对她来说是一场灾难,因为以前不管发生什么,国王还能保护她。现在,这是不可能的了,她落入了厌恶她的丈夫手中。摄政王很快就抓住这个机会。

由于议会反对,乔治王子不得不屈服。但为了反击,他把卡罗琳赶出肯辛顿宫。不管议会怎么说,乔治禁止夏洛特见她。

这幅画作描绘了乔治三世在1810年金禧年时的样子,当时他72岁。但是,悲剧很快发生了。乔治国王再次发疯,而这一次他再也没能康复。

他把夏洛特公主作为一种心理武器惩罚他的妻子，拒绝让卡罗琳看到她的女儿。卡罗琳直面挑战。她利用议会中的盟友展开辩论，表决结果是卡罗琳胜出。

由于议会反对，乔治王子不得不屈服。但为了反击，他把卡罗琳赶出肯辛顿宫。不管议会怎么说，他禁止夏洛特见她。

王后赢得公众爱戴

卡罗琳的对策是多次公开露面，赢得广泛关注。她以一个遭受丈夫残忍虐待的妻子形象出现在公众面前，并乐此不疲。这个伎俩起了作用，群众为她加油鼓劲，同时对摄政王发出了嘘声。

乔治和卡罗琳之间的对抗进入下一回合。乔治决定，夏洛特公主应该嫁给奥兰治的威廉王子。尽管威廉不招人喜欢，夏洛特还是被要求服从她父亲的命令。但她和她的母亲一样，性格固执，喋喋不休。没过多久，她就和威廉发生了争执。

夏洛特逃到卡罗琳在伦敦的寓所康诺特宫（Connaught Place）。卡罗琳不在

这幅漫画描绘了"王家灭烛器"——乔治四世最终战胜了他可怕的妻子卡罗琳。他把一个纸做的圆锥体盖在卡罗琳和詹姆斯党人（遭驱逐的斯图亚特王朝支持者）身上。

那里，她在布莱克希特。摄政王的兄弟们来找她，他们催促她服从父王的命令。这时，卡罗琳与摄政王的争斗已经让她精疲力尽。最近的这场争斗太过激烈，她告诉夏洛特不要再找麻烦了，让她嫁给威廉。

夏洛特自有狡猾的办法来对付威廉。她要挟他说，作为英国王位的第二顺位继承人，她婚后必须留在英国。接着，她告诉威廉，卡罗琳可以随时来探望她。就是这些要求。一想到要与欧洲最可耻的丈母娘生活在一起，威廉就觉得无法忍受。他拒绝了这些要求，和夏洛特解除了婚约。

夏洛特公主最终在1816年嫁给了另一位王子——萨克森 - 科堡 - 哥达（Saxe-Coburg-Gotha）的利奥波德。然而，她在生下一个死产儿后去世。卡罗琳在意大利听到这个消息后，沉痛悼念她的女儿。在英国，摄政王听到这个不幸的消息后昏倒在地。尽管后来苏醒了，但他非常痛苦，无法参加葬礼。

王室形象

喜欢惊吓的派对王后

1814年，卡罗琳在与丈夫斗争了将近20年之后选择离开。这个时机是正确的。英国与拿破仑·波拿巴和法兰西人之间的战争即将结束，现在到欧洲旅行是安全的。尽管在英国经历了许多事情，卡罗琳还是非常粗俗放肆，她希望获得自由，尽情享受。

对卡罗琳来说，这就意味着她比以前更加放荡。一长串劲爆的丑闻很快就传到了英国。卡罗琳不顾一切地去寻找波拿巴家族。他们变得非常友好，以至于卡罗琳把乔基姆·穆拉特（Joachim Murat）——拿破仑的妹夫作为她的新情人。

卡罗琳又去往意大利。在那里，她穿着领口低至腰部的裙子，暴露的裙子显露出她圆滚滚的膝盖。卡罗琳头戴浮夸的黑色假发去参加聚会和庆典舞会。

她把自己的脸颊涂成血红色，并贴上亮片。

不管走到哪里，卡罗琳都会吸引万千目光。她戴着粉红色长羽毛，坐着像贝壳一样的马车跑来跑去。在旅途中，卡罗琳遇到了一个非凡的伴侣。巴尔托洛梅奥·贝尔加米（Bartolomeo Bergami）有一双闪亮的眼睛、黑色的卷发和大胡子。他是一个来历神秘的意大利冒险家。

和她的丈夫一样，卡罗琳王后也经常成为漫画家和小册子作者的目标。图为卡罗琳和情人巴尔托洛梅奥·贝尔加米在一起嬉戏。

贝尔加米成了卡罗琳的秘书，当然也是她的情人。这对情侣在地中海周边游玩，最后来到中东。在那里，卡罗琳骑着驴去耶路撒冷朝圣。想到她那肥胖的身躯和瘦小的驴子，真是滑稽可笑的一幕。

卡罗琳和贝尔加米在意大利的佩萨罗（Pesaro）定居，并在一起生活。

卡罗琳挽着高级市政官伍德（Wood）的胳膊。卡罗琳死于1821年，也就是这些漫画出版的那一年。

迫切寻求继承人

不过，夏洛特的离世不仅让她的家人感到悲痛，还造成了一场危机。夏洛特一直是她这一代人中唯一的王位继承人。疯子国王乔治三世的其他继承人是夏洛特年迈的叔叔和姑姑，他们都没有合法子嗣。

因此，议会向夏洛特的四个叔叔发出请愿书，要求他们结婚并孕育合法继承人。这意味着他们要离开情妇，这让他们很痛苦。尽管如此，夏洛特的四个叔叔还是为了汉诺威家族的利益履行了职责。他们娶妻生子。不幸的是，许多婴儿都夭折了。

有一段时间，甚至摄政王也考虑与卡罗琳离婚并再次结婚，但卡罗琳拒绝了。她不认为在欧洲的性冒险是有罪的，并准备与摄政王可能采取的任何与离婚有关的行动做斗争。

摄政王成立委员会来寻找离婚的理由。卡罗琳的回应是她将在英国掀起一场抗议风暴。这是一个精明的举动，有关摄政王私生活的细节必然会被曝光。尽管如此，卡罗琳还是尝试了另一个对策。她提出，乔治成为国王后，她会放弃英国王后的头衔，但作为补偿，她希望乔治能给她一大笔钱。乔治拒绝了，同时也打消了离婚的想法。这对夫妇仍然保持着婚姻关系，他们被束缚在一起，互相憎恨。

国王可怜地死去

卡罗琳的英国王后之路还未停止。只要乔治三世还活着，卡罗琳成为王后就只是一个概率事件，并且短期内不会实现。但在1820年1月29日，乔治三世去世。他非常悲惨，完全陷入疯狂。他丧失了听力和视力。人们有时会看到他的脸惨白而憔悴，他透过宫殿的窗户凝视外面，却什么也看不见。他的胡子又长又乱。他对夏洛特公主的死亡和儿子们的婚姻一无所知。他甚至不知道王后夏洛特已于1818年去世。

乔治未能甩掉卡罗琳

摄政王接替他的父亲成为乔治四世。从名义上来看，卡罗琳现在是王后。但她的丈夫是不会让她真的成为英国王后的。

新国王采取行动的时间是有限的。他必须在加冕典礼之前摆脱卡罗琳。事实上，加

> 新国王采取行动的时间是有限的。他必须在加冕典礼之前摆脱卡罗琳。事实上，加冕典礼被推迟，因为国王再次尝试让自己解脱。

冕典礼被推迟，因为国王再次试图摆脱他那为所欲为的王后。他要求议会通过《特别处刑法案》(Bill of Pains and Penalties)。该法案列举了卡罗琳的众多罪过。但这一尝试失败了。尽管卡罗琳的性行为经常成为人们八卦的焦点，但只找到一项间接证据。乔治四世不得不放弃《特别处刑法案》。深爱卡罗琳的伦敦人高兴得发狂，庆祝了三天三夜。

伦敦人再次举杯

卡罗琳选择在这个胜利的时候回到英国。不论走到哪里她都受到欢迎和礼遇。然而，乔治四世却受到了可耻的侮辱。他在伦敦的私人寓所卡尔顿府（Carlton House）的外墙被画上了淫秽的涂鸦。侮辱还远不止这些。俄罗斯驻伦敦大使馆的墙上也潦草地写上了"王后万岁！国王万碎！"的标语。乔治四世得知这些消息后离开伦敦，前往他在伯克郡（Berkshire）温莎的乡村别墅。他在那里等待着"卡罗琳风潮"的平息。

两个多月过去，乔治认为此时返回伦敦是安全的。为了确保安全，他派禁卫队护送。乔治松了一口气，危机似乎已经过去了。他去伦敦的德鲁里巷（Drury Lane）看戏时得到了热烈的掌声，他去考文特花园（Covent Garden）看戏时情况同样如此。

统治行为

王后没有入场券

加冕典礼当日，威斯敏斯特大教堂内装饰着织锦、丝绸、缎子、丝绒和羽毛——展示出王室盛会的隆重与奢华。大教堂外，游人如织，热闹非凡。售卖加冕典礼纪念品的小贩生意不错。偷偷摸摸的扒手穿梭在人群中，收获颇丰。

突然间,大教堂入口处发生了争吵。卡罗琳到了,但门卫接到国王的命令,让他阻止王后进入。他的理由是什么呢?理由是王后没有入场券。卡罗琳试图从另一扇门进入,但门是锁着的,她还是进不去。教堂的其他入口也是如此。门卫板着脸,不让卡罗琳进去。就算她告诉门卫她的身份,门卫们也不为所动。

卡罗琳不会息事宁人地容忍这件事。但是,群众很快就对她感到厌倦。卡罗琳让自己成了"万人嫌",破坏了大家的兴致。卡罗琳绝望地从一扇门走到另一扇门,试图进去,但是没有人帮助她。

争吵愈演愈烈,卫兵都被叫了过来。他们在每扇门前站成一排。终于,最后一扇门在卡罗琳面前关上了。此时,卡罗琳气得面红耳赤,她感到颜面扫地。最后,她无奈地回到马车上,返回勃兰登堡府(Brandenburg House)。两天后,她给国王写了一封信,信中表达了她的愤怒。

"王后坚定地认为,因为今天早上她当众受到侮辱,国王将会授予她加冕为王后的公正权利……"但王后没有收到回信。

1821年,决心成为王后的卡罗琳试图擅自闯入她的丈夫——乔治四世的加冕仪式。国王成功地把她拦在门外,无奈之下,她只好回家,非常沮丧。

国王禁止王后参加加冕典礼

此后，国王非常自信地确定了加冕典礼的日期——1821年7月19日。英国王后有专门的加冕典礼，一般在国王之后。但是，乔治现在非常自信地告诉卡罗琳，她不能参加加冕典礼。她的名字已经从加冕仪式上的祈祷文中删除了。她纠缠乔治，要求恢复自己的名字，询问她应该穿什么样的长袍，以及帮她提着裙摆的侍从是谁。

但是，乔治四世已经决定他的加冕仪式是一场独角戏。卡罗琳并不会善罢甘休，她下定决心要破坏计划在伦敦威斯敏斯特大教堂举行的加冕仪式。如果没有得逞的话，她就故意引起骚乱。卡罗琳想利用自己在伦敦群众当中的人气。国王料到她会制造麻烦，所以提前采取行动，阻止她进入大教堂。

好斗王后的下场

加冕仪式过后12天，乔治四世乘坐王家游艇到爱尔兰进行国事访问。1821年8月6日，帆船在威尔士北部的安格尔西岛（Anglesey）附近停泊，这时传来了卡罗琳将要病亡的消息。她在德鲁里巷病倒了。当时的治疗手段极其粗暴，经常导致病人死亡。但是，卡罗琳的御医只知道这种粗暴疗法。所以，医生们给卡罗琳放血，让她服用大剂量的甘汞和蓖麻油。

王后的临终遗言

御医认为王后无论如何都会康复。但是不然，王后于1821年8月7日去世。乔治四世这一次表现得非常得体。卡罗琳的葬礼持续了一周，在此期间，乔治四世一直停留在安格尔西岛。官方宣布悼念时间为5天。国王等到5天后才进入都柏林。

卡罗琳留下了临终遗言。应她本人要求，她的棺材要刻上这几个字："不伦瑞克的卡罗琳，受伤的英国王后。"就算是英国国王也无法拒绝这个要求。

乔治四世统治英国达10年之久，直到1830年6月26日他在汉普顿宫辞世。他的继承人是弟弟克拉伦斯公爵威廉，即后来的国王威廉四世。

假装处变不惊的王室怪人

就像乔治三世的其他儿子一样,威廉有一点儿古怪,甚至有些奇特。65岁的威廉长着一张圆脸,脸颊非常红润,头上梳着一束额发,这显然不是王室风格。在铸造他统治时期的钱币时,设计者故意省去了这一束额发。

威廉在早上六点被叫醒,并被告知他是国王,但他没有显露出任何情绪。他只是握了握信使的手,然后回到床上。他唯一的回应是,他"只想和王后睡觉"。当然,他的妻子阿德莱德(Adelaide)也刚刚从克拉伦斯公爵夫人升格为英国王后。

1830年,威廉四世继承了哥哥乔治四世的王位。他从未期待过成为国王,因此他非常高兴,乘坐马车在伦敦巡行,向臣民问候,还同他们握手。

当天晚些时候,他给帽子配上一小块黑纱,然后在温莎骑马外出。但是,威廉四世对继承王位并不像他假装的那样处变不惊。作为乔治三世的小儿子,他从未想过自己会成为国王。当事情真的发生时,他很激动。

除了维多利亚,没有继承人

几天之后,威廉乘坐马车去往伦敦。他走走停停,随意抓住路人同他们握手,告诉对方成为国王让他感到非常高兴。这一举动让人尴尬,但不知为何又特别令人激动。

不幸的是,威廉四世登上王位时没有合法继承人。之前,克拉伦斯公爵威廉在王室的催促下娶阿德莱德为妻。他们育有两个女儿,但都在襁褓时就夭折了。之后两人就没再生孩子。

威廉的继承人是他的侄女维多利亚公主。她是威廉的弟弟肯特公爵爱德华的女

1837年，乔治四世和威廉四世的侄女维多利亚年值18岁，登上英国王位。经历了汉诺威王朝几代行为无耻的国王后，维多利亚和她的丈夫阿尔伯特亲王决定恢复王室的名誉。英国从此进入了一个道德标准极其严格的时代。

儿。爱德华也是在王室催促下才结婚的。维多利亚的母亲是萨克森-科堡的维克图瓦（Victoire），她对女儿非常严格。维克图瓦这样做的主要目的是让女儿不受汉诺威家族坏名声的影响。

可想而知，威廉四世与维多利亚的母亲产生了矛盾。他最大的愿望是能够活得久一些，直到维多利亚18岁成年。如果愿望成真，他就能阻止维多利亚的母亲成为摄政。国王刚好做到了这一点。威廉四世于1837年6月20日去世。一个月前，5月24日，维多利亚成年。

两个过度正经的王室成员

毫不奇怪，维多利亚公主长大后思想守旧、自以为是。她还是一个过度正经的人，而且有强迫症的倾向。1840年，她嫁给了表弟萨克森-科堡-哥达的阿尔伯特亲王，此人同样也是一个过度正经的人。他曾经说过，一想到通奸就感到身体不适。

阿尔伯特为他妻子的统治和他们的私人生活树立了榜样。汉诺威时代卑鄙龌龊之行径被严格禁止，取而代之的是清教徒式严苛的道德规范。传统的家庭礼仪成为维多利亚时代英国的座右铭。不仅如此，维多利亚和阿尔伯特的九个孩子还将成为新社会的榜样，夫妇两人认为孩子们的榜样作用是教会人们如何过上高贵而又纯洁的生活。

但这个计划有一个严重的缺陷。维多利亚的继承人，即未来的国王爱德华七世，是个彻头彻尾的汉诺威人。严格的道德规范对他来说毫无意义。无论是作为威尔士亲王还是作为国王，他都是自查理二世以来最爱玩弄女性的王室成员。他赌博、喝酒、抽烟，所有行为都违反了规范。他的生活充满丑闻，这让他的父母感到惊恐，他让父母高尚的计划功亏一篑。

> 维多利亚的继承人，即未来的国王爱德华七世，是个彻头彻尾的汉诺威人。严格的道德规范对他来说毫无意义。无论是作为威尔士亲王还是作为国王，他都是自查理二世以来最爱玩弄女性的王室成员。

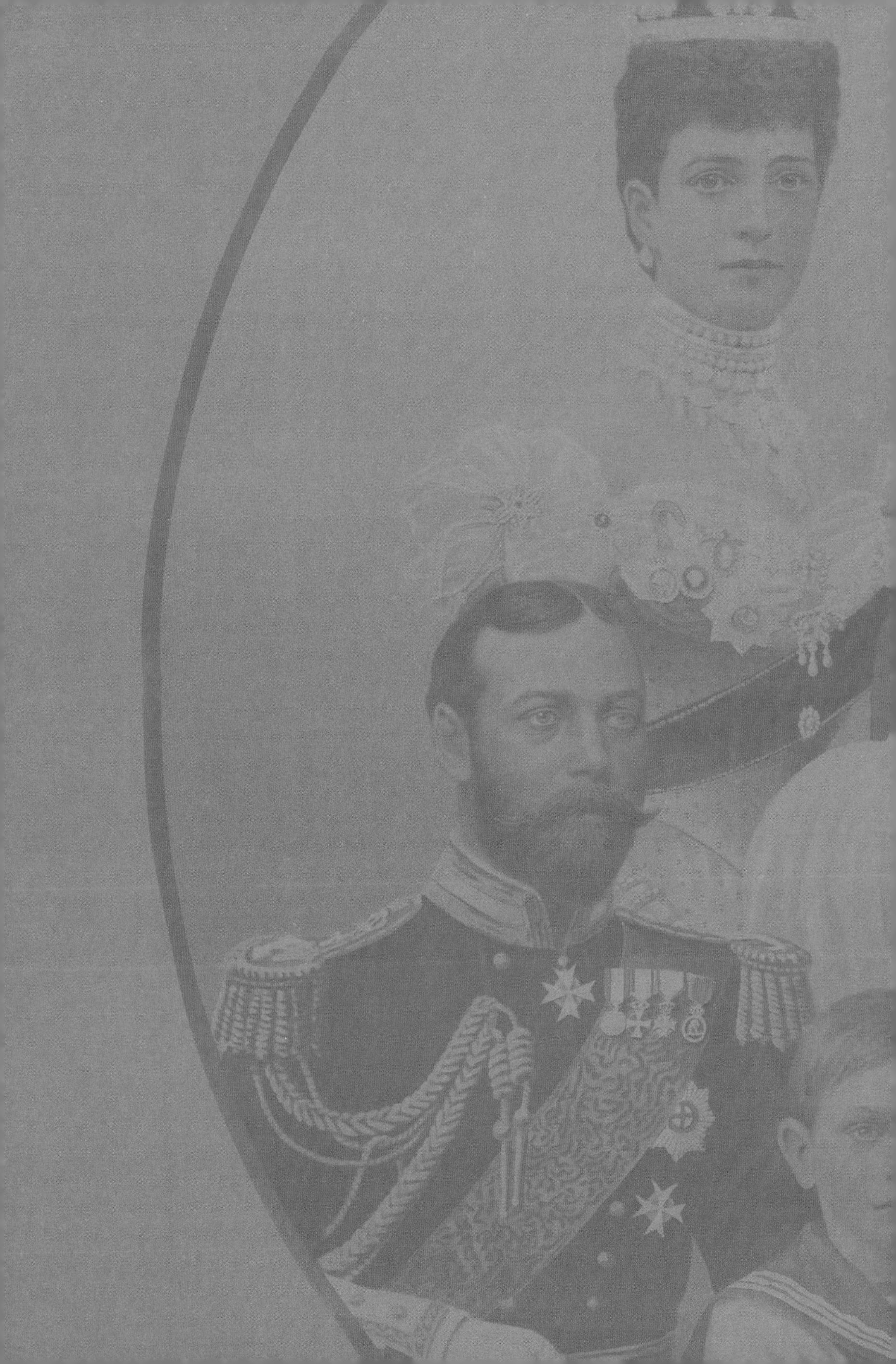

第十四章
萨克森-科堡-哥达王朝

秘密绯闻

三代王室成员:亚历山德拉王后和爱德华七世(在位),未来的乔治五世和玛丽王后,以及他们的儿子爱德华(后来成为爱德华八世,1936年退位后,被授予温莎公爵头衔)。

维多利亚　1837—1901年在位
配偶　萨克森-科堡-哥达的阿尔伯特

- 爱德华七世　1901—1910年在位
  配偶　丹麦的亚历山德拉
- 三兄弟和五姐妹

- 阿尔伯特·维克托王子
  卒于1892年
- 乔治五世　1910—1936年在位
  配偶　泰克的梅

- 威尔士亲王爱德华
  （后来成为爱德华八世）

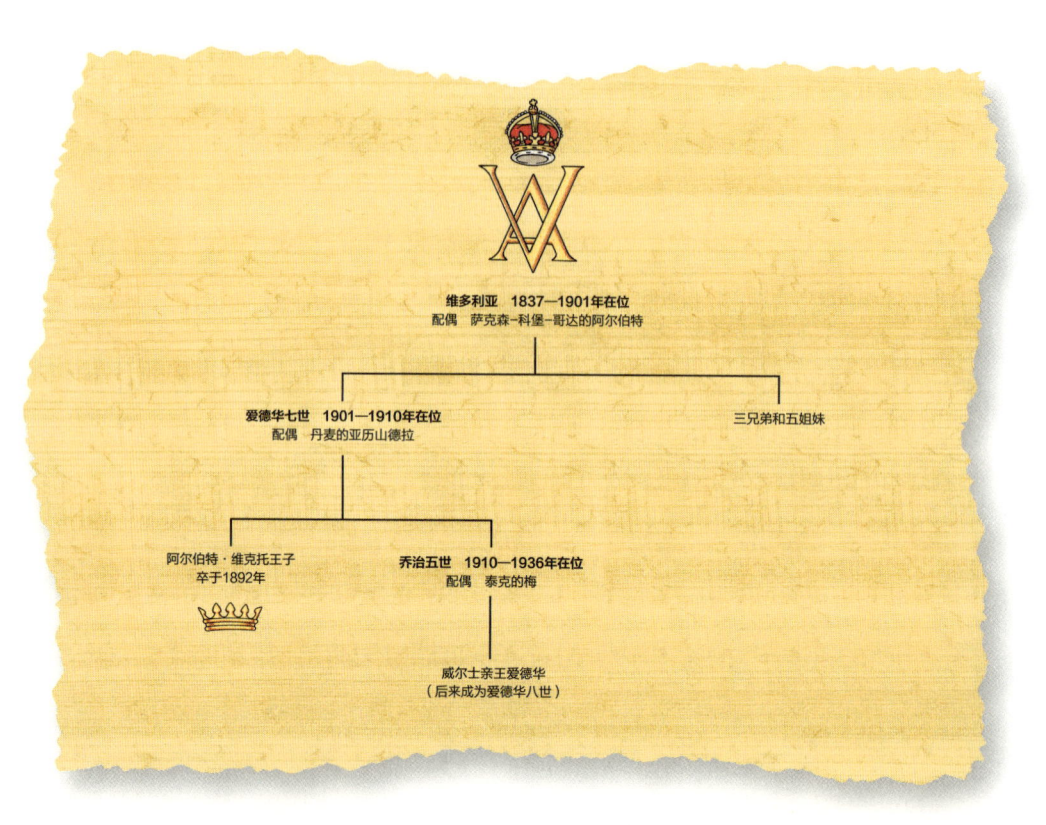

　　威尔士亲王爱德华在王室中的昵称是"伯迪"①，他年轻时就制造了一系列绯闻。1861年，19岁的爱德华被派往位于爱尔兰卡勒（Curragh）的军营接受军事训练。在那里，他失去了童贞。

　　伯迪的童年是和家人一起度过的。他受到严格教育体系的管束。但是，学习和应用的知识超出了他的能力范围。伯迪并不笨，他只是不喜欢学习。啃书本是他最恨的事，书本对他而言毫无用处。他只好反抗，乱发脾气，攻击导师。

"伯迪的堕落"

　　但是，1861年，这个受压抑的年轻人第一次看到了外面世界的真实情况。他先是遇见了其他年轻人，他们都是受训后成为军官的。伯迪发现其他人的一些生

---

① 威尔士亲王爱德华的全名为 Albert Edward of Saxe-Coburg-Gotha，而 Bertie 是 Albert 的异体，文中指爱德华的昵称，译为"伯迪"。——译者注

活方式他从未听说过。有一种是享受军营妓女提供的服务。这名妓女是漂亮的年轻女演员内利·克利夫登（Nellie Clifden）。

一天夜里，卡勒的军官将内利抬到王子的床上。不可避免的事发生了，内利把王子从男孩变成了男人。但伯迪父母得知这个消息后非常惊恐。这次意外叫作"伯迪的堕落"，伯迪本人也永远记住了这件事。

爱德华王子荒唐的性行为和与上流社会绯闻的联系让他的父母和维多利亚时代的社会感到震惊。然而，不那么正经的人对伯迪暗地里抱有一种钦佩之情，因为他打破了规矩还没有受到惩罚。

伯迪受到责备

更糟糕的是，这次意外还造成悲剧性的结果。伯迪"堕落"后不久，他的父亲，阿尔伯特亲王就患上重病。御医也无法查清病因，可能是温莎城堡有设计缺陷的排水管道让他感染了斑疹伤寒。

1861年12月14日，阿尔伯特亲王辞世，享年42岁。痛苦的维多利亚女王变得有些神志不清，因为阿尔伯特亲王是她一生的挚爱。她陷入悲伤，在接下来的40年一直如此，直到去世。维多利亚女王认为是"伯迪的堕落"导致了阿尔伯特亲王英年早逝，伯迪也因此受到了责备。维多利亚女王从未原谅他。

但是阿尔伯特亲王在离开人世之前，已经针对"伯迪的堕落"制定了对策，那就是让他娶一个明白事理的妻子，让她监视伯迪，防止他误入歧途。

王室形象

贪玩的王子有很多女友

伯迪天生就喜爱上流社会寻欢作乐的生活方式。他跳舞可以跳到天亮。他还会赌博,整夜与女人调情。伯迪享受生活的每一分钟。没过多久,伯迪和亚历山德拉就过上了各自的生活。

亚历山德拉在家里照顾孩子。她支持许多慈善机构。与此同时,伯迪纵情享乐,他赶往巴黎,把一个法国贵族女子当作情妇。他公然与歌剧明星调情。当回到英国时,他带回了法国流行歌手略带色情的照片。关于伯迪私生子的流言蜚语很快就传开了。人们打赌猜测他的下一个情妇会是谁,以及两人的关系会持续多久。

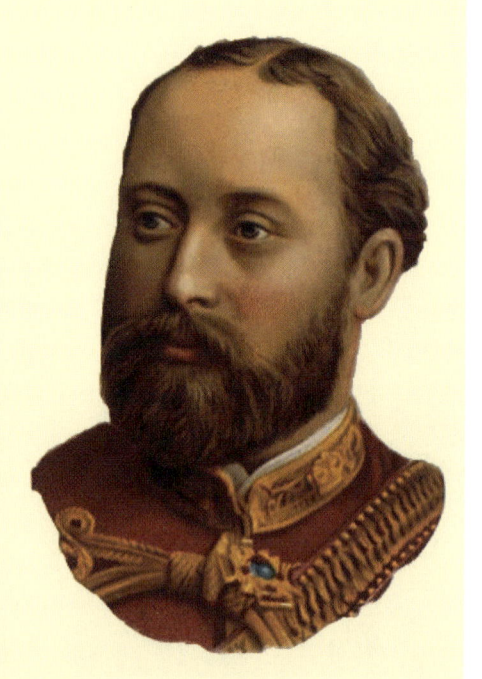

虽然伯迪是彻头彻尾的汉诺威人,但他并不像之前几位国王那样不负责任。他有王室尊严感,并坚定地认为有必要维护它。

精挑细选的美人

欧洲王室都在为伯迪寻找一位合适的新娘。最终,18岁的丹麦公主亚历山德拉成为最佳人选。她具有伯迪父母最看重的特质:貌美如花。维多利亚坚信亚历山德拉仅凭借外在的美貌就可以让伯迪改过自新。但是,维多利亚和亚历山德拉很快就发现这是错误的。

1863年3月10日,伯迪和亚历山德拉在位于温莎的圣乔治小教堂结婚。维多利亚女王身穿全黑色礼服,站在高高的阳台上观看,这给婚礼仪式笼罩上阴霾。

维多利亚女王没有意识到的是，伯迪结婚后，就不再服从她的管束。现在，他有了自己的寓所。事实上，他有两处寓所。一处是伦敦的莫尔伯勒府，另一处是诺福克郡的桑德灵厄姆庄园（Sandringham）。很快，他也有了自己的家庭：他的长子阿尔伯特·维克托王子出生于1864年，人称"埃迪"。最重要的是，伯迪现在可以有自己的社交生活了。这种社交生活不能说是可耻，只能说是非常放荡。

与此同时，维多利亚女王也卷入了一场关于她本人的丑闻。维多利亚非常情绪化，她的行为举止有时非常夸张。她对丈夫阿尔伯特亲王的感情不是简单的爱，而是仰慕和崇拜。根据当时的传闻，她对私人男仆苏格兰人约翰·布朗（John Brown）也有着这样的感情。布朗永远都是最受维多利亚欢迎的仆人。在阿尔伯特去世后，维多利亚对布朗非常依恋，以至于产生了一些流言蜚语。

勇敢又受尊敬的侍从

约翰·布朗被安排在苏格兰的王室寓所巴尔莫勒尔（Balmoral）。他不是普通的侍从，他比别人聪明，对人性的判断力也很强。除此之外，维多利亚很喜欢他的谈话方式。她厌恶王室周围的阿谀奉承，相比之下，布朗能够袒露自己的心声，而且他知道如何做才不失礼。对维多利亚来说，他是一股清风。

布朗细心体贴、考虑周全。他知道维多利亚喜欢白石楠，所以就在巴尔莫勒尔周围的乡间留意这种花。维多利亚从她心爱的仆人那里收到心爱的花束，非常兴奋。

尽管维多利亚作为英国女王地位很高，但她是一个依赖性很强的女人。她喜欢被照顾，也需要被照顾。布朗满足了她的要求，无论何时何地，他都陪伴着她。

布朗甚至救过她的命。1872年2月29日，维多利亚正要穿过花园进入白金汉宫，这时，一名叫亚瑟·奥康纳（Arthur O'Connor）的男子正拿枪瞄准她。约翰·布朗扑到他身上，夺下他手中的武器，将他按倒在地，直到警察赶来。

事后，女王为奖励布朗的勇气给他颁发了一枚金质奖章。

约翰·布朗经常和女王独处。他在早餐后来到她的卧室，和她坐在一起，女王在一旁翻阅政府"秘密盒子"中的文件，这是她每天都要完成的任务。她见布朗的次数比见自己孩子的次数还要多。

约翰·布朗经常和女王独处。他在早餐后来到她的卧室，和她坐在一起，女王在一旁翻阅政府"秘密盒子"中的文件，这是她每天都要完成的任务。

维多利亚的孩子们开始妒忌了。他们把布朗说成"妈妈的情人"。他们甚至还相信维多利亚和约翰·布朗秘密结婚的小道消息。有一段时间，把女王称为"布朗夫人"成了一个"流行笑话"。

"布朗夫人"再度成为遗孀

在为女王奉献了20多年后，约翰·布朗于1883年去世。和阿尔伯特亲王去世时一样，女王悲痛欲绝。当然，她反应过度了。她在巴尔莫勒尔为布朗竖起了一座雕像，还计划写首诗来赞美他。她命令布朗的房间应保持他去世前的样子，每天都要在他的枕头上放一朵新鲜的玫瑰。命令得到执行：18年来，每天都有一朵新的玫瑰出现在枕头上，直到维多利亚女王在1901年去世。

伯迪当然完全不赞成母亲对约翰·布朗所做的一切"浪漫蠢事"。反过来，维多利亚也完全不赞成伯迪的行为。她认为，如果有人在玷污王室的名声，那就是伯迪。

1997年上映的电影《布朗夫人》（Mrs Brown）中，朱迪·登奇（Judi Dench）饰演维多利亚女王，比利·康诺利（Billy Connolly）饰演约翰·布朗。这部影片讲述了维多利亚和她的"男仆"（苏格兰人）之间的故事。有人说，维多利亚和布朗已经秘密结婚。

伯迪死里逃生

维多利亚女王是有道理的。伯迪的生活方式一直非常危险。虽然他的大部分活动都是秘密进行的。但不可避免的是，丑闻迟早会暴露。

1870年2月，哈丽雅特·莫当特（Harriet Mordaunt）夫人向丈夫查尔斯爵士坦白说，她曾经和几名男士通奸，其中一人就是伯迪。

威尔士亲王伯迪和亚历山德拉公主，拍摄于1882年。亚历山德拉因为美貌而出名，但未能让她的丈夫保持忠诚和操守。

伯迪提出抗议，维护自己的清白。他非常了解莫当特夫妇。他确实给哈丽雅特写过几封信，但是据他所说，写信只是为了增进两人的友谊，并没有其他目的。不幸的是，查尔斯·莫当特爵士和其他英国贵族不一样。大多数人都不介意王子是否与他们的妻子上过床，他们甚至把这种行为看作一种赞美。但是，查尔斯爵士认为伯迪不能逃避惩罚。他威胁说，在离婚案中，要把王子列为共同被告。这引起了各方面的恐慌，有的人悄悄议论王室发生了什么，有的人在大庭广众之下谈论这件事。

但是，查尔斯爵士的离婚案败诉，伯迪没有受到惩罚。这并不是因为爵士的妻子无罪，而是因为证据表明她精神失常。她的"情人"，不论是王室成员还是普通人，都存在于她的想象中。这是一个悲剧性的结局，但却让伯迪逃过一劫。离婚案过后，伯迪无论何时出现在公众场合，都要忍受嘘声、尖叫声和嘲笑声。但是，至少他没有被法院判为通奸犯。

但这并不意味着伯迪摆脱了麻烦，他一直被麻烦缠身。六年后，他又一次侥幸逃脱。1876年，艾尔斯福德（Aylesford）伯爵向他的妻子提起离婚诉讼。这一次，被列为共同被告的不是伯迪，而是莫尔伯勒公爵的继承人布兰福德（Blandford）勋爵。但是，伯迪给艾尔斯福德伯爵夫人写过信。从某种角度来看，有些信的内容暗示了非常亲密的关系，可能是性关系。

对伯迪来说，不幸的是，布兰福德勋爵有一个年轻气盛的弟弟——伦道夫·丘吉尔（Randolph Churchill）勋爵。伦道夫勋爵火冒三丈，他威胁说要把伯迪写的信公开。但是，莫尔伯勒公爵介入并终止了离婚诉讼程序。这对伯迪来说简直是侥幸逃脱。

伯迪又一次死里逃生

有传言说伯迪不适合继承他母亲的王位，这种说法过了一阵子就消失了。但在1890年，伯迪又火上浇油了。1890年9月，王子住在他的富豪朋友阿瑟·威尔逊（Arthur Wilson）和妻子的乡间寓所——特兰比克罗夫特（Tranby Croft）。

9月8日晚餐后，大家决定玩一两局巴卡拉，一种纸牌游戏。当时，巴卡拉在英国是非法的。即便如此，大家还是下了赌注，开始玩游戏。

其中一个玩家是威廉·戈登·卡明（William Gordon Cumming）爵士，他是一个杰出的军官，名下有许多勋章。卡明与伯迪之间的情谊有20年之久。他们有着共同的兴趣，那就是玩弄女性和赌博。

那天夜里，有人声称看到卡明作弊。当时，打牌作弊可能是一个人犯下的最严重的社会罪行之一。更糟糕的是，王子也在那里。有人告知他发生了什么。

伯迪的第一个想法就是避免陷入丑闻。两名侍臣陪同伯迪来到特兰比克罗夫特寓所。其中一人是欧文·威廉姆斯（Owen Williams）少校，他想出了一个办法。戈登·卡明必须签署一份文件，保证自己不再玩纸牌游戏。这看起来像卡明确实犯了罪。

戈登·卡明在文件上签了字，但他提出强烈抗议，声称自己是无辜的。不过他也得到保证，不会再有人说起这件事。他只好同意这样的结局。

但这件事还是传了出去。1890年末，戈登·卡明收到一封来自巴黎的匿名信。这封信表明，"巴卡拉丑闻"非但没有被掩盖，还有人利用它大做文章。没有人发现是谁在谈论。但戈登·卡明很生气。他决定通过法律来洗刷自己的罪名。他要求特兰比克罗夫特寓所的主人威尔森夫妇澄清对他作弊的指控，否则，他将以诽谤罪起诉他们。

此案将在英国民事法庭审理。这意味着伯迪需要作为证人被传唤。王室成员出庭作证是闻所未闻的，这本身就是一个丑闻。人们不顾一切，试图劝说戈登·卡明撤回诉讼，但他拒绝了。

1891年6月1日，该案在伦敦的首席大法官法院开庭。新闻界和公众都紧紧地挤在法庭楼上的旁听席里。伯迪在审判第二天就进入了证人席。其他证人，包括戈登·卡明本人，都被控方律师无情地盘问。但轮到伯迪时，他们态度很温和，没有揪着他不放，而是试图尽快收集他的证词。

但是，陪审团里有一名成员，叫作戈达德·克拉克（Goddard Clarke），并不准备小心行事。他在伯迪正要离开证人席的时候拦住了他。他操着一口尖锐的伦敦东区方言，质询王子那些律师故意略过的问题。

克拉克询问王子是否看到戈登·卡明在打牌时作弊？

王子回答："没看到。"

伯迪在1890年卷入巴卡拉（特兰比克罗夫特）丑闻，这震惊了社会，因为他的朋友卡明被指控作弊，并且巴卡拉是非法的。这让王子的形象严重受损。

第十四章　萨克森－科堡－哥达王朝

"关于戈登·卡明受到的作弊指控,王子殿下的意见如何?"戈达德·克拉克想了解。

伯迪只能说:"我觉得除了相信别人告诉我的,我别无他法。"这个回答有漏洞,让伯迪听起来愚蠢可笑。但伯迪的回答让案件走向对戈登·卡明不利。陪审团决定,如果英国王位继承人相信他的朋友有罪,那么他的朋友就一定有罪。戈登·卡明败诉,后果非常可怕。

伯迪被肮脏的审判"玷污"

卡明的社交生活走到了尽头。他被赶出俱乐部,也被驱逐出英国军队。上流社会的人都不愿意和他讲话,也不愿意提到他,他还不如一死了之。而这一切都是因为他把未来的英国国王卷入了肮脏的审判。

但伯迪并没有逍遥法外。他受到媒体的大肆批评——因为赌博,因为交友不慎,因为背叛朋友,因为树立了一个坏榜样。

伦敦《泰晤士报》惊呼:"如果人们知道他在私访中为了追求享乐而从事非法勾当,严肃的公众……对此表示遗憾和反感。"

相比之下,《泰晤士报》的评论还算温和,德国报纸刊登了一则漫画,嘲笑伯迪的标志——高耸、白色的威尔士亲王羽饰。威尔士亲王的座右铭也被描绘出来,但铭文从"我服务"改为"我发牌"。

这幅描绘威尔士亲王的画作创作于1901年,就在他继承王位之前不久。他喜欢王室盛况和典礼,喜爱佩戴奖章和勋章,挎着宝剑,戴着缀有羽饰的帽子。

法兰西报纸利用这条丑闻大做文章。他们将传闻印刷在报纸上，声称伯迪会离开母亲的宫廷并放弃王位，将王位留给他的长子埃迪（Eddie）王子。但是，就连喜欢刨根问底的法国报纸也没想到的是，埃迪继位将完全是一场灾难，因为他是王室隐藏最深、最尴尬的秘密。

无可救药的埃迪

阿尔伯特王子埃迪生于1864年，他从小就游手好闲、体弱多病、不思进取。他的家庭教师发现他什么也学不会。他无法集中注意力，对学习也毫不在乎。如果有人试图管教他或是给他下命令，他就回过头来咧嘴傻笑或是耸一下肩。

专家和医生被召集到王宫，但他们也不知道问题出在哪里。埃迪的父母，也就是伯迪和亚历山德拉处于绝望之中。夫妻两人尝试了许多治疗方法。他们把埃迪送去剑桥大学，希望这样做可以激发王子某方面的兴趣，但是这个想法失败了。埃迪的其中一位导师说他"异常沉闷"。另一位导师说："他几乎不知道'读书'这个词是什么意思。"

之后，埃迪加入军队。但是，他的教导员很快发现他无法完成最简单的阅兵式训练。在那以后，1877年，埃迪成为达特茅斯皇家海军学院的一名学员，但结果还是不如人意。

稳住儿子的最后办法

埃迪的父母还有最后一个办法没有尝试。那就是给他找一个善良、明智、朴实的妻子来照看他。这也是维多利亚女王在伯迪身上用过的方法。然而，这个方法在埃迪身上不起作用。这一次，伯迪和亚历山德拉非常绝望，他们无计可施。

永远不会举行的婚礼

埃迪父母为儿子选择的姑娘是泰克的梅（May of Teck），她是埃迪的表妹，也是乔治三世的后代。梅当时25岁，年龄适中。她非常守规矩也非常孝顺。她会是最称职的照看者。埃迪和梅于1891年12月3日订婚。他们的婚礼将在次年2月举行。但婚礼并未如期举行。1892年1月7日，在埃迪28岁生日的前一天，他患上流感。次日，他只能颤颤巍巍地下楼去看他的生日礼物。

从那时起，他的健康每况愈下。后来，梅公主还记得埃迪床边可怕的场景：伤心欲绝的母亲、痛不欲生的埃迪、束手无策的御医，其余家庭成员在专门竖立的屏风外看着这一切。1月14日上午9点45分，埃迪离开了人世，当时他的母亲紧握着他的手。后来在葬礼上，本来计划用于梅公主婚礼的花束用来装饰埃迪的棺材。

这一切都非常令人悲伤。埃迪短暂的生命悄然离去。白发人送黑发人的悲剧让他的父母悲痛欲绝。但肯定有人想过，现在的悲剧总比以后的灾难好。包括维多利亚女王在内的许多人认为，如果埃迪成为国王，英国君主制就会结束。

伯迪加冕为王

埃迪去世后，他的弟弟乔治王子成为王位继承人。1893年，乔治与梅公主结婚。8年之后，汉诺威王朝的最后一位君主，维多利亚女王辞世。现在，将近60岁的伯迪成为爱德华七世——萨克森-科堡-哥达王朝的首任国王。更改统治王朝的名字是为了纪念阿尔伯特王子，因为他来自德国的萨克森-科堡-哥达公爵领地。

但是，这位新国王的其他方面没有改变。他热闹的社交生活仍然持续下去。每年春季他还是会到比亚里茨（Biarritz）旅行。每年晚些时候，他还是会去位于马林巴德（Marienbad）的疗养胜地。在英国，他会参加狩猎季，经常去观看赛马，打高尔夫球，玩纸牌游戏，此外还参加新的王室热潮——骑摩托车。

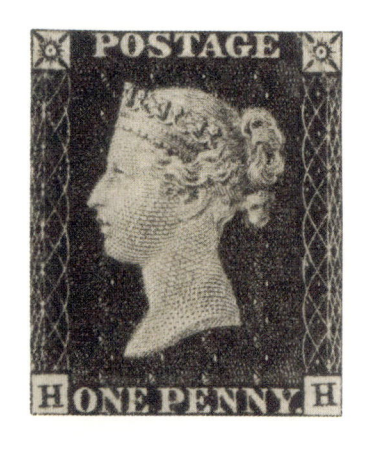

在这一年里，爱德华七世举办了许多盛大的宴会。菜单通常包括乌龟汤、三文鱼排、鸡肉、羊肉、鹅肝酱、水果、冰淇淋、鱼子酱和牡蛎。宴会上有大量的红葡萄酒、香槟和白兰地可以喝，结束时，还会分发粗雪茄和香烟。爱德华国王本人的烟瘾非常大，他一天可以抽12支雪茄和20支香烟，还暴饮暴食。

照片中年迈的维多利亚女王并没有出现在上页邮票上。她在位的64年间，邮票上一直印着1840年她21岁时的漂亮形象。当年，不列颠发行了第一枚邮票——黑便士。

国王仍然有情妇，其中引人注目的是迷人的爱丽丝·凯佩尔（Alice Keppel）夫人。爱德华与凯佩尔夫人的关系同样得到了朋友们的保密。当国王和凯佩尔夫人受邀参加乡下的周末家庭聚会时，主人会悄悄地把他们安排在相邻的房间。每个人都知道发生了什么事。但没人透露过一句话。

当国王和凯佩尔夫人受邀参加乡下的周末家庭聚会时，主人会悄悄地把他们安排在相邻的房间。每个人都知道发生了什么，但没人透露过一句话。

亚历山德拉的慷慨姿态

亚历山德拉王后当然知道关于凯佩尔夫人的一切。她还知道，凯佩尔才是爱德华国王的真爱。1910年，国王多年来暴饮暴食的习惯和奢侈的生活方式终于让他自食恶果，他多次心脏病发作。亚历山德拉一直陪伴着他，直到他于5月6日晚上11点45分去世。

爱德华七世喜欢看戏。画面中，他坐在观众席的前排，两旁坐的是他的情妇凯佩尔夫人和德文郡公爵夫人，他们参加的是在德文郡的乡村庄园查茨沃斯（Chatsworth）举行的戏剧活动。

在他去世前，亚历山德拉王后召集了他的许多朋友来做最后的告别。其中就有凯佩尔夫人。亚历山德拉知道如何做到慷慨大方。

新国王的外交称号

乔治王子继任爱德华，成为乔治五世，梅公主加冕为玛丽王后。起初，乔治国王是萨克森-科堡-哥达王朝的第二位君主，但在1917年，王朝姓氏再次改变。

当时，英国与德国及其盟国的世界大战正在进行。从法国的战场上传来可怕的屠杀传言。这引起了英国人对德国的仇恨，以至于拥有德国人的姓氏和头衔的王室成员变得很尴尬。因此，乔治五世再次将王朝的姓氏改为温莎，以伯克郡的王家城堡命名。

乔治国王与他的父亲相反。他非常害羞，不喜欢上流社会的生活。他对玛丽王后非常忠诚，以至于如果有一段时间没有见到她，他就会感到身体不适。他没有养过情妇。

虽然乔治爱他的父亲爱德华七世，但他坚决反对父亲的生活方式。像之前的年轻国王乔治三世一样，他决心消除国王作为花花公子的不光彩形象，使王室再次受到尊重。

但和乔治三世一样，他的计划也未能如愿以偿。罪魁祸首同样是王位继承人。乔治五世的长子，继承人爱德华王子，可以说是糟糕至极，他几乎摧毁了君主制。

身穿全套加冕长袍的国王乔治五世和玛丽王后。乔治五世于1892年接替哥哥埃迪成为继承人，他在父亲爱德华七世于1910年5月6日去世后登上王位。

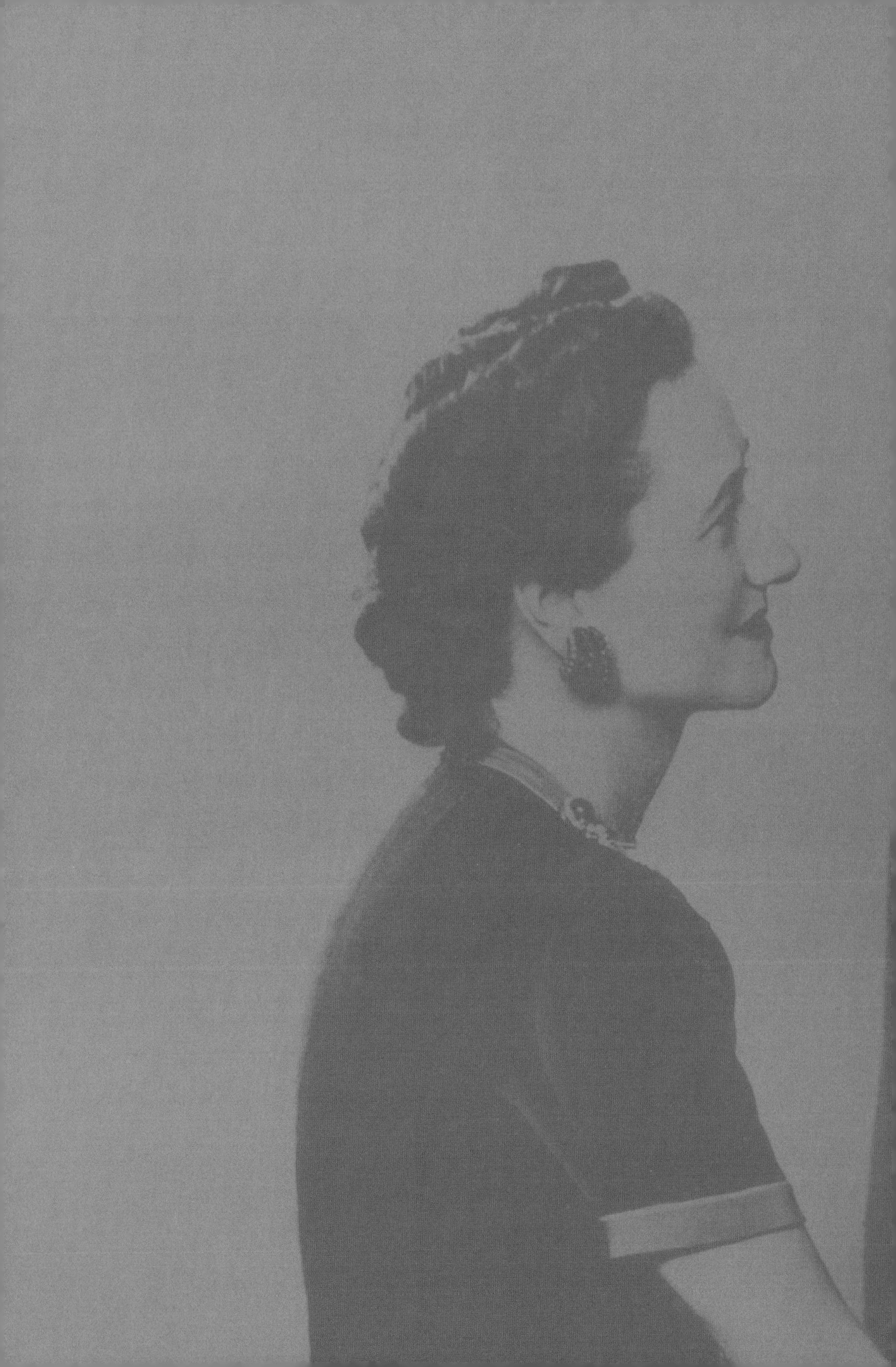

第十五章
温莎王朝
第一部分

难以控制的麻烦人物

爱德华八世登上王位，他决心让离过婚的沃利斯·辛普森成为王后。但他遇到激烈的、坚决的反对，最终迫使他退位。

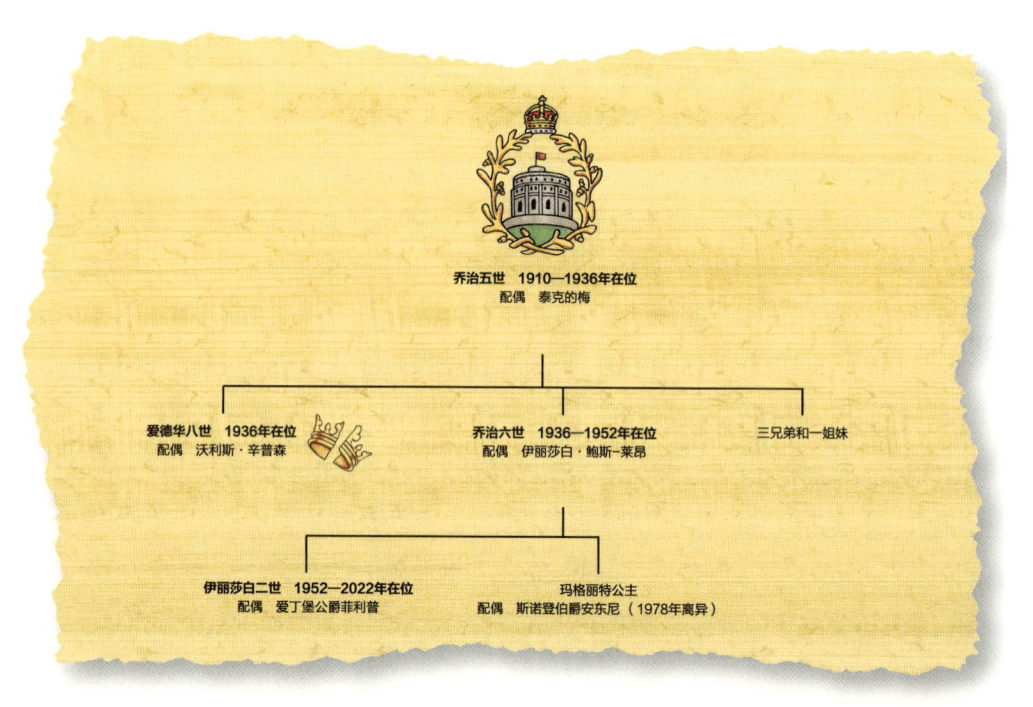

乔治五世 1910—1936年在位
配偶 泰克的梅

爱德华八世 1936年在位
配偶 沃利斯·辛普森

乔治六世 1936—1952年在位
配偶 伊丽莎白·鲍斯-莱昂

三兄弟和一姐妹

伊丽莎白二世 1952—2022年在位
配偶 爱丁堡公爵菲利普

玛格丽特公主
配偶 斯诺登伯爵安东尼（1978年离异）

到乔治五世在1910年成为国王，英国君主与长子之间的争吵已经持续了将近两个世纪。乔治和他的儿子兼继承人爱德华王子继续争吵下去。

父子两人之间的争吵要比以往激烈得多。他们在一些基本问题上的分歧很大，以至于整个王室都认为他们要毁灭了。

不情愿的王室成员

从本质上讲，爱德华（在王室中被称为戴维）的问题在于他不希望成为王子。他想与浮华隆重的王室生活断绝关系。他厌倦王室的责任，憎恨繁文缛节和特殊优待。他就是想成为一个普通人，这是任何王室成员都不曾希望的。

所有这些导致了戴维与父母——乔治五世和玛丽王后之间的争执。他们全心全意履行王室职责。如果这意味着要做出个人牺牲：缺乏隐私，交友受限，戴维认为那就太糟糕了，但是规则是必须遵守的。

戴维当然想要摆脱王室的繁文缛节。他在1911年第一次公开表示了自己的感受。当年，他16岁，在位于威尔士的卡那封城堡（Caernarvon Castle）举行的盛大仪式上被授予威尔士亲王的头衔。照片拍到出席仪式的戴维愁眉苦脸。后来，戴维想尽一切办法来测试王室血统对他的限制有多大。在第一次世界大战期间，他坚持要奔赴法国，到前线作战。每个王室成员都非常害怕。如果戴维被敌军当作俘虏怎么办？如果戴维战死沙场怎么办？这可不行，王位继承人需要得到保护。

愁眉苦脸的爱德华王子被称为戴维。照片中，他与父亲乔治五世和母亲玛丽王后一起参加1911年在卡那封城堡举行的威尔士亲王授封仪式。他后来把仪式上穿的长袍称作"愚蠢的服装"。

战斗王子也是"普通男孩"

戴维不愿意受到保护。他去了法国,直接奔赴前线。在英国士兵受到炮火袭击时,戴维就在战壕。

一名士兵在寄回英国家中的信里写道:"王子总是积极参战。就在昨晚,当德国人的炮弹打过来时,他还从我身边经过。"

尽管战场上险象环生,但戴维苦中作乐。因为他终于可以和普通人一起,分担他们的问题,和他们交谈,好像和他们身份平等。但国王肯定不同意,他认为王室成员应该保持高傲和尊严。他告诉戴维:"战争让你和形形色色的人混在一起,但并不意味着你可以像其他人一样行事。你必须永远记住……你是谁。"

国王的话为时已晚。1918年,当德国齐柏林飞艇投掷炸弹时,戴维正在伦敦的一个防空洞里避难。在那里,他遇到了一位年轻的已婚妇女弗雷达·达德利·沃德(Freda Dudley Ward)。戴维疯狂地爱上了她。没过多久,他们就同居了。

图片中的戴维穿着士兵制服。在第一次世界大战中,他喜欢和其他普通的年轻士兵在战壕里打成一片。他最想成为的就是他自己,一个普通人,但是他的王室血统不允许他这样做。

花花公子陶醉于奢侈生活

当然,对于王子来说,有情妇不算新鲜事。但与弗雷达·达德利·沃德相识是戴维进入社会生活的开端,从此他终于有了家的感觉。但这不是他父母所认可的那种严肃拘谨的"上流社会",而是所谓的"风流社会",是由疯狂的通宵派对、时尚的夜总会、卑劣的道德和名声不好的人构成的"堕落"世界。这个世界里面满是追名逐利的人、淘金者或是牟取暴利的百万富翁。在国王看来，他儿子本不应该接触这些人。

戴维的父母试图通过送他去海外旅游来"治愈"他，但这一方法从未奏效。回到英国后，戴维又重回老路。他几乎一下船就去参加聚会和夜总会。

一段时间后，戴维又找了一个情妇，是个俊俏的美国人——弗内斯（Furness）夫人特尔玛（Thelma），她与格洛丽亚·范德比尔特（Gloria Vanderbilt）是姐妹。特尔玛也有一帮爱玩的朋友。1931年，她把戴维介绍给其中的两个人——沃利斯·辛普森（Wallis Simpson）和她的第二任丈夫欧内斯特。

在爱德华八世短暂的统治时期，大不列颠只发行了一套邮票，其中包括这一张。

王子爱上辛普森夫人

起初，辛普森夫妇只是戴维的熟人。但1934年，特尔玛不得不返回美国，所以把她所说的"小男人"，即戴维，托付给沃利斯·辛普森照顾。这看起来似乎是一个安全的赌注。沃利斯长相平平，身材瘦弱，脸色有点暗沉。特尔玛认为她不是竞争对手。

特尔玛不知道的是，在她不在时，戴维爱上了沃利斯。与戴维的其他情妇相比，她更有女人味，更让人有保护欲，性格也更坚强。在英国受到经济大萧条重创的时候，她和戴维一样关心普通人的困境。

戴维告诉她："沃利斯，你是唯一一个对我的工作感兴趣的女人！"她正是戴维想要的。

但沃利斯·辛普森却不是戴维的父母想要的，并不是因为她是美国人，而是因为她是一个离过婚的女人。戴维对她的感情越来越深，她很可能再次离婚。在当时的英国，离婚被认为是不道德的。王室成员不应该了解甚至不应该和离过婚的人说话。

现在，王位继承人与一个离过婚的女人谈起了恋爱，而她仍与第二任丈夫有婚姻关系。两人的举动十分惊人。但这一切并不是一时兴起。爱德华想娶她，让她成为王后。

父亲对未来的国王感到绝望

乔治国王和玛丽王后很无奈。他们禁止戴维把沃利斯带进王宫。戴维认为他的父亲呆板顽固，国王认为他的儿子粗俗无赖。玛丽王后认为沃利斯是个追名逐利的女人。这似乎是人们对她的普遍看法。她被贴上了"财富猎手"的标签，人们认为她想通过这段王室婚姻获得尽可能多的东西。对爱德华和沃利斯进行严密监视的英国特工部门当然也这么认为。2003年初，他们的报告首次被公开，报告揭示了沃利斯小心谨慎地满足爱德华对她的迷恋。她对王子和她的丈夫欧内斯特·辛普森都隐瞒了她与一个名叫盖·特伦德尔（Guy Trundle）的汽车销售员私通的事情。她还反击所有可能接近王子的其他女人。然而，英国公众此时对日益严重的王室危机一无所知。当时没有电视。电影院的新闻片受到严格审查，电台广播也是如此。虽然国外的新闻媒体都在报道这一事件，但很少有人到国外度假。根据规定，英国报业必须对整个事件保持沉默。但是，真相迟早会大白于天下。

> 既然成了国王，爱德华八世再也不用担心王室、王室官员和他的母亲不喜欢沃利斯了。远不止如此，他现在可以向任何人炫耀沃利斯了。

1936年1月20日，乔治五世辞世。戴维、王后和其他王室成员都守在病榻旁。玛丽王后向她的儿子行屈膝礼，承认他是新国王爱德华八世。但她不禁想起了她丈夫曾经说过的话："这孩子不出一年就会毁掉自己。"他说得太对了。

国王寻欢作乐不管不顾

现在他可以向所有人炫耀沃利斯了，但他炫耀的方式很离谱。1936年5月，他启用了一艘纳林号游艇在地中海东部航行，船上有他和沃利斯以及两人的朋友。外国报纸一连几个星期报道了游艇上发生的事，全部都是这一行人的丑闻。纳林号上

沃利斯·辛普森德这幅插画比她本人要漂亮。英国民众很难理解他们报纸上那样一个脸色暗沉的中年妇女是如何撼动国王和王室家族的。

的乘客，包括国王，在到达各个停靠港时都喝得酩酊大醉，衣衫不整。他们在游艇上举行聚会，声音嘈杂。国王爱德华和沃利斯·辛普森并不在意别人看到他们在接吻和拥抱。英国国王的所作所为被认为是极不体面的。国王毫不关心。他为所欲为——别人怎么想无所谓。

玛丽王后写道："反对他，只会让他更坚定地去做。目前，他完全迷恋（辛普森夫人），但我最大的希望是，狂热的迷恋通常会渐渐消失。"

与沃利斯结婚的计划

爱德华对沃利斯的迷恋并没有退去。1936年7月，当国王和沃利斯还在纳林号上游玩时，她的离婚诉讼就已经开始了。该案将于1936年10月27日在法庭上被审理。简单盘算一下就能猜出爱德华国王的想法。离婚案将在6个月后，即1937年4月27日宣判。国王的加冕仪式定于5月12日举行。爱德华和沃利斯有足够的时间结婚，并在不久后加冕为国王和王后。

王室官员称，这不是英国国王在照片中应该出现的样子：赤裸着胸部的爱德华八世和沃利斯·辛普森乘坐游艇在地中海航行时的合影。

王室丑闻引发国家危机

王室丑闻成为一场严重的国家危机。首相斯坦利·鲍德温（Stanley Baldwin）被召见。他试图劝说国王放弃辛普森夫人，但他失败了。国王自己的亲属也尝试劝说国王，但徒劳无果。坎特伯雷大主教也拿国王没办法。英联邦国家——澳大利亚、新西兰、加拿大和南非的政府同样无功而返。

到12月初，爱德华八世已经成了一个朋友们都不想再认识的人。他们意识到本世纪最大的王室丑闻即将爆发，所以不想再参与其中。突然间，国王的朋友们开始拒绝前往他的私人寓所——贝尔维迪尔堡（Fort Belvedere）。他们找借口不参加聚会和王家野餐，还说从未喜欢过沃利斯·辛普森。朋友们认为国王一定是疯了。

沃利斯乞求获得自由

所有这些事都发生在几天之内。英国诗人奥斯伯特·西特韦尔（Osbert Sitwell）将之称为"老鼠周"①。但是，随着老鼠们逃离这艘船，这艘船也在下沉。1936年12月3日英国报业不再掩盖这些事，国王自顾不暇。第二天，有人朝沃利斯在伦敦的家中投掷石块，为安全起见，她逃到法国。在那里，她恳求国王放她走，而不是为她放弃王位。

国王想都没想，就对沃利斯说："天涯海角我都跟你去！"

爱德华八世想要的是英国王位和沃利斯，但他必须在这两者之间做出选择，最后他放弃了王位。1936年12月10日，爱德华八世成为英国第一位自愿退位的国王。

他的决定给王室成员带来痛苦。王位继承人，即爱德华的弟弟伯迪，一想到现在要成为国王就变得很害怕。他泪流满面，趴在母亲肩膀上抽泣起来。他的妻子伊丽莎白说："那就像坐在火山边缘。"

另一个不情愿的国王

伯迪从未经历过成为国王的考验，他很紧张。他的健康状况很差，还有口吃的毛病。出现在公众面前对他来说是一种痛苦。他本来和他可爱的妻子以及两个女儿

---

① 西特韦尔是约克公爵和公爵夫人，未来的乔治六世国王和伊丽莎白王后的密友。1936年12月，当国王爱德华八世宣布退位时，他写了一首诗《老鼠周》（*Rat Week*），主要攻击前国王和沃利斯·辛普森，谴责他抛弃了自己的国家。——译者注

伊丽莎白和玛格丽特过着美好而平静的生活。现在一切都要结束了，难怪伯迪会如此沮丧。

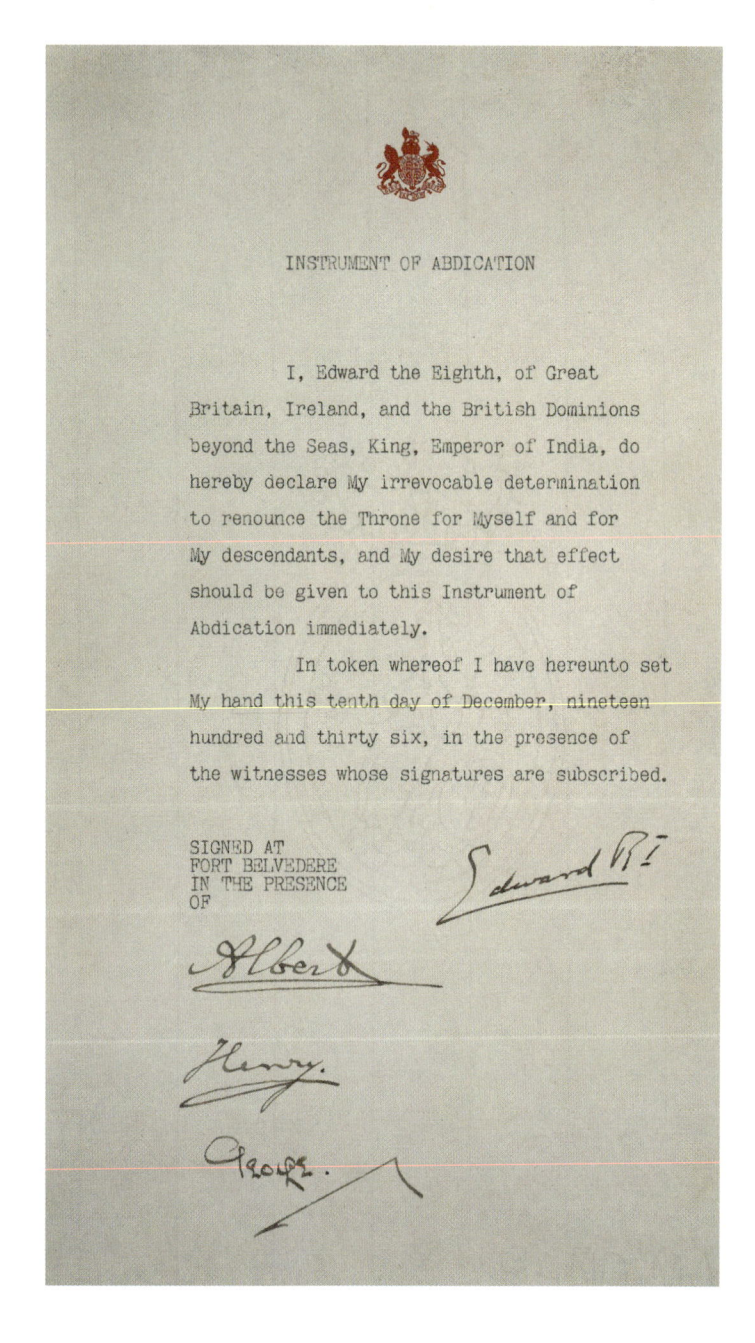

> INSTRUMENT OF ABDICATION
>
> I, Edward the Eighth, of Great Britain, Ireland, and the British Dominions beyond the Seas, King, Emperor of India, do hereby declare My irrevocable determination to renounce the Throne for Myself and for My descendants, and My desire that effect should be given to this Instrument of Abdication immediately.
>
> In token whereof I have hereunto set My hand this tenth day of December, nineteen hundred and thirty six, in the presence of the witnesses whose signatures are subscribed.
>
> SIGNED AT
> FORT BELVEDERE
> IN THE PRESENCE
> OF

这是1936年12月10日爱德华八世签署的退位声明。爱德华在署名中把自己叫作"RI"：Rex Imperatorde（英国国王兼印度皇帝），这是他最后一次这样署名。他的三个兄弟：阿尔伯特、亨利和乔治作为证人也签署了这份声明。

统治行为

国王不爱江山爱美人

尽管伯迪不愿意做国王,但也无可奈何。他的兄弟在12月10日签署了退位声明。这样一来,他再次成为爱德华王子。次日,前国王在温莎城堡发表了历史性的讲话:

"几个小时前,我履行了作为国王的最后一项职责,现在,我的弟弟约克公爵接替了我的王位,首先我必须表示我对他的忠诚。这是我的心里话。

"你们都知道促使我放弃王位的原因。但你们必须相信我的选择,因为我发现,如果没有我所爱的女人帮助和支持我,我就不可能承担起重任,也不可能像我希望的那样履行国王的职责。

"……对我来说,做出这个决定并没有那么难,因为我的兄弟在国家公共事务中训练了很长时间,他的品质也十分优秀,我坚信他能够接替我……此外,他还有无与伦比的幸福——妻儿带给他一个美满的家庭——这一点也是你们赞赏的,但我却没有这样的福气。

伦敦《每日镜报》的历史版。新国王乔治六世脸上真的表现出惶恐不安。

> "……而现在，我们迎来新国王。我衷心地祝愿国王和他的臣民幸福、繁荣。上帝保佑你们所有人！天佑国王！"

王室冷落沃利斯

前国王在退位当晚跨越英吉利海峡，终身流亡。1937年6月3日，他在法国北部的一个城堡里与沃利斯·辛普森结婚。当时没有王室成员在场。这对夫妇获得了新的头衔——温莎公爵和公爵夫人。但有一件事他们没有想到，那就是加冕为乔治六世的伯迪拒绝授予沃利斯殿下称号。他的理由是，鉴于她已经有过两次失败的婚姻，第三次婚姻能够持续下去的概率并不大。

爱德华和沃利斯从未原谅过乔治国王和他的家人。尽管爱德华没有权力，但他还是亲自授予沃利斯殿下称号。他坚持让大家称呼他的妻子为"温莎公爵夫人殿下"。

政府希望温莎家族不受影响

回到英国，温莎公爵受邀担任巴哈马群岛的总督，这个职位没有什么威望。巴哈马群岛是整个大英帝国中最无足轻重的殖民地。通常，它的总督由小公务员或退休军官来担任。但群岛有一个很大的优势，那就是远离战区。只要战争还在持续，这里就是温莎家族最好的落脚点。

麻烦如影随形

到了巴哈马，温莎公爵仍然无法摆脱麻烦。在担任总督期间，发生了一件最糟糕的事——哈里·奥克斯（Harry Oakes）爵士谋杀案。哈里爵士是一个靠矿业发家的百万富翁，也是一个阴暗的人物。他住在巴哈马以逃避纳税，和秘密军火商是朋友。

1943年，哈里爵士被残忍杀害。温莎公爵亲自负责调查。他对这种事情没有经验。结果，他把这个案子搞砸了，以至于一个无辜的人——奥克斯的女婿被诬陷为罪犯。幸运的是，他在审判中被判定无罪。真正的凶手从未被发现。但有迹象表明，黑手党参与其中。

环球旅行夫妇的上流生活

自从退位以来，温莎公爵一直想在一个"高级职位"上为国家服务。但是，他又一次陷入了丑闻。温莎公爵有染于奥克斯和他那伙人的肮脏勾当。除此之外，事实已经证明了温莎公爵的无能。他在奥克斯爵士谋杀案中造成的混乱意味着他不可能再担任公职。

1945年战争结束后，温莎夫妇回到欧洲。他们仍然被王室拒之门外，只有一个地方可以去。他们成为豪华社交场所的明星，经常出入时尚的度假胜地——从比亚里茨到威尼斯。两人在巴黎的马克西姆餐厅就餐，一周两次。他们在夜总会和豪华酒店享受生活的照片出现在报纸上。两人尽情享受上流社会的生活。

> 战争结束后，温莎夫妇回到欧洲。尽管他们仍然被王室拒之门外，但他们成为豪华社交场所里的明星，经常出入时尚的度假胜地。

悲伤的沃利斯永远无法说再见

但这一切在1972年戛然而止，温莎公爵在巴黎去世。在那之后，如果有人仍然认为沃利斯是一个贪婪的淘金者，渴望得到一切，那他们就错了。有一段时间，她拒绝承认温莎公爵已经去世，人们不得不强迫她离开公爵的床边。

沃利斯在温莎城堡举行的爱德华的葬礼上说："他是我生命的全部。"

"他为我放弃了那么多。我不禁开始想象没有他我该怎么办。"

沃利斯不能没有爱德华。她再也无法重返原来的生活。她会在温莎公爵的房间里独自坐上几个小时，房间里的摆设与爱德华去世时一模一样。她在睡觉前会说："晚安，戴维！"

沃利斯的健康状况开始恶化。她最后瘫痪，成了残疾人。生命中的最后几年，

温莎公爵戴维和公爵夫人沃利斯专注于充满活力的社交生活,两人与非常时髦的朋友出现在各种各样的高级时尚场所。图片中他们在观看高尔夫锦标赛。

温莎夫妇的夜生活受到了媒体的热切关注。报纸读者格外关注公爵夫人。她经常佩戴公爵送给她的华丽珠宝。

她躺在床上，周围是她和丈夫的照片。她回忆着过去，追溯他们一起度过的岁月。沃利斯于1986年去世，享年90岁。她被埋葬在温莎城堡爱德华墓旁边。伊丽莎白二世女王和她的家人出席了仪式。

温莎公爵一直希望沃利斯能得到王室成员认可。在死后，她终于得到了。但仍然没有正式的"HRH"（Her Royal Highness，殿下）头衔。她的墓碑上只写着"沃利斯，温莎公爵夫人，1896—1986"。

尽职尽责的国王

乔治六世于1952年离开人世，比他的哥哥早去世20年。1936年的退位危机给英国王室的良好声誉以沉重的打击。王室成员自己也认为他们的时代结束了。但在15年的统治中，乔治国王和令人钦佩的伊丽莎白王后很好地挽回了王室声誉，王室再次得到世人尊敬。这一次，没有麻烦的继承人来破坏他们的努力。乔治国王对他的继承人伊丽莎白公主的爱是如此之深，以至于每当谈起她时，他都饱含泪水。无休止的王室争吵结束了。

事实还是虚构

公爵是否支持纳粹？

温莎公爵夫妇无论走到哪里都能制造轰动性事件，即便是在流亡中。1938年，他们受邀访问纳粹德国。在那里，他们见到了元首阿道夫·希特勒及其心腹部下。当新闻短片显示温莎公爵向纳粹敬礼时，英国国内一片哗然。有说法称公爵和公爵夫人是纳粹的支持者，但2003年公布的秘密监视报告无法证明这一说法的真实性。

然而，纳粹并不需要证据。英国前国王让他们有机会含沙射影，暗示国王可能在感情上支持纳粹。还有一些关于纳粹绑架温莎夫妇的流言蜚语。故事是这样说的，一旦他们入侵并征服英国，前国王就会作为纳粹的傀儡再次登上王位。

德国人从未入侵过英国。但公爵和公爵夫人对他们的计划没有表现出任何兴趣，他们只想离开战区。他们设法逃到了中立的西班牙。从那里，他们回到英国，但他们并没有留下来。

诸如此类显示温莎夫妇与希特勒会面的照片，引起了关于公爵和公爵夫人是纳粹支持者的流言蜚语。

晴朗蓝天中的乌云

但这并不意味着伊丽莎白二世就能逃脱麻烦和丑闻。麻烦很快出现，就在伊丽莎白加冕当日，即1953年6月2日。那一天，在威斯敏斯特教堂外，伊丽莎白的妹妹玛格丽特被拍到从王家空军上校彼得·汤森（Peter Townsend）的制服上摘下一块绒毛。这似乎是一个女人把一个男人"据为己有"时所做的事情。

汤森是一名王家仆人，此前是战时战斗机飞行员，现任新女王的侍从官。时刻警惕的记者们看到了这一幕，还记录了下来。一场崭新的王室爱情正在酝酿。然而，丑闻也随之而来。彼得·汤森是一个离过婚的人，还是一个没有头衔的平民。根据当时的王室准则，他没有资格与女王的妹妹谈恋爱。

看似完美的王室家庭。乔治六世和伊丽莎白王后（后来成为王太后）和他们的女儿——伊丽莎白公主和玛格丽特公主。图片中家庭的天赐之福与公爵夫妇的寻欢作乐形成鲜明对比。

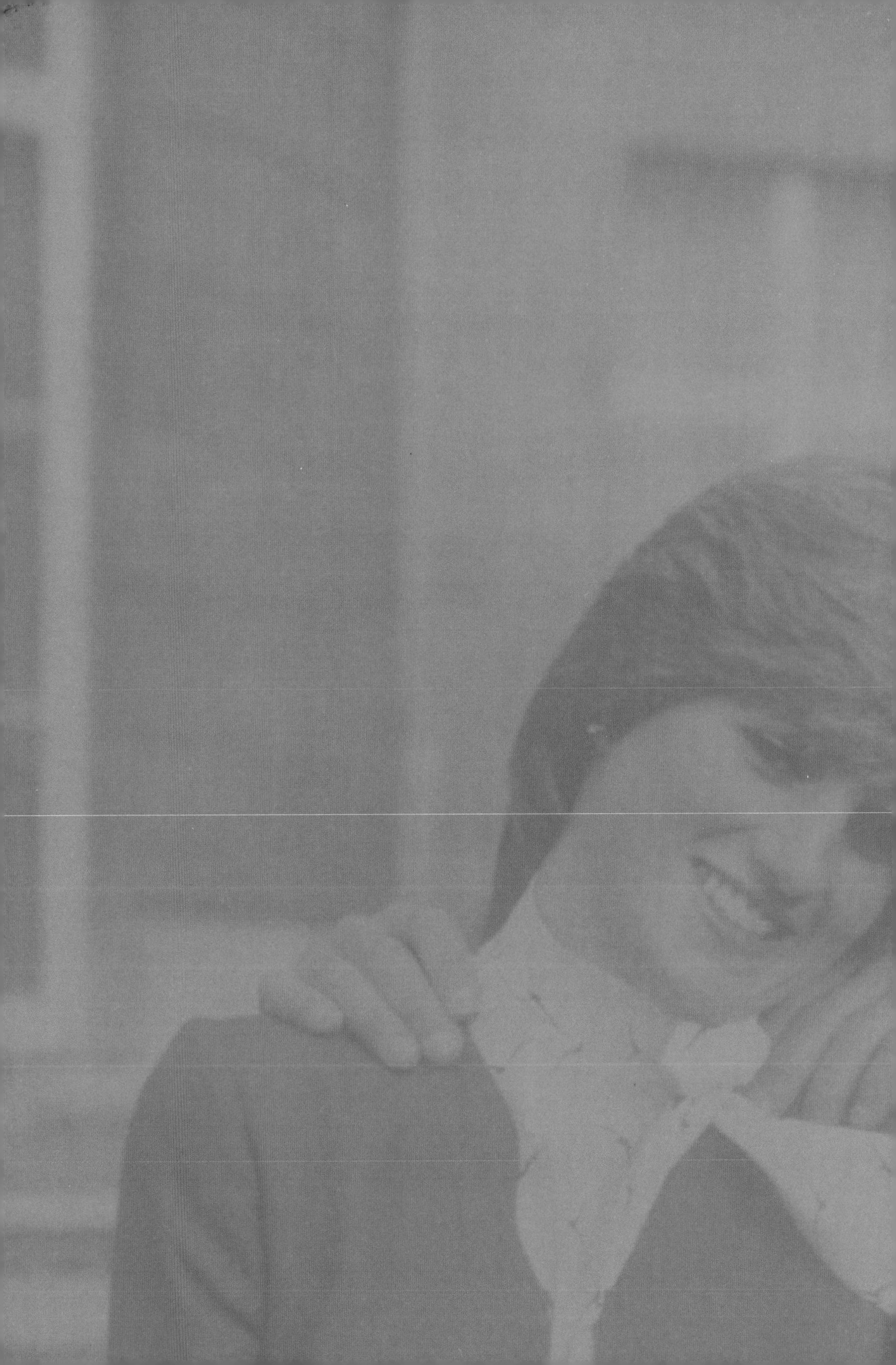

第十六章
温莎王朝
第二部分

现代君主制

多年以来对王室婚姻的猜测于1981年2月24日结束。威尔士亲王查尔斯宣布与19岁俊俏的戴安娜·斯宾塞女士订婚。

英国的国王和女王

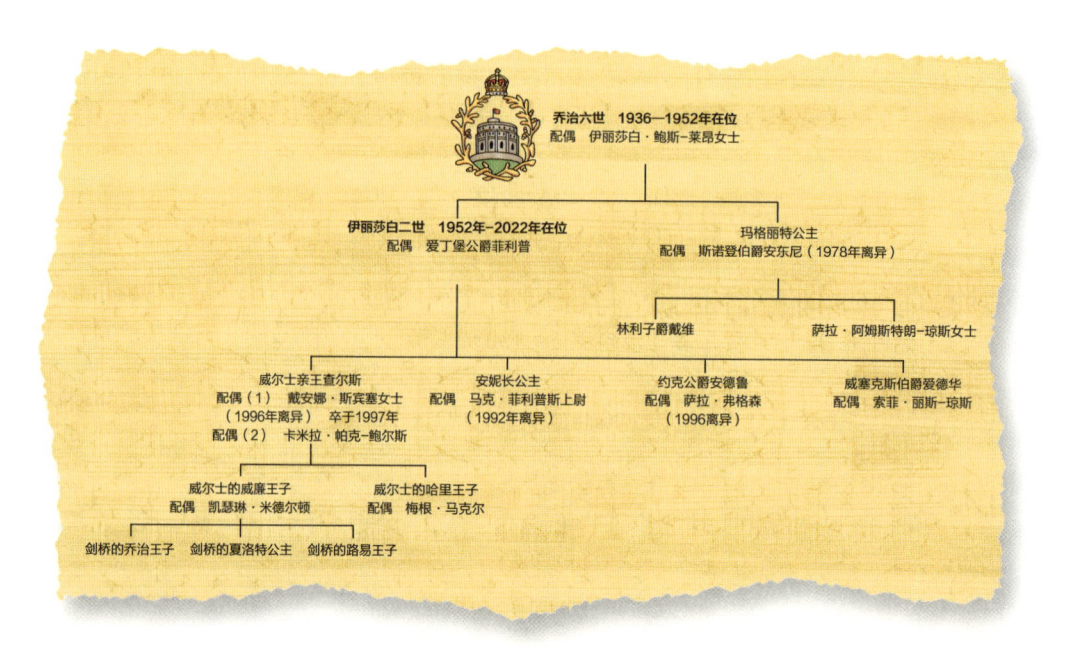

```
                    乔治六世  1936—1952年在位
                    配偶  伊丽莎白·鲍斯-莱昂女士
                           │
        ┌──────────────────┴──────────────────┐
   伊丽莎白二世  1952年—2022年在位          玛格丽特公主
   配偶  爱丁堡公爵菲利普                 配偶  斯诺登伯爵安东尼（1978年离异）
        │                                    │
        │                          ┌─────────┴─────────┐
        │                      林利子爵戴维      萨拉·阿姆斯特朗-琼斯女士
        │
  ┌─────────────┬──────────────┬──────────────┬──────────────┐
 威尔士亲王查尔斯   安妮长公主      约克公爵安德鲁    威塞克斯伯爵爱德华
 配偶（1）戴安娜·斯宾塞女士  配偶  马克·菲利普斯上尉  配偶  萨拉·弗格森  配偶  索菲·丽丝-琼斯
      （1996年离异）辛于1997年  （1992年离异）      （1996离异）
 配偶（2）卡米拉·帕克-鲍尔斯
        │
  ┌─────────────┬─────────────┐
 威尔士的威廉王子    威尔士的哈里王子
 配偶  凯瑟琳·米德尔顿   配偶  梅根·马克尔
        │
  ┌──────────┬──────────┐
 剑桥的乔治王子  剑桥的夏洛特公主  剑桥的路易王子
```

玛格丽特公主是王室中富有进取心的人。如果她不是公主的话，她本能成为一名喜剧演员、歌手或是钢琴家，在舞台上拥有自己辉煌的事业。

玛格丽特富有魅力、热情奔放、个性十足。而且，正如彼得·汤森自己所说，她非常美丽。但玛格丽特没碰上好运气。1945年，15岁的玛格丽特第一次见到彼得·汤森，而他当时刚刚成为父亲乔治六世的侍从官。汤森英俊潇洒，富有魅力。他是一位战争英雄。玛格丽特深深地爱上了彼得·汤森，一心想要嫁给他。

被迫在责任和爱情之间抉择

当玛格丽特发现汤森也爱着她时，她非常高兴。但两人之间有巨大的障碍。汤森离异过，他们会面对非常大的社会阻力。并且，英国教会甚至不承认离婚。女王的妹妹要嫁给一个前妻还活着的男人，成为孩子的继母，这令人难以置信。

女王作为英国教会的最高领袖，不可能答应这样的婚姻。唯一的办法是玛格丽特放弃她的王室头衔，与她的家人断绝关系，并离开英国，在国外生活一辈子。

伊丽莎白女王不希望她心爱的妹妹落到如此下场，所以她尝试另辟蹊径。女王

彼得·汤森（左）和玛格丽特公主经常被拍到一同出席王室活动。但从一开始，他们的爱情就注定要以失败告终。当时王室成员是不允许与平民百姓结婚的。

在比利时给彼得·汤森安排了一份工作。虽然比利时和英国只隔着英吉利海峡，但这足以让他与玛格丽特分开。女王希望他们的爱情降温，但事与愿违。汤森1955年回到英国，他与玛格丽特的爱情依然非常"炽热"。

英国报纸陷入了疯狂的猜测。这对恋人到底会不会结婚？一家报纸的标题写道："快点，玛格丽特，赶快下定决心！"

但玛格丽特不可能下定决心。她被质疑声连环轰炸，让她不要嫁给汤森。教会反对，王室排斥，民众也有分歧。有些人认为，汤森作为战斗英雄会成为一个令人钦佩的王室公主的丈夫。其他人则认为，玛格丽特应该把她的王室职责放在第一位。

玛格丽特最终选择坚守自己的职责。1955年10月31日，玛格丽特宣布她决定不与彼得·汤森结婚。

她如是说："考虑到基督教教义，即婚姻是不可分割的，以及我（对女王）的责任。我已经决定优先考虑这些因素。"

玛格丽特参加聚会解忧

那是玛格丽特的人生低谷。她没能从失败的恋情中恢复，而是沉迷于一轮又一轮疯狂的聚会，在寻欢作乐的上流社会中成为明星。她去了夜总会，在公共场合喝酒和吸烟，这令所有人震惊。她与王室成员不应该接近的人交朋友，这些人包括演员和流行歌手。

1959年，汤森写信给玛格丽特说他要和一个比利时女孩玛丽-卢斯（Marie-Luce）结婚。玛丽-卢斯几乎和玛格丽特公主长得一模一样，但没人对此感到惊讶。与此同时，玛格丽特也接受了英国上流社会摄影师安东尼·阿姆斯特朗-琼斯（Antony Armstrong-Jones）的求婚。

她后来说："我今天早上收到了彼得的来信。那天晚上，我决定嫁给安东尼。我其实根本不想结婚。我为什么要这样做？因为他向我求婚了！"

一场注定失败的婚姻

时间证明玛格丽特的结婚理由是不充分的。1960年5月6日，玛格丽特和安东尼在威斯敏斯特教堂举行了婚礼，王室典礼十分辉煌。这对夫妇后来育有两个孩子，但这段婚姻注定是要失败的。成为斯诺登（Snowdon）勋爵的阿姆斯特朗-琼斯开始厌恶他与王室的联系，因为这妨碍了他的事业。夫妻两人有过激烈的争吵，每个人都有外遇。1976年，他们最终决定放弃。1978年，两人离婚，玛格丽特和安东尼分道扬镳。

玛格丽特没有再婚。她酗酒、吸烟的情况比以往更加严重。她与年轻的男人做情人，还在穆斯蒂克岛（Mustique）上属于自己的别墅里举行奢华的聚会。

玛格丽特未能从与汤森的恋情中恢复，尽管玛格丽特与安东尼·阿姆斯特朗－琼斯在1960年的婚姻掩盖了这个事实。具有讽刺意味的是，1978年两人婚姻的结束使她成为温莎王朝第一位离婚的王室成员。

悲惨的生活

彼得·汤森偶尔会到玛格丽特的家中拜访她。汤森于1995年去世，他的去世给玛格丽特带来很大的影响，她的健康开始恶化，曾多次中风。除了她的家人和朋友，没有人知道她受到多么严重的影响。2001年8月4日，她的母亲——伊丽莎白王太后庆祝101岁生日。当日，王太后看上去身体健康，精神抖擞，在她位于伦敦的寓所克拉伦斯宫向欢呼的人群挥手致意。玛格丽特公主也一同出席，她坐在轮椅上，半身不遂，一只眼睛失明。6个月后，即2002年2月9日，玛格丽特公主去世，享年72岁。

那时，王室已经被另一个比汤森事件更严重的丑闻所震惊。这个丑闻几乎与爱德华八世退位一样严重。这是一个关于背叛、失信的阴暗故事。人们再次怀疑英国君主制能否维持下去。他们既惊恐又入迷地看着这个可怕的故事徐徐展开。

汤森事件结束后，玛格丽特公主沉溺于纸醉金迷的生活。她过量吸烟、酗酒导致了严重的健康问题，令她无法接受的是，她因为忽视了王室职责而备受谴责。

英国的童话故事

1981年7月29日，王位继承人查尔斯王子在伦敦圣保罗大教堂迎娶戴安娜·斯宾塞女士，这出乎所有人的意料。媒体称其为20世纪的"童话"婚姻。20岁的戴安娜面容清秀，一夜之间成为明星。无论她走到哪里，都会有一大群人向她挥手致意。她是世界上最著名、上镜最多的女人。公众喜欢她，媒体喜欢她，每个人都爱她。除了她的丈夫，查尔斯王子。

新郎还爱着"前任"

当时没有人知道查尔斯还爱着另一个人：卡米拉·帕克-鲍尔斯（Camilla Parker-Bowles），她曾经是查尔斯的女友。查尔斯本可以在1973年就与卡米拉结婚。但他认为她还不够"纯洁"，不适合做未来的英国王后。她有过恋人，而且她是一个"冲劲十足"的人，不能定下心来履行枯燥的王室职责。所以查尔斯让她离开，卡米拉嫁给了别人。即便如此，卡米拉也没有完全走出查尔斯的生活。他们仍然是朋友，偶尔也是恋人。卡米拉提升了查尔斯的信心，接受他真实的样子，让他感觉良好。不久之后，查尔斯意识到，与戴安娜结婚就是与麻烦结婚。

白金汉宫阳台上的一吻是威尔士亲王和公主浪漫的"童话婚礼"的高潮。然而,这场婚姻本身并不是童话:对于温莎王朝来说,它开启了一个前所未有的丑闻时代。

缺乏安全感的戴安娜渴望爱情

戴安娜·斯宾塞女士是斯宾塞伯爵的小女儿,从小在支离破碎的家庭中长大。她六岁时,母亲弗朗西斯(Frances)突然从家里消失了,再也没有回来。随之而来的离婚是如此残酷,以至于弗朗西斯从不谈及此事。在争夺四个孩子监护权的过程中,斯宾塞伯爵通过抹黑妻子的人格打赢官司。这对戴安娜和弟弟查尔斯的影响是毁灭性的。

戴安娜长大后缺乏安全感,渴望爱情。她想要一个只属于她自己的丈夫,一个爱她、保护她、永远陪伴她的丈夫。但查尔斯给不了戴安娜渴望得到的关注。威尔士亲王可不是一份朝九晚五的工作。查尔斯要履行王室职责,经常不在家。

没有共同点

此外,查尔斯和戴安娜共同点很少。查尔斯喜欢歌剧,而戴安娜更喜欢流行音乐；查尔斯喜欢阅读哲学或历史书籍，而戴安娜喜欢阅读浪漫小说。如果他们之间有足够的好感，这些差异都不会造成问题。但是，查尔斯的朋友认为戴安娜是个"笨蛋"；戴安娜的朋友认为查尔斯"呆板无聊"，两人之间很难产生好感。

没过多久，查尔斯和戴安娜之间的关系就变得紧张起来。戴安娜开始相信，只要她能让查尔斯离开卡米拉，一切都会好起来。但戴安娜越是唠叨他放弃卡米拉，查尔斯就越是离不开卡米拉。

查尔斯逃离争吵

戴安娜靠发脾气来吸引查尔斯的关注。戴安娜怀着长子威廉王子的时候，就故意从楼梯上滚了下来，为的是阻止查尔斯出去骑马。

不幸的是，查尔斯不是那种有主见、能够去应付这种妻子的人。查尔斯的解决办法是跑去找卡米拉，这只会让事情变得更糟。王室职责要求查尔斯和戴安娜必须勇敢地在公众面前面对这种情况。即便如此，还是有很多媒体猜测，威尔士亲王和王妃家里的情况不太妙。人们很容易把这些议论当作八卦一笑了之。但事实上，媒体的猜测是对的。1986年，查尔斯和戴安娜的婚姻快速破裂了。查尔斯后来承认，当时他已经不再和妻子同床。1987年，戴安娜似乎放弃了希望，认为查尔斯不会给她想要的关注。她开始寻找其他男人的关注。

> 有很多媒体猜测，威尔士亲王和王妃家里的情况不太妙。人们很容易把这些议论当作八卦一笑了之。但事实上，媒体的猜测是对的。1986年，查尔斯和戴安娜的婚姻快速破裂了。

没有共同庆祝

1991年是查尔斯和戴安娜结婚十周年。这是一个值得庆祝的日子吗？不是的，没有人想要庆祝。在结婚纪念日当天，他们没有在一起，查尔斯在伦敦，戴安娜在威尔士。伊丽莎白女王想为他们举办的十周年纪念派对也泡汤了。

柔弱的戴安娜最终发威

与此同时，一颗定时炸弹正在倒计时，它将永远摧毁所谓的"童话"婚姻。1991年至1992年冬季，戴安娜接受了王室记者安德鲁·莫顿（Andrew Morton）漫长而详细的采访，讲述了她婚姻中真正发生的事情，她告诉了记者一切，没有任何避讳。莫顿的书《戴安娜：她的真实故事》（Diana：Her True Story）于1992年6月7日在伦敦出版。这本书是一枚重磅炸弹。莫顿笔下的查尔斯冷酷而傲慢。据称，戴安娜的成功和广受欢迎让他心生嫉妒。

更糟糕的事情还在后面。书中透露，戴安娜曾五次试图自杀。她患有饮食失调暴食症，还曾多次自残。

戴安娜与记者串通一气

莫顿的书出版后，人们都不敢相信书中所言是真的。但是，还会有谁对这段婚姻了解得如此详细？莫顿的记者朋友们及其他有内幕消息的人猜到了真相，但直到五年以后，戴安娜去世后不久，公众才知道真相。

公众对这本书的反应非同凡响。许多读者都认为书中所言是真的。如果戴安娜真的有外遇，那也是为查尔斯所逼。书中对查尔斯王子的讽刺无所不用其极。现在，他可是头号公敌。

女王可怕的一年

即便如此，1992年的丑闻也没有结束，伊丽莎白女王后来把这一年称为她的"annus horribilis"，意思是可怕的一年。1992年3月19日，女王的次子约克公爵安德鲁王子与他的妻子萨拉·弗格森（Sarah Ferguson）分居。两人于1986年结婚，但他们的婚姻关系很快恶化。他们忽视对方，彼此不负责任，各自寻找情人。4月13日，女王唯一的女儿安妮公主开始对她的丈夫马克·菲利普斯（Mark Phillips）上尉提出离婚诉讼。这样一来，女王的四个孩子中，有三人的婚姻陷入困境。

但主要的焦点还是在查尔斯和戴安娜身上。《戴安娜：她的真实故事》已经成为两人婚姻的终点，没有任何宽容的余地。查尔斯王子觉得戴安娜严重背叛了他，女王对戴安娜外扬家丑感到愤怒。

媒体狂轰滥炸

查尔斯的朋友们在记者彭妮·朱诺（Penny Junior）撰写的杂志文章中对莫顿的书做出表态。这篇文章从查尔斯一方讲述了整个故事。文章把戴安娜描述为偏执狂和嫉妒者。她让威廉王子和哈里王子远离他们的父亲，还对查尔斯出言不逊，并用尽各种卑鄙手段。

媒体每天都在报道双方的口水战。无人知晓谁在说真话，谁在撒谎。丑闻接二连三地被披露出来。查尔斯和戴安娜的秘密录音带中的淫秽对话被转录并公布。头条新闻大肆渲染整个事件，比如"我的酷刑生活""爱情录音带让戴安娜心烦意乱"，还有更糟糕的。

戴安娜说："卡米拉总是出现。"卡米拉·帕克－鲍尔斯自1973年来一直是查尔斯生命中非常重要的一个人。查尔斯在与戴安娜结婚后，他与卡米拉还是藕断丝连。

安德鲁·莫顿执笔的《戴安娜：她的真实故事》于1992年首次出版。1997年戴安娜在巴黎去世后，这本书再次发行。戴安娜与莫顿的通力合作完成了这本书——这一之前被否定的事实，现在人尽皆知。

幻想结束

经历了这些之后，"童话"婚姻没有再继续下去的可能。1992年底两人的婚姻走到尽头。12月9日，首相约翰·梅杰（John Major）在下议院宣布查尔斯和戴安娜分居。将近四年后，即1996年8月28日，他们离婚了。

现在戴安娜不再是王室成员，她失去了"殿下"的头衔，再也没有人向她行屈膝礼。但她仍然是头条新闻的主角，并在1997年7月以后制造出更多轰动性新闻。当时，她受到了伦敦奢侈品商店哈洛德百货的老板——埃及亿万富翁穆罕默德·法耶兹（Mohamed Al Fayed）的邀请。穆罕默德·法耶兹向戴安娜和她的两个儿子提供了他在圣特罗佩（St. Tropez）的别墅和他的乔尼卡游艇，并将他英俊而有个性的儿子多迪（Dodi）介绍给她作为伴侣。

多迪和戴安娜一在圣特罗佩见面，媒体就开始编织两个人浪漫的爱情故事。新闻记者和摄影师觉得这是大事件，就一批批乘船来到圣特罗佩。多迪和戴安娜先是逃到地中海的科西嘉岛，然后是撒丁岛，最后在8月30日逃到巴黎。但他们的行程消息已先于他们到达巴黎，以拍摄和出售名人照片为生的狗仔队正在等待他们。

很久以来，多迪和戴安娜是狗仔队遇到的最耀眼的名人。他们中的一些人跟踪这对伴侣到达他们在巴黎的酒店，然后做好埋伏。这对伴侣设法从后门逃走，但狗仔队很快就追上了他们。

偶像离世

当时已将近午夜。多迪命令他的司机亨利·保罗（Henri Paul）加快速度，一场在巴黎街头的高速追逐开始了。当亨利·保罗到达靠近阿尔玛广场（Place d'Alma）的一个地下通道时，他驾驶的奔驰时速接近135英里（约217千米）。奔驰钻入地下通道。据报道，亨利·保罗喝醉了，很快他失去了对汽车的控制。车子滑过隧道，撞上一根柱子，弹了起来，又撞上了对面的墙。最后车子成了一堆破铜烂铁和碎玻璃。

多迪当场毙命。亨利·保罗也是如此。戴安娜在车祸中活了下来，但她的伤势太重，活不了多久。次日凌晨4点，医院宣布戴安娜死亡。她当时36岁。

举国哀悼

当死讯传到不列颠时，人们十分震惊。他们站在街上，泪水顺着脸颊流下。数以千计的人来到伦敦，在王宫外献上鲜花以表怀念，以至于鲜花铺就的厚地毯把人行道都盖住了。许多悼念者为在吊唁簿上签名，排了数小时的队。有人公开指责"冷酷无情"的女王和她的家人，因为他们现在还在苏格兰的巴尔莫勒尔城堡度

伊丽莎白女王因安德鲁·莫顿的书中所披露的内容而感到尴尬和震惊。书中写道，她对儿媳威尔士王妃冷漠无情，而事实上，情况恰恰相反。

假，没有立即返回首都。

最终，王室屈服了。他们回到伦敦，女王在电视上向戴安娜作了简短的悼念。但公众认为，与戴安娜受到的痛苦相比，女王的悼念"无足轻重"。

王室形象

王妃在行动

早在1997年，戴安娜就代表红十字会，邀请媒体成为她新事业的盟友。那时在西非安哥拉（Angola）发生的内战导致大量杀伤炸弹深埋于土地之下。虽然战争已经结束，但炸弹依然存在，数以千计的当地人正遭遇不幸，只要他们踩到地雷，就会失去腿、手臂和眼睛。

记者们关注这一事件，并拍摄制作新闻短片。在记者的报道下，戴安娜深入雷区，她戴着面罩，穿着防弹背心作为保护。随着摄像机镜头的转动，她走过每隔几码就树立的告示牌，上面写着："危险！地雷！"告示上方都有骷髅头和交叉的股骨图形组成的警告标志。

在生命的最后一年，戴安娜致力于提高公众对杀伤炸弹所造成的伤害的认识，并反对继续使用这类炸弹。

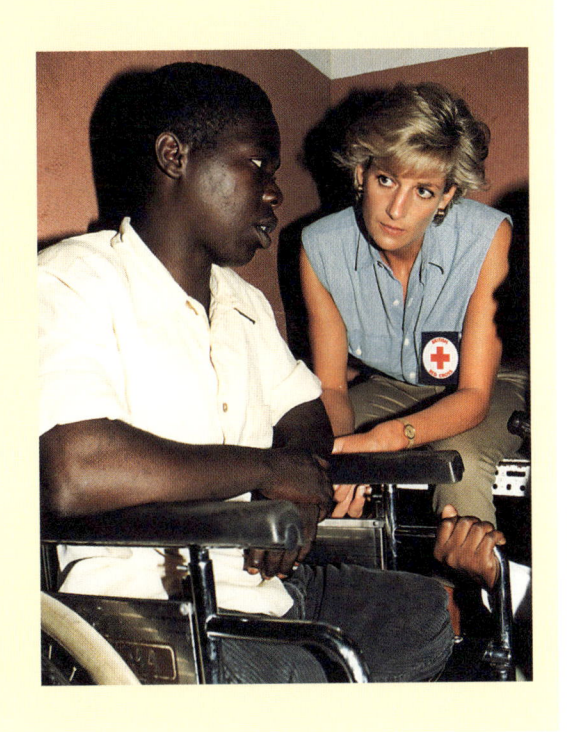

> 这些照片出现在世界各地的电视、电影院和报纸上。这是红十字会得到的最好的宣传。八个月后，即1997年8月，戴安娜前往欧洲东南部的波斯尼亚（Bosnia）。在这里，一场内战也刚刚结束。同样，炸弹也深埋于这片土地。媒体也在此拍摄到了戴安娜继续开展活动的照片。

"永别了，英伦玫瑰！"

戴安娜的葬礼于1997年9月6日举行。这一天，伦敦几乎停摆。在戴安娜的棺材被运到威斯敏斯特教堂的途中，人群在街道上排成长龙。送葬队伍离开伦敦前往北安普敦郡——戴安娜的童年故居在这里，沿路依旧可见送行的人群。在奥尔索普庄园（Althorp House）举行了私密的家庭仪式，之后戴安娜被埋葬在湖中央的一个小岛上。

埃尔顿·约翰（Elton John）在葬礼上为他的朋友（戴安娜）献唱，歌词的第一句"永别了，英伦玫瑰"成为次日头条新闻的标题。当时的报道都是关于英国有史以来最感人、最催人泪下的日子之一，即戴安娜的下葬日。

查尔斯仍是反派

但这绝不是戴安娜故事的结尾。令人反感、喜爱八卦的媒体很快就注意到查尔斯和他一直以来的爱人卡米拉·帕克-鲍尔斯仍然活跃。戴安娜的粉丝大军从来没有，也永远不会原谅王子对待妻子的方式。因此查尔斯和卡米拉依旧容易受到报道的影响。

即使在戴安娜去世六年后，仍有数百万人愿意相信任何将王子描绘成反派的"新闻"。例如，2004年1月，一封据说是戴安娜写的信出现在媒体报道中。戴安娜在信中说查尔斯正在计划一场车祸，信中写着"她的头部将受到严重创伤"。不出所料，这封信后来被发现是用粗糙的手法伪造的，但在此之前，已经有数百万人相信查尔斯是个潜在杀人犯。

定期进行的民调结果显示，大多数人反对查尔斯成为他们未来的国王。他们更喜欢他的儿子威廉成为王位的继承人。

戴安娜去世七年多后，查尔斯终于在2005年4月9日与卡米拉·帕克-鲍尔斯结婚。希望威廉代替查尔斯成为国王的人数比1997年有所下降，但仍有42%，比2001年高出8%。

从2005年2月查尔斯和卡米拉订婚起，戴安娜的持续影响显而易见。据称，卡米拉在婚后不会被称为"威尔士王妃"，而是采用她未来的头衔——康沃尔公爵夫人殿下，这个头衔取自查尔斯的地产——康沃尔公爵领地。当查尔斯加冕为王时，她不会成为英国王后，而是"伴妃"。

尽管卡米拉为了避免被拿来与戴安娜比较做出了许多努力，但还是有戴安娜的支持者在婚前向卡米拉发送了数百封恐吓信。人们担心婚礼当天，在婚庆仪式举办的地方，也就是伯克郡的温莎户籍登记处，可能会出现反对这对新婚夫妇的示威活动。因此，查尔斯和卡米拉绕过了等待迎接他们的观众，在仪式结束后立即驾车离开。

管家揭秘

查尔斯和卡米拉绝不是媒体报道戴安娜故事的唯一途径。例如，在2002年，法庭对戴安娜的管家保罗·布勒尔（Paul Burrell）进行了轰动性的审判，他被指控偷窃属于戴安娜、查尔斯和他们两个儿子的物品。后来审判终止，布勒尔被无罪释放。因为女王回忆起一次谈话，管家在谈话中告诉她，他正在保管着一些物品，而这些物品就是后来他被指控偷窃的物品。很快就有传言称，对布勒尔的审判所揭示的证据极有可能使女王陛下尴尬。

另一个王室管家哈罗德·布朗（Harold Brown）也因类似指控而受到审判，后来审判也终止了。他拒绝向媒体"出售私人故事"。保罗·布勒尔却没有这样的顾虑。他成为头条新闻上的名人，对王室的不当行为进行了前所未有的披露。布勒尔说，戴安娜以前的公公菲利普亲王给她写过侮辱性的信件，称她为"妓女""荡妇"。菲利普在戴安娜的密友罗莎·蒙克顿（Rosa Monckton）的支持下，严正否认了这些指控。

相较于1981年查尔斯与戴安娜的国家婚礼，2005年查尔斯和卡米拉的婚礼非常低调。仪式比原计划晚一天举行，因为查尔斯不得不前往罗马代表女王参加教皇约翰·保罗二世的葬礼。

哈里的父亲是偷情少校？

戴安娜故事中最扣人心弦的一则消息也发生在2002年。所谓的戴安娜十个情人之一的詹姆斯·休伊特（James Hewitt）因为公开了他们的恋情而被小报媒体称为"偷情者"。休伊特曾是英国陆军骑兵团的少校，因这些消息被披露而被迫辞职。1998年，休伊特宣布他永远不会出售戴安娜写给他的64封情书，但四年后，他以一千万英镑的高价出售了这些信。虽然休伊特多次收到报价，但都远远低于他的期望值，最高出价只有四百万英镑。

同样在2002年，有传言说戴安娜的第二个儿子哈里王子的父亲不是查尔斯王子而是休伊特。休伊特和1984年9月15日出生的哈里之间当然有些许相似之处。他们的面部特征非常精致，而且都是红头发。2002年9月，休伊特公开否认了这些传闻。随后有消息称，1985年，皇室曾下令进行DNA测试以证明父子关系。据说戴安娜很生气，但测试结果证明，哈里的生父的确是查尔斯王子而不是休伊特。

捣蛋鬼哈里

18岁的哈里王子已经到了四处惹麻烦的年龄了。哈里给媒体提供了大量可供报道的素材。他还没到法定年龄就沉迷酒精，吸食"大麻"，在夜总会外与摄影师扭打在一起。但这些都比不上2005年1月的那场风波，当时哈里被拍到在化装晚会上穿着二战时期的德军制服——手臂上还戴着印有德国纳粹标志的臂章。

> 2005年1月，哈里被拍到在化装晚会上穿着二战时期的德军制服——手臂上还戴着印有德国纳粹标志的臂章。

媒体抨击哈里无视纳粹对犹太人的大屠杀，并且侮辱了人们对于他的曾祖父母乔治六世和伊丽莎白王后（王太后）的回忆，他们在二战期间是英国反抗纳粹的象征。哈里道歉了，但批评声不断。愤怒的查尔斯王子命令他去参观最大的纳粹集中营——奥斯威辛-比克瑙集中营。

2006年7月，有报道称哈里对其一直以来的女友切尔西·戴维（Chelsy Davy）不忠。《太阳报》报道说，王子在伦敦艺术酒吧派对上寻欢作乐，与一个年长的女人

2004年10月，一个摄影师在夜总会外抓拍哈里王子，王子对侵犯他私生活的行为恼羞成怒，对这个摄影师大打出手。在随后发生的冲突中，哈里被摄像机击中脸部。

凯瑟琳·戴维斯（Catherine Davies）恋爱，凯瑟琳34岁，是两个孩子的母亲。切尔西对这一小报新闻强装欢颜。但糟糕的是，这已经是她的男友第四次"勾引"其他女人，切尔西"怒不可遏"。

2010年6月，另一家英国报纸《世界新闻报》称哈里和切尔西终于分手了。随后，哈里就像从前一样继续自己的生活——在夜总会和酒吧里做出更多不合规矩的事。2011年7月，通常专门报道电影明星八卦的《好莱坞新闻》称，哈里正与一个内衣模特弗洛伦斯·布鲁德内尔-布鲁斯（Florence Brudenell-Bruce）约会。2012年，他被拍到在拉斯维加斯与六名年轻女子玩脱衣台球。

聚会不是全部

虽然哈里王子年轻时比他的哥哥威廉王子更喜欢聚会，但这两位王子的共同点是积极关注慈善工作。他们的母亲在婚姻期间及与他们的父亲分开后也同样关注慈善事业。正是这个原因，她成为英国偶像。两位王子作为数个组织的主席或赞助人继承了英国王室的慈善传统，并在2009年9月成立了自己的基金会来协调他们在这一领域的工作。

两位王子还有一个涉及王室传统的共同特点是服兵役。作为王位的第二顺位继承人，威廉不可能长期服兵役，尽管他希望如此。所以在桑德赫斯特（Sandhurst）接受军官培训后，他继续担任王家空军搜索和救援直升机飞行员，这使他能够在武装部队中发挥积极作用，不会在战斗行动中遭遇不测。

哈里在桑德赫斯特接受军官培训后，在阿富汗服役。他第一次在那里服役了77天，因为一家澳大利亚杂志暴露了他的位置，使他成为被袭击的目标，他才停止服役。四年后，他回到阿富汗，在陆军航空队服役20周，升至上尉军衔，担任阿帕奇直升机副驾驶员、炮手。

2015年哈里离开军队时，他已经在为一项新事业而努力。一年前，他发起了"永不屈服运动会"（Invictus Games），这是一个专为受伤的军人和妇女举办的残奥会式的国际体育赛事。2014年在伦敦举行了第一届运动会后，美国、加拿大和澳大利亚也相继举行了"永不屈服运动会"。

虽然王室成员有时会因为生硬刻板或与国家脱节而遭受谴责，但事实证明，成熟的哈里有一张更加迷人的笑脸，而且像他的母亲一样，他在与王室之外的人交流时更加自然。

未来的国王

哈里任性古怪的时刻可能会得到原谅，但比哈里大两岁的威廉王子注定要承担非常繁重的责任：随着时间的推移，他将成为英国国王——威廉五世。

威廉注意到了狂热的大众媒体给母亲戴安娜王妃的婚姻及婚后生活带来的痛苦。他向凯瑟琳的父母保证，决不允许这种事情发生在他们的女儿身上。

幸运的是，与他的弟弟相比，威廉的优势是与关系稳定的女友凯瑟琳·米德尔顿（Catherine Middleton）长期交往。米德尔顿不像戴安娜那样经历了父母离婚的痛苦，她来自一个幸福的家庭。正如人们所熟知的那样，威廉和凯瑟琳第一次相见是在2002年，当时他们还是苏格兰圣安德鲁大学的学生。威廉第一次见到凯瑟琳时，她穿着一件迷人的半透明连衣裙出现在大学的时装秀上，威廉被她绝佳的身材吸引住了。

2008年，两人正处于恋爱期，威廉将他价值一千万英镑的直升机降落在伯克郡米德尔顿家附近的田地里，这给他自己和王家空军当局带来了麻烦。同年，他驾驶一架奇努克

威廉的优势是与关系稳定的女友凯瑟琳·米德尔顿长期交往。与戴安娜不同，米德尔顿来自一个幸福的家庭。

英国的国王和女王

直升机载着哈里去怀特岛参加告别单身聚会。

尽管存在一些矛盾，2007年威廉和凯瑟琳貌似分开了一段时间，他们的关系仍然维持了下来。两人于2011年4月29日在伦敦威斯敏斯特教堂结婚。作为一个受公众欢迎的人，剑桥公爵夫人凯特（Kate，公众对凯瑟琳的称呼）在2013年产下一子，名为乔治，2015年迎来女儿夏洛特，2018年喜得另一个儿子路易斯。

差点被皮帕抢了风头

不过，剑桥公爵夫人在自己的婚礼上险些被妹妹皮帕（Pippa）抢了风头，皮帕抢眼的身材和伴娘礼服让她瞬间在全世界出了名。她似乎很喜欢这种关注，很快获得了写书和为杂志撰文的机会，并成为了电视节目主持人。但她也感受到了成名的弊端。她的派对策划书收到了负面评论，而且销售不佳。此外，她在荧幕上也没有一炮走红，而私人生活受到密切关注。

威廉王子和妻子凯瑟琳于2011年结婚，有三个孩子。乔治，2013年出生；夏洛特，2015年出生；路易斯，2018年出生。乔治是继他的祖父查尔斯王子和他的父亲之后的英国王位第三顺位继承人。

到2016年，皮帕已经结束了她的媒体生涯。报道称，威廉王子对皮帕在商业领域的工作很敏感，认为这可能会给王室带来不良影响，因此对她进行了约束。之后，她将注意力转移到慈善事业上，担任英国心脏基金会的大使，并兼顾其他事业。

"空中飞人"安迪

围绕着查尔斯的弟弟安德鲁王子的争议还在继续。他作为英国贸易特别代表，需要在全世界范围内推进英国业务。这导致人们指责他与阿塞拜疆和哈萨克斯坦等人权记录不佳的国家走得太近，并指责他个人从随后的交易中获利。他还因为经常旅行，被小报媒体戏称为"空中飞人"安迪，他甚至在短途旅行中花费公款打高尔夫球。

还有就是安德鲁在伯克郡的住宅问题。在他的婚姻破裂后，他和前妻萨拉·弗格森都在2006年之前离开了他们的婚房——桑宁西尔庄园（Sunninghill Park），这是他们在女王的温莎城堡附近建造的房子。第二年，这座房子以1500万英镑的价格出售给了英属维尔京群岛的一个离岸信托机构，比要价高出300万英镑。后来发现，买家是哈萨克斯坦总统努尔苏丹·纳扎尔巴耶夫（Nursultan Nazarbayev）的亿万富翁女婿蒂穆尔·库里巴耶夫（Timur Kulibayev）。库里巴耶夫为该房产开出如此天价的原因尚不清楚，但这让人们更加相信，安德鲁和哈萨克斯坦统治精英集团之间存在密切关系。然后，库里巴耶夫任由这座空房变成废墟，对一些人来说，废墟成为一种象征，象征双方关系中的滥权和腐朽。在获准用更大的房产取代它的情况下，这所破旧的房子最终在2015年被拆除。

由于安德鲁与美国亿万富翁、对冲基金经理和慈善家杰弗里·爱泼斯坦（Jeffrey Epstein）之间的"友谊"，他的声誉再次受到影响。2008年，爱泼斯坦在就儿童卖淫指控达成认罪协议后被判处18个月监禁。尽管爱泼斯坦在丑闻中失去了许多朋友，但安德鲁王子并不在其中。这个性犯罪者被释放后，他在2011年被拍到与安德鲁王子一起在中央公园散步。这一事件引起的轩然大波导致安德鲁最终辞去了英国贸易特别代表的职务。

王室形象

2018年5月与哈里王子结婚后，梅根·马克尔成为"萨塞克斯公爵夫人殿下"。

通往教堂的崎岖之路

婚礼当日，把梅根（Meghan）交给新郎的不是老托马斯·马克尔（Thomas Markle Senior），而是即将成为她公公的查尔斯王子。托马斯·马克尔在梅根六岁的时候就和妻子离婚。因为两次心脏病发作被迫离开婚礼现场。虽然这是事实，但就在几天前，这个前好莱坞灯光师还通过给狗仔拍摄的照片获利，这肯定让英国王室感到不快。

后来人们发现，婚后三个月，梅根写信给她住在墨西哥的父亲，要求他"停止通过媒体伤害我，以便我们能够重归旧好"。从这以后，梅根似乎把托马斯从她的生活中清除，托马斯试图与梅根取得联系，但她没有做出任何回应。

马克尔先生接受了媒体的进一步采访，他告诉他们梅根"一直是一个控制欲很强的人"，这对缓和他与女儿的关系没有帮助。徒劳的是，他还呼吁女王进行干预，抹平他和女儿之间越来越深的裂痕。

马克尔引人注目

2016年，哈里王子在由朋友安排的相亲中认识了梅根·马克尔。当时，梅根因参演美国电视剧《金装律师》（Suits）而出名。虽然梅根很漂亮，而且作为活动家和慈善工作者，她已经习惯了公共生活中的角色，但对于王室成员来说，梅根有很多地方是极不寻常的。第一，她比哈里大三岁。第二，她离过婚，在2004年至2013年间与电视制作人特雷弗·恩格尔森（Trevor Engelson）有过一段关系，两人婚后一起度过了18个月。第三，她和凯特·米德尔顿一样，不是出身贵族，但与凯特不同，她是美国人。这不禁让人回想起早先嫁入王室的沃利斯·辛普森——一个离过婚的美国人，以及1936年爱德华八世退位引起的宪法危机。第四，梅根是混血儿，她的母亲多莉亚·拉格兰德（Doria Ragland）是美国非洲裔奴隶的后代。尽管如此，2017年11月，梅根和哈里宣布订婚，并于2018年5月19日结婚。婚后，夫妇两人成为萨塞克斯公爵和公爵夫人。

然而，没过几个月，有人称梅根为"困难公爵夫人"。据说，梅根正在挣扎着摆脱全天候的个人安全限制，而且她的态度专横，导致一些王室工作人员辞职离开。

据称，王室内部也存在着紧张关系。尽管性格外向的梅根和相当害羞的凯特都很受公众欢迎，但有传言说这两个人相处不融洽。有这样一个故事，说是在威廉和凯特的女儿夏洛特的伴娘礼服问题上，梅根的粗鲁举动让怀孕已久的凯特伤心落泪。两对夫妇都住在肯辛顿宫，但在2018年底之前，哈里和梅根宣布将在2019年春天他们的第一个孩子出生后搬到温莎城堡的小屋里。威廉和哈里此前一直是形影不离的。梅根是否造成了王子们之间的裂痕？

未完待续

2015年，女王在位的时间超过了她的曾祖母维多利亚女王，成为在位时间最长的英国君主和世界历史上在位时间最长的女王。

无论快乐还是悲伤，愤慨还是愉悦，这些最近发生的事件和其中涉及的人物已经成为王室黑暗历史、肮脏行径和愚蠢幻想的一部分。这一长篇故事展现了英国王室已延续千年的历史。

图书在版编目（CIP）数据

英国的国王和女王 /（英）布伦达·拉尔夫·刘易斯著；成嘉麒译. —广州：广东人民出版社，2024.5
书名原文：KINGS & QUEENS OF ENGLAND
ISBN 978-7-218-17275-0

Ⅰ.①英… Ⅱ.①布… ②成… Ⅲ.①皇室—史料—英国 Ⅳ.①K561.06

中国国家版本馆CIP数据核字（2024）第007481号

Copyright © 2019 Amber Books Ltd., London
Copyright in the Chinese language translation（simplified character rights only） © 2024 Beijing Creative Art Times International Culture Communication Company

This edition of Dark History: Kings and Queens of England published in 2024 is published by arrangement with Amber Books Ltd. through Copyright Agency of China.Originally published in 2019 by Amber Books Ltd.
本书简体中文版专有版权经由中华版权代理有限公司授予北京创美时代国际文化传播有限公司。

YINGGUO DE GUOWANG HE NÜWANG
英国的国王和女王

[英]布伦达·拉尔夫·刘易斯 著 成嘉麒 译　　版权所有 翻印必究

出 版 人：肖风华

责任编辑：陈泽洪　胡吕乔
责任技编：吴彦斌　马　健

出版发行：广东人民出版社
地　　址：广州市越秀区大沙头四马路10号（邮政编码：510199）
电　　话：（020）85716809（总编室）
传　　真：（020）83289585
网　　址：http://www.gdpph.com
印　　刷：北京中科印刷有限公司
开　　本：710毫米×1000毫米　1/16
印　　张：20.75　　字　　数：343千
版　　次：2024年5月第1版
印　　次：2024年5月第1次印刷
定　　价：98.00元

如发现印装质量问题，影响阅读，请与出版社（020-87712513）联系调换。
售书热线：（020）87717307

出 品 人：许　永
出版统筹：林园林
责任编辑：陈泽洪
　　　　　胡吕乔
特邀编辑：尹　璐
封面设计：刘晓昕
内文制作：张晓琳
印制总监：蒋　波
发行总监：田峰峥

发　　行：北京创美汇品图书有限公司
发行热线：010-59799930
投稿信箱：cmsdbj@163.com

创美工厂
官方微博

创美工厂
微信公众号

小美读书会
公众号

小美读书会
读者群